RING

SIGNALEMENTS

KARINE & LAURENCE BRUNET-JAMBU

SIGNALEMENTS

INFANTICIDE, PÉDOPHILIE, MALTRAITANCE, TOUS COMPLICES.

Préface de Bruno Solo

témoignage

ring.fr

ÉDITIONS RING

Collection
TÉMOIGNAGE
–
RING
www.ring.fr
–

PRÉFACE DE BRUNO SOLO

L'INSOUTENABLE VÉRITÉ

Je suis né en 1964 et c'est au milieu des années 70 du haut de mes dix ans que j'ai commencé à envisager l'existence autrement qu'avec la candeur d'une petite enfance à peine dissipée. Brusquement de nouveaux questionnements prenaient forme dans ma petite tête en plein chantier. Comme je grandissais au sein d'une famille ouvrière, cultivée, très gaucho-libertaire, aussi curieuse du monde que soucieuse de celles et ceux qui le constituent, autant dire que la parole y était plutôt très libre et soutenue par une pensée débarrassée de tout tabou religieux ou autres bigoteries moralisantes. Du coup lorsque je fus amené pour la première fois à m'interroger sur la sexualité en général et sur la mienne en particulier – un sujet qui dans certains foyers aurait pu être considéré comme inconvenant pour un tout jeune garçon – mes parents me donnèrent tout naturellement des réponses adaptées à mon âge, sans faux-semblant ni surenchère psychologisante, n'entraînant aucune gêne, embarras ou sentiment désagréable qu'on me dissimulait quelque chose. Ils firent de même pour ma sœur quelques années plus tard quand elle formula à son tour ses propres questions.

Aussi quand vint le triste jour où j'entendis parler pour la première fois de ce que l'on n'appelait pas aussi couramment qu'aujourd'hui un acte de pédophilie et dont une élève de mon école venait d'être victime, mes parents, cette fois-ci plus gravement, prirent le temps de nous expliquer, avec des mots choisis, le comportement pervers de certains adultes, ne nous cachant rien de cet aspect répugnant de la nature humaine. Le choc fut immense c'est vrai... mais pas dévastateur. Puisque je vivais protégé et choyé au cœur d'une famille aimante.

Trente ans plus tard et riche de cette confiance considérable qu'offre l'amour, le tout récent papa épanoui que j'étais devenu décidait alors de s'engager auprès des enfants victimes de maltraitances. Soutenu par la conviction de femmes et d'hommes remarquables. Guidé par des militants dont la ténacité, l'obstination et la détermination acharnée commençaient à interpeller régulièrement certains médias qui, de leur côté, semblaient enfin prendre en compte l'étendue du désastre. Tout cela après des décennies de silence coupable, d'articles approximatifs, de reportages sporadiques, tantôt spectaculaires, tantôt indigents ou émaillés d'idées reçues. Forcément je fus souvent sollicité par des journalistes sur les raisons profondes de mon investissement, parfois avec une sorte de perplexité voire de scepticisme. Comme si mon engagement intime ne pouvait être que la conséquence d'une enfance meurtrie. Alors que seuls l'effroi d'un père imaginant ses propres enfants victimes de l'innommable, doublé d'une rage brûlante à l'encontre de leurs bourreaux, et enfin et surtout d'une soif irrépressible de justice pour tous ces gosses martyrisés, motivaient mon désir ardent de combattre ce fléau. Mais une fois ce tragique constat établi, je comprenais également très vite que j'allais devoir me donner les moyens de partir au front avec autre chose que de l'accablement, de la compassion ou de la pitié. Des valeurs certes fondamentales, nobles et essentielles, mais qui dans cette guerre seraient sans aucun doute des armes trop inoffensives pour terrasser les ennemis ! Car si dans l'inconscient collectif de nos sociétés, le prédateur sexuel solitaire et imprévisible incarne le cauchemar et l'angoisse absolus… ce que l'on découvre rapidement quand on plonge au cœur des ténèbres, c'est une autre réalité. Une réalité que je n'ignorais pas, mais dont j'étais loin de mesurer l'ampleur. Un fait qui heurte l'esprit, fracasse nos certitudes les plus ancrées et qu'on a encore si souvent aujourd'hui tant de mal à entendre et encore plus à admettre. Elle révèle que dans des proportions absolument effarantes, c'est au sein même de la sphère familiale, cette forteresse inexpugnable censée rassurer, protéger, sauvegarder nos enfants, que se cachent des ogres. Ils sont parfois des pères, des frères, des mères, des oncles, des cousins… mais aussi des voisins, des amis, des proches… vivant là, tout proches de leurs proies et n'ayant plus qu'à se servir. La voilà l'insoutenable vérité !

C'est celle-ci que Laurence Brunet-Jambu encaisse de plein fouet en 1998. Lorsqu'elle prend brutalement conscience que Karine, sa petite nièce à peine âgée d'un an, a vu le jour dans une famille où l'amour n'a pas l'ombre d'une chance de pouvoir jaillir. Forte de l'acuité de son regard et de la clarté de son esprit, très vite elle signale le drame qu'elle pressent au plus profond de son être. Dès lors, et pendant plus de vingt ans, elle ne va avoir de cesse de se battre comme une louve (comme elle le dit, d'elle-même) pour arracher Karine à cet enfer. Armée de sa tendresse infinie et de sa volonté d'airain. Envers et contre tout, envers et contre tous, elle va se heurter furieusement à quelques représentants de l'aide sociale aussi invraisemblablement féroces que cyniques, s'opposer à des juges arrogants, bouffis d'orgueil et pétris de leur suffisance. Pour les contrer, elle va s'adjoindre à des représentants dignes de ce que devraient toujours être ces institutions. Elle va argumenter sans relâche, apprendre à maîtriser les rouages de la vraie justice, celle qui protège et réconforte, pour pouvoir faire entendre les cris de Karine qui peu à peu se transforment en une voix, puis une parole, et enfin en un discours dont les mots deviennent ceux de tous ces gosses au futur massacré. Car au bout de ce combat fondamental c'est de l'avenir de tous les enfants que Karine et Laurence nous parlent. De l'avenir du monde.

Avant-propos

Cela fait déjà sept ans que j'ai reçu cette clé USB accompagnée d'un mot : « Voici l'histoire de Karine. »

Lorsque j'ai commencé à la parcourir, mon visage s'est progressivement décomposé, tant je mesurais l'ampleur de cette affaire et son caractère explosif.

Un romancier qui aurait imaginé cet enfer n'aurait pas pu rendre crédible un tel niveau de cruauté et de non-sens. C'est tout simplement inconcevable.

Qu'allais-je faire de cette histoire hors normes ?

Comment pourrais-je aider cette jeune fille et cette femme dans ce combat si insensé et si juste à la fois ?

Il fallait que la vérité éclate et que leur dignité soit retrouvée.

Laurence, la bête noire du parquet de Rennes et de l'ASE qui la surnomment lamentablement, en privé, « la sorcière », a tenu bon, puisant, dans ses entrailles de maman, cette force quasi messianique.

Une foi inébranlable en Dieu et en la Justice l'a guidée dans la réussite de sa quête.

Un combat digne de David contre Goliath.

Seule contre tous, Laurence s'est emparée d'une tâche à première vue impossible, ne suivant que la voix de son cœur. Cette mission dont elle s'est emparée s'est rapidement transformée en sacerdoce, en voyage initiatique voire religieux, et nous démontre qu'à cœur vaillant rien d'impossible.

Oui Laurence est une sorcière, mais une *Sorcière bien-aimée*. Elle a réussi à transformer l'impossible, la laideur institutionnelle... en une formidable leçon et un espoir pour tous ceux qui désespèrent et qui rendent les armes.

Elle est la définition même de la protection de l'enfance.

C'est une lanceuse d'alerte, ignorée et dénigrée pendant vingt ans mais qui a fini par gagner contre ces institutions défaillantes, je dirais même totalement complices du calvaire de Karine.

Je suis honorée d'avoir rencontré cette dame si respectable, Laurence... et d'avoir pu faire un petit bout de chemin à ses côtés pour révéler la vérité.

Dans toute l'horreur qu'a vécue Karine, elle a eu cette chance de rencontrer son ange gardien.

Que cet ouvrage, récit dévastateur... serve à éveiller les consciences...

Delphine Welter, journaliste

Prologue

« L'espérance, ce n'est pas être convaincu que quelque chose finira bien, c'est avoir la certitude que quelque chose a un sens et peu importe la manière dont cela finira. » Václav Havel.

Ce mot espérance me porte tant. C'est un sentiment qui m'a fait tenir toutes ces années malgré l'ampleur des immondices à laquelle j'ai été contrainte de me plier. Cette espérance, l'institution judiciaire me l'a si souvent pilonnée. Pourtant, c'est cette dernière qui lui aura enfin donné un sens ce jeudi 5 juillet 2018.

Cour d'assises de Rennes. Troisième jour d'audience.

Une voix s'élève.

« J'ai beaucoup d'estime pour vous, Madame. Je pense que la Justice a manqué de clairvoyance au moment du signalement de 2003, le classement sans suite… » Il s'interrompt. Ai-je bien entendu ? S'adresse-t-il vraiment à moi ? Puis Monsieur Touret de Coucy, l'avocat général, reprend d'une voix sanglotante : « Nous avons des questions à nous poser au niveau de nos responsabilités professionnelles… » Le silence se fait pesant dans la salle d'audience. Le temps s'est arrêté. J'ai du mal à y croire mais ces paroles coulent en moi comme du miel. Je suis là depuis tellement longtemps pour Karine, je voudrais hurler mais rien ne sort, je le regarde debout derrière son pupitre, les yeux embués. Ce magistrat vient de s'adresser à moi avec tant de respect. Je m'attendais à recevoir – comme de coutume – des reproches, des coups bas ou des attaques personnelles. J'en ai tellement reçu et là cet homme me rend ce qui m'a été confisqué depuis tant d'années : la reconnaissance. Je ne suis plus la *sorcière*, la *mauvaise*, la *folle*. J'existe enfin et de la plus belle des manières. Je suis une femme encore debout qui œuvre depuis des années, afin de sauver cette enfant devenue à présent une belle jeune femme. Quel combat incroyable m'aura-t-il fallu mener contre l'administration, contre la Justice et parfois contre mes proches pour entendre enfin ces mots ! Ces paroles me rendent ma dignité et me font me sentir plus forte : le combat n'était pas vain. Ce procès va changer ma vie.

Monsieur l'avocat général, merci d'avoir prononcé ces paroles inespérées avec tant de courage. Merci de nous avoir compris et de m'avoir rendu mon honneur. Une chaleur m'envahit. Je fais un voyage intérieur. Vingt-deux années défilent dans ma tête, vingt-deux ans d'une guerre acharnée que je viens à cet instant de gagner... mais à quel prix ?

Ma belle-famille

J'ai rencontré Loïc en 1977, à tout juste dix-sept ans, je l'ai épousé deux ans plus tard. Sa famille est issue de la ruralité profonde. Je suis tombée immédiatement amoureuse de lui mais je ne suis jamais parvenue à m'insérer dans sa famille. Dès le départ, j'ai ressenti un comportement malsain, lourd, grivois, tant dans leurs paroles, que par leurs gestes. Mon mari est un homme droit, intègre et de ce fait très différent de sa fratrie. C'est un taiseux, un pudique qui exprime peu ses sentiments même après toutes ces années, mais à aucun moment il ne m'a empêchée de faire ce que je pensais être juste et bon pour Karine.

Le premier mariage de René, le frère de Loïc, a lieu dans les années 90, avec une jeune femme se prénommant Nathalie, tout droit sortie des foyers de la DDASS. Quelque temps plus tard, lorsque celle-ci découvre la stérilité de mon beau-frère, elle demande immédiatement le divorce. René ne le supporte pas, il sollicite alors ses deux frères, dont mon époux, pour un don de sperme afin de sauver son mariage. Cela aurait pu se faire dans une famille aimante et bienveillante, mais compte tenu du comportement choquant et inacceptable de mon beau-frère, cette requête était tout simplement inenvisageable pour moi.

Au début de mon mariage je suis restée dormir à plusieurs reprises chez mes beaux-parents. Lorsque venait le moment de prendre la douche, René se précipitait dans les toilettes, montait sur les WC et nous regardait nous laver car le mur de séparation ne s'élevait pas jusqu'au plafond. Quelque chose ne tournait pas rond chez lui. J'en ai bien sûr parlé à Germaine, ma belle-mère. Mais l'attitude de son fils la faisait ricaner, elle trouvait ça drôle qu'il me regarde prendre ma douche. Au-delà de cette attitude juvénile et dérangeante, d'aussi loin que je me souvienne, René a toujours eu des paroles ambiguës et indécentes.

Faute de pouvoir offrir un enfant à son épouse, son divorce devient inéluctable et il se met à la recherche d'une compagne. Il rencontre rapidement Anne-Marie Dalla Porta. Elle est hébergée au foyer l'Oasis à Rennes et a comme habitude d'arpenter le trottoir. René en tombe immédiatement amoureux. Dès le début, en connaissant son passé, nous comprenons ce qu'elle cherche réellement : un mari qui va l'entretenir.

Mais rien n'empêchera ce qui s'est mis en route, ni les constats ni les avertissements.

Alors que Loïc, mon époux, quitte notre domicile pour travailler en région parisienne, Anne-Marie se met à l'appeler sans arrêt pour lui déclarer sa flamme. Je fulmine. Je décide de faire une main courante à la gendarmerie pour que cessent ses appels téléphoniques. Je ne saurais dire à ce moment-là pourquoi personne n'a réellement anticipé que cette relation était une source de soucis. Les avances répétées d'Anne-Marie nous poussent à décliner l'invitation à leur mariage, mais il ne s'agissait que des prémices des événements qui allaient nous entraîner dans ce cauchemar.

En 1994, mon beau-père Pierre, cet homme pour qui j'ai beaucoup d'estime, insiste inlassablement pour que nous participions de nouveau aux repas de famille. C'est pour lui, uniquement pour lui, que nous reprenons peu à peu le chemin de la maison familiale et que nous acceptons une *réconciliation*. Mais ces repas sont à chaque fois une épreuve. Toujours alcoolisé, le couple René / Anne-Marie a des propos plus que dérangeants. Insupportables, ils me tapent sur les nerfs. Heureusement que nos enfants n'y participent pas. Parfois ma belle-sœur narre des scènes pornographiques à table, devant tout le monde, sans filtre. Si cela peut prêter à sourire, en réalité, cela en dit long sur ce couple déluré. Il est pour moi évident à ce moment-là qu'un enfant ne serait pas en sécurité avec eux, mais fort heureusement, sachant René stérile, je suis rassurée par cette impossibilité de procréer.

Pourtant fin 1996, alors que nous nous tenons une nouvelle fois éloignés d'eux, j'entends dire qu'Anne-Marie est enceinte. C'est un choc ! Je ne peux décrire ce que j'ai ressenti, je sais en revanche n'y avoir pas cru un seul instant. Comment cette grossesse était-elle possible ? Je n'avais pas rêvé, j'avais personnellement accompagné René et sa première femme aux rendez-vous médicaux. J'avais également lu les certificats médicaux qui concluaient que le sperme de René ne contenait pas de spermatozoïdes. Les médecins étaient formels, il ne pourrait jamais être père.

Faute d'échanges avec eux, je pense d'abord à une fécondation in vitro. Mais compte tenu de la personnalité du couple, je doute qu'ils aient pu intellectuellement et physiquement se plier à un tel protocole. Mes interrogations demeurent quelque temps sans réponse jusqu'à ce que René me confirme lui-même ce miracle un matin de février 1997.

Je me trouve au carrefour de la rue de Vern et du boulevard Émile Combes, au feu et j'attends pour me rendre à la Caisse d'Épargne qui est de l'autre côté. Soudain mon beau-frère surgit et pile devant moi, tout content, avec son balai entre les mains, dans son uniforme vert et jaune d'employé de la ville de Rennes. Nous ne nous sommes pas vus depuis plusieurs mois. Un sourire béat illumine son visage, il me lance : « C'est super Marie est grosse ! » C'est bien de sa femme qu'il me parle, je suis stupéfaite par ce terme. Anne-Marie est bien enceinte, ce n'était donc pas une rumeur. J'évoque sa stérilité et lui demande s'ils ont eu recours à une insémination.

Il répond fièrement de sa voix niaise : « Non, j'ai vu un marabout ! »

J'aurais aimé rire, mais je me tais. Pressée, je pars en tournant dans ma tête ces mots en boucle. Cet enfant ne peut pas être de lui, aucun miracle n'est possible.

Il est cocu et content. Quelques semaines plus tard, mon mari revient de chez sa mère et me déclare : « René m'a demandé d'être le parrain du futur bébé. » Je le regarde avec effroi. Je suis inquiète pour ce bébé, si René est stérile, qui est le père de cet enfant ? Je sais qu'Anne-Marie est une fille facile, qui n'a jamais eu froid aux yeux, surtout pour de l'argent. Elle ne s'en est d'ailleurs pas cachée lorsqu'elle s'est confiée à moi un jour : « Laurence, tu sais, je faisais des passes à Barbès quand j'étais jeune... » Alors, nous n'étions plus à ça près et l'ayant croisée à de nombreuses reprises en compagnie d'hommes en ville, je ne serais pas étonnée d'apprendre qu'elle se prostitue encore.

Ce bébé est-il le fruit d'une passe ? Quel avenir aura cet enfant ?!

Loïc me regarde, je lui demande :

« Tu as accepté d'être le parrain ?

– Non, je voulais t'en parler avant.

– Ah. Je ne sais pas, mais en théorie cela ne se refuse pas, en plus ils ne sont croyants ni l'un ni l'autre, laissons-nous du temps. »

Je suis croyante. Loïc sait combien c'est important pour moi, nous avons toujours assumé pleinement le fait qu'il soit déjà parrain de deux de ses neveux. C'est un rôle que nous prenons à cœur. Nous avons fini par accepter, non pas pour eux, mais pour cet enfant.

La naissance

En mai 1997, Anne-Marie apprend qu'elle attend une petite fille et je réalise aujourd'hui que le destin de cette petite s'est joué à ce moment-là. Nous la croisons peu de temps après, lorsque nous faisons encore l'effort de participer aux repas de famille. Son visage a changé. Il est figé, on dirait qu'elle porte un masque, elle est dépourvue d'émotions.

Ma belle-sœur n'a plus envie de ce bébé, elle trouve qu'il est bien dans son ventre et ne veut pas le mettre au monde. C'est comme si elle s'était dissociée de ce corps qui allait donner bientôt la vie. Je ne comprends pas ce qui se passe. Son attitude m'interpelle, j'ai énormément de mal à rester inactive. Je suis inquiète pour ce bébé qui va venir au monde au sein d'un couple où tout tourne autour de la sexualité. Je ne perçois aucun amour, ni l'envie d'être mère chez elle.

Plus le terme approche, plus je doute de cette femme. Nous cache-t-elle quelque chose ? Je prends certaines initiatives, comme prévenir l'ASFAD, un organisme qui s'occupe des grossesses compliquées à Rennes, mais personne ne s'émeut de la situation. Nous apprenons finalement par hasard qu'Anne-Marie a déjà eu un enfant. Elle nous évoque rapidement qu'elle a eu une petite fille, décédée des suites de problèmes cardiaques.

Je comprends mieux. Ma belle-sœur revit sans aucun doute ce traumatisme depuis des semaines, ravivé depuis qu'elle connaît le sexe de son enfant. Quand on essaye de lui parler de cette petite fille, elle ne prononce pas son prénom, nous nous heurtons encore à ce visage glacé si détaché.

Quel malheur de perdre un bébé ! Il n'y a pas pire atrocité pour une mère. Je lui demande où elle l'a enterrée. Elle me répond : « Je ne sais pas, j'étais trop mal pour m'en occuper. » Je n'insiste pas, le malaise est palpable. Je me mets toutefois en hypervigilance et je ne cesserai plus jamais de l'être. Qu'elle n'ait pas pu gérer l'enterrement peut se comprendre, mais son attitude si étrange me dérange.

La naissance est prévue début juillet. J'ai préparé un petit trousseau car les parents n'ont rien. Mon beau-frère est tellement radin qu'il serait capable de ramasser dans les poubelles pour éviter d'acheter quoi que ce soit. Je le connais trop bien, j'anticipe cette situation. J'achète de la layette de base, de couleur rose, pour ce petit ange qui va bientôt arriver. Je ne sais pas pourquoi mais nous les invitons à dîner, certainement pour me rassurer que tout est prêt avant la naissance.

Nous allons chez Maître Kanter. Nous commençons par commander un apéritif, je demande un Perrier menthe, Anne-Marie un Ricard. Je n'arrive pas à lui faire comprendre qu'elle ne doit pas boire d'alcool, elle me désole. Au cours du repas, la future maman a du mal à cacher encore une fois son manque d'enthousiasme. Une femme enceinte arrivant à terme ne rêve que d'une seule chose : accoucher et voir enfin son bébé. Pas elle. Elle répète que ce bébé est bien dans son ventre et que s'il pouvait y rester ce serait encore mieux. Elle ne partage pas cette joie qu'apporte une naissance, tout a l'air d'être un poids. A-t-elle peur de ne pas être capable d'être une bonne mère ? Beaucoup de mères ressentent cela au début. Mais je pense plutôt qu'elle a peur de l'accouchement, peur de revivre le décès. Ce repas me laisse encore une fois un goût amer, je ne suis pas du tout rassurée.

Le 7 juillet, René nous téléphone en fin de journée pour nous dire qu'Anne-Marie a accouché, l'enfant s'appelle Karine. Des frissons parcourent mon dos, j'ignore pourquoi… Je pose les questions habituelles et mon beau-frère me dit : « Elle est belle, elle ne pleure pas beaucoup. Marie est très fatiguée cette nuit elle va dormir sans la petite, il faut qu'elle se repose. »

Le lendemain je vais faire les derniers achats, j'achète la robe de baptême chez Leconte, un magasin spécialisé. Je prends une très belle robe en organza blanc avec tout ce qui est assorti, le bandeau, les chaussettes, le body ainsi que trois pyjamas. C'est ravissant. Tellement ravissant que ces tenues seront revendues par le couple juste après le baptême pour se faire de l'argent…

Lorsque je rentre dans la chambre de la maternité avec mes cadeaux, le berceau se trouve devant la fenêtre. Anne-Marie et René sont assis sur le lit. Karine est loin de ses parents, je leur offre les cadeaux et je me penche sur le berceau transparent de la maternité. Karine est magnifique, une jolie petite fille. Ses poings sont fermés, le visage est détendu et éveillé. Je demande à la prendre contre moi. J'ai déjà quatre beaux enfants alors je ne suis pas en terrain inconnu. Ce petit bout se love tout de suite dans mes bras. Je glisse mon doigt dans sa petite main et je la regarde affectueusement. Mais je ressens un peu d'inquiétude, j'ai tellement de doutes concernant son avenir avec eux…

Je commence à échanger avec Anne-Marie. Elle semble complètement détachée de sa fille, incapable de la prendre dans ses bras, incapable de la changer, incapable de l'aimer... Je tente de provoquer un contact, j'essaye de mettre Karine dans les bras de sa mère. Ils sont en train de parler de choses et d'autres, mais rien concernant Karine. Je tente de recentrer la conversation sur la petite :

« Comment s'est passé l'accouchement ?

– Il a bien fallu qu'elle sorte ! » me répond Anne-Marie.

Je n'ai pas en face de moi une mère. J'ai cette curieuse impression de danger, immense et impalpable mais bien présent.

Mes pensées s'interrompent quand la puéricultrice entre dans la chambre pour voir si tout se passe bien. Elle insiste pour qu'Anne-Marie prenne sa fille dans les bras.

« Non plus tard ! » dit-elle, sans un seul regard pour Karine.

Ce n'est pas normal. Cette femme n'est pas normale. Cette situation n'est pas normale. Le couple reste fusionnel et heureux sans se soucier une seule seconde de leur enfant dont les soins sont prodigués par les équipes médicales. Oh bien sûr mon beau-frère René semble content, mais tellement fusionnel avec sa femme.

Nous parlons du baptême et du retour à la maison, mais Anne-Marie ne se projette pas avec cette petite fille. Elle se soucie plus de son chat que de savoir si tout est prêt pour le bébé.

Elle finit par me demander si je peux passer le samedi chez eux, ce que j'accepte.

Lorsque je sors de cette chambre, je passe devant le poste des infirmières, une femme m'interpelle.

« Je suis la sage-femme, me dit-elle. Auriez-vous quelques instants pour échanger ?

– Bien sûr », lui dis-je.

Elle me fait entrer dans un bureau, où se trouve déjà une jeune femme. Elle me la présente, il s'agit d'une autre puéricultrice. Elle me demande si tout va bien dans la vie d'Anne-Marie, s'il n'y a pas de problème. Elle insiste pour savoir si ce bébé était attendu, car il semble qu'il y ait « un désinvestissement total de la mère », précise-t-elle.

Je lui apprends qu'Anne-Marie a perdu un premier bébé et m'étonne que l'information ne soit pas présente dans le dossier médical de leur patiente. Je lui fais part de mon inquiétude apparue depuis quelques mois déjà. Nous n'avons aucune précision sur ce bébé décédé, nous avons juste une année, 1985. Elle me demande si le couple est suivi par les services sociaux, je pense qu'ils ont dû effectivement solliciter le centre d'action sociale de Cesson Sévigné pour des problèmes d'argent. Ces femmes ont l'air de se préoccuper de la petite, ce qui me rassure. J'ai espoir que quelqu'un d'autre que moi, un professionnel de l'enfance, veille sur elle.

Anne-Marie et Karine sont rentrées le samedi matin. Le frère d'Anne-Marie et ses parents sont à la maison lorsque je m'y rends. Ce joli bébé est toujours aussi calme. *Trop calme*. Ma belle-sœur ne veut toujours pas changer la couche de l'enfant, ni lui donner le biberon. La présence de son frère Jean-Paul et de son épouse m'apaise, ils paraissent parfaitement vigilants. Mais malheureusement ne restent que deux jours.

Le dimanche soir, René m'appelle : « Marie est paniquée, c'est compliqué, est-ce que demain matin je peux te la déposer avec Karine ? Toi tu sais faire. » Oui bien sûr je sais faire, je suis mère de famille et assistante maternelle de surcroît.

Je suis employée par le conseil général d'Ille-et-Vilaine comme famille d'accueil. Depuis 1993, deux enfants sont placés chez moi. Trois autres me sont confiés la journée.

Une naissance engendre parfois tellement d'émotions, de stress et de déprime que la situation peut vite devenir compliquée. Il faut aider Anne-Marie, c'est son enfant, elle doit l'assumer et apprendre à s'en occuper. Je me dis qu'elle a peut-être juste besoin d'un peu plus de temps et d'aide que les autres.

Le lendemain matin à 7 h 30, René dépose Karine et son épouse. Nos filles sont en vacances et sont heureuses. Un bébé à la maison c'est merveilleux pour elles, tout le monde s'occupe de cette petite poupée. Tout le monde, sauf sa mère, qui n'a aucun geste pour sa fille de la journée. Rien, pas même un bisou, aucun geste tendre. Comment est-ce possible ?

Quand René vient les chercher le soir, je lui fais part de la situation, mais comme à son habitude il rit, trouvant des excuses à son épouse. Cet homme est immature, complètement à côté de la plaque. Il évoque la fatigue, parce que « ce n'est pas facile de se réveiller la nuit ».

Le lendemain matin, nous recommençons, mais rien ne change dans son comportement. Pourtant, après m'être occupée du bébé ainsi que des autres enfants, je suis tout aussi fatiguée. Plus le temps passe et plus le problème me paraît grave, je ne vais pas avoir d'autre choix que de forcer les choses.

Le mercredi, nous venons de terminer de déjeuner, Karine pleure de faim. Je prépare le biberon et j'insiste pour qu'Anne-Marie le lui donne cette fois-ci. Soudain, elle se met à trembler. Elle pose Karine sur le canapé et se met à hurler :

« Je n'en veux pas, je peux pas, enlève-la ou je vais faire comme avec l'autre !

– Quoi comme l'autre ?

– Ben je l'ai tuée à coups de couteau, plein de coups de couteau. »

Elle me regarde l'air hagard. Je ne comprends rien, je lui fais répéter.

« Oui j'ai tué ma fille, j'ai tué ma fille à coups de couteau, tu comprends j'en voulais pas ! »

Le sol se dérobe, mes jambes flageolent. Que vient-elle de dire ?

Je suis transpercée, c'est une déflagration. La femme que j'ai en face de moi, sous mon toit, est une meurtrière. Ma belle-sœur a tué son enfant. Comment est-ce possible ? Tout se bouscule dans ma tête dans la confusion la plus totale.

Je tiens Karine dans mes bras, je sens que je glisse doucement le long du mur du couloir. Pour éviter de faire tomber la petite, je mets les pieds le long du mur en face. Assise par terre, je lui demande d'une voix fébrile :

« À coups de couteau ? Mais quels coups de couteau ?

– Bah je l'ai tuée, j'ai frappé, frappé, frappé, j'en voulais pas, tu comprends ? Celle-là non plus je n'en veux pas, si tu veux je te la donne, garde-la toi », dit-elle en regardant Karine.

« C'est pour ça que j'ai fait de la prison. J'ai été condamnée longtemps, j'ai morflé en prison. »

J'encaisse ces déclarations inimaginables. Dans sa voix il n'y a pas de remords, pas de regrets, pas de sentiments. Cette femme est vide de compassion, elle ne mesure pas l'horreur de son acte. A-t-elle inventé cette histoire ? Malheureusement, non.

171 coups de couteau dans un corps de 49 centimètres ! Quel monstre peut faire cela à un bébé ?

BII 31/1 (1-27)

Pour expédition certifiée conforme à l'original
Le Greffier en Chef

Tribunal de Grande Instance de Pontoise ★ Cour d'Assises du Val d'Oise 1 ★

COUR D'APPEL
De VERSAILLES

TRIBUNAL
DE GRANDE INSTANCE
De PONTOISE

CABINET
de M. ME DELAFOLLIE
JUGE D'INSTRUCTION

N° C 145/85

ORDONNANCE

DE TRANSMISSION DU DOSSIER AU PROCUREUR GÉNÉRAL

Nous Marie-Elisabeth DELAFOLLIE 1er Juge d'instruction au Tribunal de grande instance de PONTOISE

Vu l'information suivie contre :

1°) DALLA PORTA Anne-Marie, née le 5/06/1965 à PONTOISE (95)
Femme de ménage

DETENUE A VERSAILLES : MD du 29/11/1985

2°) DEVAUCHAUX Jeanne épouse DALLA PORTA
née le 25 AOUT 1931 à MELICOQ (60)
sans profession -

DETENUE A VERSAILLES : MD du 29/11/1985

3°) DALLA PORTA Daniel
né le 13/11/1927 à ST OUEN L'AUMONE (60)
Chauffeur livreur

SOUS CONTROLE JUDICIAIRE : 29/11/1985

Inculpés de : INFANTICIDE (1) - COMPLICITE D'INFANTICIDE (2) - RECEL DE CADAVRE et NON ASSITANCE A PERSONNE EN DANGER (3)

Vu le réquisitoire de M. le Procureur de la République, en date du 7 AOUT 1987 dont nous adoptons les motifs

(1) tendant à la transmission à M. le Procureur général du dossier de la procédure et d'un état des pièces servant à conviction ;

Vu les articles 176, 181, 183 et 184 du Code de procédure pénale ;

Attendu que de l'information résultent les faits suivants :

T.S.V.P.

Imp. Adm. Melun - C. 11-5-0108-78

N° 15 A

BII 31/2

Le 26 Novembre 1985, dans l'après midi, Anne-Marie DALLA-PORTA se présentait au cabinet du Docteir LAIK, médecin généraliste à SAINT OUEN L'AUMONE (95) afin de consulter au sujet de montées laiteuses.

Questionnée par le praticien, la jeune femme âgée de 20 ans déclarait après quelques hésitations qu'elle avait accouché le samedi précédent 23 Novembre 1985 d'un enfant qu'elle disait mort-né et qui avait été enterré dans le jardin du pavillon de ses parents à ENNERY(95)

Le Docteur LAIK faisait transporter par le SMUR Anne-Marie DALLA PORTA à la maternité du centre hostpiralier régional de PONTOISE où le Docteur MAROUSI, gynécologue de garde, confirmait la réalité d'un accouchement récent et prescrivait un traitement adapté à l'état de la patiente, laquelle quittait l'établissement hospitalier sur sa propre demande.

.../...

Le Docteur LAIK avisait le Conseil de l'Ordre des Médecins du Val d'Oise qui à son tour signalait les faits au médecin-inspecteur de la D.D.A.S.S., Mademoiselle JACQUET Marie-France. Le Procureur de la République de Pontoise, informé, confiait une enquête judiciaire au SRPJ de Versailles.

D.5 Le 28 novembre 1985, les enquêteurs se transportaient au 13 rue des Bleuets à ENNERY et sur les indications de Mme Jeanne DEVAUCHAUX épouse DALLA PORTA découvraient dans un débarras, sous l'escalier intérieur de la maison, un seau en plastique recouvert d'une serpillière.

D.9 A l'intérieur du seau, emballé dans deux sacs en plastique se trouvait le corps d'un nouveau-né de sexe féminin maculé de sang, de méconium et de résidus placentaire, dont le décès était constaté par le Dr PAYET, médecin à ENNERY.

D.78 L'autopsie pratiquée par le Dr PIEDELIEVRE mettait en évidence de très nombreuses blessures par arme blanche, tranchante d'une part, piquante d'autre part, à l'origine de multiples lésions intéressant les organes vitaux (poumons, vaisseaux, foie, reins..)

Cent vingt cinq plaies étaient relevées dans la région lombaire et dorsale, sept plaies dans la région cervicale gauche, quatre petites plaies dans la région occipitale gauche, une plaie au niveau de la fosse iliaque droite, une plaie au niveau du flanc droit, trente plaies punctiformes au thorax et trois plaies au cou, soit au total cent soixante et onze lésions réparties sur l'ensemble du corps de l'enfant mesurant quarante neuf centimètres.

D.80 L'examen anatomo-pathologique effectué par le Docteur LECOMTE sur les fragments de viscères prélevés lors de l'autopsie, montrait un parenchyme pulmonaire aéré ayant respiré avec des signes histologiques témoin d'une inhalation amniotique partielle associé, permettant de conclure que l'enfant avait vécu.

Les différentes auditions auxquelles procédaient successivement les enquêteurs, puis le magistrat instructeur permettaient de reconstituer comme suit le déroulement des faits :

Courant mars 1985, Anne-Marie DALLA PORTA s'était trouvée enceinte des oeuvres d'un inconnu, dès le mois de mai 1985, sa mère l'ayant questionnée apprenait son état, il en était peu à peu de même
D.59 pour le reste de la famille, soit le père Daniel DALLA PORTA et le frère Michel DALLA PORTA.

Aucune déclaration n'était faite aux autorités sanitaires compétentes, mais de très nombreuses personnes vivant tant dans l'environnement de la famille à ENNERY, que sur le lieu de travail d'Anne-Marie ("TUC" au foyer de l'Association pour la Réinsertion Sociale)
D.48 à D.58 remarquaient que la jeune fille avait grossi et avait pensé ou su
D.60 à D.71 bis qu'elle était enceinte.

Parmi les témoins entendus, peu avaient en revanche reçu de la bouche de l'intéressée, la confirmation de son état de grossesse seules étaient dans ce cas Mme Martine BELAN et Mme Jacqueline
D.68 - D.62 LIEFOOGHE, cette dernière précisait d'ailleurs aux enquêteurs qu'Anne-Marie DALLA PORTA ne souhaitait pas garder l'enfant. Ces intentions étaient confirmées par la déposition du frère de l'inculpée, Michel
D.59 DALLA PORTA auquel sa soeur avait affirmé qu'elle ne garderait pas le bébé.

../...

BII 31

D. 42 Au cours de son interrogatoire de première comparution, Anne-Marie DALLA PORTA reconnaissait n'avoir rien préparé pour la venue de l'enfant et d'avoir résolu de le tuer à la naissance.

D. 85 Une ultime confrontation entre les différents membres de la famille DALLA PORTA permettait d'acquérir la certitude que tant le père, que la mère d'Anne-Marie a eu connaissance de la grossesse, le père ayant même conseillé de faire procéder à un avortement.

Le samedi 23 novembre 1985, aux environs de 20 heures 30, au domicile de la famille DALLA PORTA, les trois inculpés se mettaient à table afin de prendre le repas du soir ; environ une heure plus tard, Anne-Marie DALLA PORTA quittait la table, se retirait dans sa chambre et après avoir enfilé sa chemise de nuit, se couchait.

Elle tentait vainement de trouver le sommeil et éprouvant des douleurs au niveau du ventre se rendait aux toilettes. Elle prétendait avoir à cet instant avisé ses parents, toujours occupés à regarder la télévision, de ce qu'elle ne se sentait "pas bien".

Anne-Marie DALLA PORTA restait, selon sa propre estimation, environ quinze minutes dans les toilettes, période durant laquelle elle affirmait avoir perdu les "grandes eaux", puis elle regagnait sa chambre après s'être raffraichi le visage dans la salle de bains et munie d'un gant de toilette humide qu'elle plaçait au creux de ses reins afin de soulager ses douleurs.

La souffrance persistant, elle faisait appel à sa mère et lui demandait un cachet.

L'inculpée DEVAUCHAUX se rendait dans la chambre de sa fille, et, sans lui demander de précision sur son état, lui apportait quelques instant plus tard un comprimé de "NORMOGASTRYL". Anne-Marie DALLA PORTA précisait alors à sa mère qu'elle ressentait des douleurs au ventre.

Daniel DALLA PORTA occupé à regarder le feuilleton "Dynastie" sur la chaine de télévision FR3, ne s'inquiétait nullement du motif du déplacement de son épouse.

Une fois le remède absorbé, Anne-Marie DALLA PORTA ne trouvant pas le sommeil et éprouvant des "tiraillements" dans le ventr faisait de nombreux "va et vient" dans sa chambre et se rendait une nouvelle fois aux toilettes, puis passait dans la salle de bains afin d'y prendre une douche.

Il était vérifié au cours de la reconstitution que ses parents placés dans la salle à manger n'avaient pu percevoir le bruit émis par la dite douche.

Anne-Marie DALLA PORTA échangeait sa chemise de nuit contre un peignoir et regagnait sa chambre depuis laquelle, ressentar des douleurs de plus en plus vives, elle appelait sa mère. Son père Daniel DALLA PORTA se présentait et proposait à sa fille de la conduir à l'hôpital, croyant selon ses affirmations, à une crise d'appendicite

D. 84 Au moment où sa fille se levait, Daniel DALLA PORTA apercevait selon ses propres déclarations "un machin sanguinolant entre les cuisses", il aidait sa fille à enfiler un anorak, puis cell ci se rendait une nouvelle fois aux toilettes en marchant les jambes

../

écartées. Daniel DALLA PORTA s'absentait environ une minute et demi pour sortir la voiture du garage (selon le chronométrage réalisé par le magistrat instructeur au cours de la reconstitution).

Pendant ce court laps de temps, Anne-Marie DALLA PORTA accouchait dans les toilettes, la position qu'elle adoptait faisait glisser l'enfant la tête la première au fond de la cuvette, sa mère à sa demande lui apportait une paire de ciseaux à l'aide desquels Anne-Marie DALLA PORTA coupait le cordon ombilical.

Daniel DALLA PORTA, une fois de retour s'apercevait de l'état de sa fille et lui proposait une nouvelle fois de la conduire à l'hôpital, ce que la jeune femme refusait, son père se mettait en colère et selon sa version, quittait la maison pour se promener enviro un quart d'heure dans le quartier. Il ne cherchait pas à appeler les
D.25 secours à l'aide du téléphone.

Anne-Marie DALLA PORTAse retournait afin de se placer face à la cuvette des W.C, tenant la paire de ciseaux fermés de la main droite, le bébé par les pieds de la main gauche. Elle le frappait de plusieurs coups sur le flanc droit ou sur le ventre. L'enfant selon la déclaration de l'inculpée émettait alors des cris aigüs.

Il existe une importante divergence entre les déclaration d'Anne-Marie DALLA PORTA et celles de son père sur la présence de
D.75 - D.84 celui-ci au moment des premiers coups. Malgré les dénégations de Danie DALLA PORTA, il convient de relever que le temps nécessaire pour sortir la voiture du garage de la maison et celui mis par sa fille pour accoucher, lui permettait d'être présent, par ailleurs les déclarations réitérées d'ANne-Marie DALLA PORTA doivent être rapprochées de celles d'un inculpé ayant toujours cherché à minimiser sa responsabilité en ne reconnaissant notamment qu'il avait connaissance de la
D.85 grossesse de sa fille qu'au cours de l'ultime confrontation.

Anne-Marie DALLA PORTA demandait ensuite à sa mère de lui apporter un couteau et deux sacs en plastique. Celle-ci qui avait sans nul doute assisté à la première série de coups de ciseaux sur l'enfant, obtempérait et apportait les objets demandés. Cherchant elle
D.84 aussi à minimiser sa responsabilité, elle prétendait être resté sur le seuil de la salle de séjour afin de tendre à travers le couloir à sa fille le couteau et les sacs.

Cette version est contredite par l'extrême difficulté rencontrée au cours de la reconstitution par l'inculpée DEVAUCHAUX pour accomplir ces gestes et surtout par ses propres déclarations aux termes desquelles elle avait bien assisté à l'intégralité des coups portés à l'enfant par sa fille (cf. côte D.76 "j'ai dit à ma fille qu'elle exagérait pour les coups de couteau").

A l'aide du couteau Anne-Marie DALLA PORTA assenait sur l'enfant, après l'avoir retourné, plus de cent coups principalement dans la région dorsale pendant une période évaluée à environ 45 secon
D.91 au cours de la reconstitution. Elle disposait ensuite à terre un sac poubelle apporté par sa mère et, toujours en présence de celle-ci,
D.24 frappait la tête du bébé quatre fois à terre, malgré les cris répétés de l'enfant.

Disposant l'enfant face contre le sac, Anne-Marie DALLA PORTA lui portait une nouvelle série de couteau dans le dos. L'inculpée DEVAUCHAUX de retour avec un second sac, constatait selon sa propre expression que l'enfant avait été martyrisé.

Anne-Marie DALLA PORTA roulait alors le corps de l'enfan

BII 31

dans un sac puis dans l'autre, puis, elle ou sa mère, le plaçait dans un seau. Anne-Marie DALLA PORTA allait ensuite prendre une douche.

Mme DEVAUCHAUX s'emparait du seau, le plaçait sous l'escalier où il serait découvert par les enquêteurs cinq jours plus tard et nettoyait les W.C. et la douche, notamment afin d'y faire disparaître les tâches de sang.

Les deux femmes changeaient les draps du lit d'Anne-Marie DALLA PORTA puis DEVAUCHAUX rejoignait dans le lit conjugal son mari qui, rentré entre-temps de sa promenade, lisait "La Vie du Rail".

Le lendemain matin Michel DALLA PORTA était informé par son père de ce que sa soeur avait tué le bébé et qu'il avait assisté
D.59 à une partie de l'accouchement.

Le moment exact du décès de l'enfant n'a pu être déterminé avec précision, le prélèvement effectué au cours de l'autopsie
D.23 du 28 novembre 1985 s'étant révélé en mauvais état.

D.82 L'expertise de l'humeur vitrée effectuée par le Docteur RUDLER permettait seulement de faire remonter la mort à 112 heures environ après ledit prélèvement, soit effectivement le 23 novembre en fin de soirée.

Je comprends à ce moment-là que je tiens dans mes bras une petite fille en grand danger. Je n'essaierai plus de provoquer un lien, au contraire je ferai tout pour protéger cette enfant.

J'ai la sensation de vivre dans deux mondes. Mes enfants que j'ai appelés à la rescousse ne quittent plus Karine des yeux de l'après-midi. Le soir venu, mon beau-frère vient chercher son épouse et son enfant, je lui fais part des révélations.

Il me déclare avec son air bêta :

« C'est pas grave, c'était pas la mienne !

– Mais je suis morte de trouille ! Et si elle s'en prend à Karine ? »

Il sourit.

« Tu étais au courant ?

– Oui mais bon, c'est passé, c'est du passé ! Marie ne veut plus y penser.

– Il faut que je le signale ! Je ne peux pas rester sans rien faire !

– Ferme ta gueule, il va t'arriver des bricoles !

C'est très grave, René, en aucun cas je ne garderai le silence. »

Ils ne reviendront pas le lendemain.

Je n'arrive pas à croire ce qui nous arrive. Notre vie bascule dans un cauchemar. Un mauvais film. C'était donc ça. Tous ces signaux, cette intuition que quelque chose ne fonctionnait pas bien chez cette femme et qu'elle nous cachait un terrible secret. Comment va-t-on se sortir de ça ? Je n'imagine pas qu'à partir de ce moment mon combat ne fait que commencer et qu'il va durer plus de deux décennies.

Deuxième signalement

C'est avec la peur au ventre que je fais immédiatement un signalement aux CDAS de Cesson Sévigné[1].

J'apprends lors de notre conversation avec la responsable du CDAS, qu'un signalement de la maternité est déjà arrivé. Il mentionne l'absence de lien de la part de la mère et de la difficulté à prendre en charge Karine. La responsable me demande de faire un écrit, ce que je m'empresse de faire.

Une semaine plus tard, ma belle-mère m'informe que les services de la protection de l'enfance mettent en route une surveillance. Mi-août, soit plus d'un mois après la naissance, je reçois une lettre pour me dire que mes inquiétudes ne sont pas fondées, que la situation est prise en compte et que tout va bien. Les parents collaborent avec le service pour que la situation s'améliore. C'est la douche froide. Anne-Marie, mère meurtrière, rejetant son deuxième enfant, a droit à une deuxième chance. Voilà ce qu'il faut comprendre.

Une surveillance ! Un désastre ! Pendant douze ans, oui douze ans, Karine sera abandonnée à son triste sort.

Suite à mon signalement je n'ai plus de contact avec Karine, je ne la reverrai plus que pour son baptême. Elle est toute jolie dans sa robe blanche, dans cette grande

1. L'Aide Sociale à l'Enfance.

église de Saint-Hélier. Ce jour-là, au nom de notre foi, nous promettons mon mari et moi de veiller sur elle, d'être présents dans sa vie de tous les jours et de lui donner le meilleur. Nous l'avons promis et nous l'avons fait.

Anne-Marie sombre dans une profonde dépression, écartant complètement Karine de sa vie. Elle est là mais ne la voit pas, comme si elle était transparente. L'infanticide qu'elle a commis et l'incarcération sont des souvenirs qui resurgissent à chaque fois qu'elle regarde Karine. Parfois, je peux surprendre des regards haineux en direction de Karine, quand elle se croit seule.

Les mois passant, l'appréhension ne me quitte plus. Karine est un bébé triste. Très vite son regard va devenir fuyant. Nous le savons, les services sociaux viennent chaque jour, mais cela ne sert à rien car le soir la petite est seule, à la merci de ses parents.

J'apprends que Karine est confiée quelques heures par semaine à Marie-Jocelyne, l'épouse d'Alain, l'autre frère de Loïc. Quelle drôle de décision, ils se vouent une haine farouche, comment Karine pourrait-elle trouver son bien-être ? Nous l'entrevoyons de temps en temps, cette petite fille est morose, peu épanouie et son langage est limité. Que font tous ces travailleurs sociaux autour d'elle ? Question que je ne cesserai de me poser au regard de son faible développement.

La promesse

En 1998, Pierre, mon beau-père, est atteint d'un cancer de la gorge. Très vite son état s'aggrave, il ne lutte plus. À Noël, il est à bout de souffle et c'est au Nouvel An qu'il entre en soins palliatifs dans une clinique rennaise proche de notre domicile. Il ne peut plus s'alimenter. Je lui rends visite un matin et notre discussion porte sur Karine. Il me fait promettre de la protéger et de tout faire si quelque chose lui arrive. Il me demande cela plusieurs fois, alléguant qu'avec les années de prison d'Anne-Marie, son passé que l'on connaît aujourd'hui, son plaisir indéfinissable à faire le trottoir, Karine doit être protégée. De grosses larmes coulent sur ses joues creusées par la maladie. Je le vois pleurer pour la première fois, ce qui me bouleverse. Cet homme rustre au crépuscule de sa vie laisse émerger son humanité, extirpée du plus profond de ses entrailles. Il a très peur pour le devenir de cette enfant.

Il me confie avec gravité savoir que René n'est pas le père de Karine. Il l'a toujours su mais il aime cette petite fille. J'ai toujours aimé cet homme, un homme rigide, levant le coude plus souvent qu'à son tour, mais travailleur sans jamais se plaindre. Dans les années 60, les journées s'enchaînent pour un maigre gain. Le pauvre homme travaille dans les égouts. Régulièrement, il cumule deux journées dans une pour assumer les frais médicaux de René, tombé d'une échelle à l'âge de trois ans. Pierre a élevé ses quatre enfants, avec courage et honneur. Et aujourd'hui, il lutte contre la maladie sans jamais se plaindre, seulement quelques grimaces quand la douleur devient insupportable. Pour tout cela et pour l'amour que j'ai pour Karine, je lui fais cette promesse.

Quelques jours passent. Un matin, je ne me sens pas bien, mal de tête, nauséeuse. Je sens que mon corps me lâche, je me vois partir. Mes enfants et Loïc me regardent inquiets, le côté gauche de mon corps s'affaisse. Hospitalisée en urgence, le diagnostic tombe, je suis victime d'un accident vasculaire cérébral.

Je rentre en réanimation pendant plusieurs jours. On ne sait pas quelles seront les séquelles ni même si je vais survivre. Loïc est près de moi, les yeux humides. Et puis, les choses s'arrangent comme par miracle petit à petit.

Je m'en sors mais cette épreuve m'éloigne de ma famille et de mon beau-père quelques semaines.

À cause de cet AVC, je ne peux plus exercer mon métier, je suis en arrêt maladie. Alors, le Conseil Général me retire mon agrément. C'est un coup dur. Je suis contrainte de me mettre en invalidité.

Je ne revois Pierre qu'une fois, le jour de sa mort. Assis sur le bord de son lit, il me fait à nouveau promettre de veiller sur Karine. Nous vivons un moment intense, il me demande : « Laurence, je vais partir, hein ? » Je lui confirme avec franchise. Son regard est vitreux, fixe. Je lui dis combien il a été important dans la vie de Loïc et de la mienne. Je lui prédis un beau voyage et lui affirme qu'il sera en paix, sans souffrance. Qu'on se reverra sans aucun doute là-haut.

Le soir, j'insiste pour que Loïc dise au revoir à son père.

Et c'est dans la nuit qu'il est parti, sans bruit. En lui faisant moi-même sa toilette mortuaire pour le préparer à ce grand voyage, je pense à ma promesse. Tout en priant pour lui, je demande à Dieu de me venir en aide. Je sais au fond de moi qu'après son départ, nous n'aurons plus de liens avec le reste de la famille parce que je sais que Germaine, ma belle-mère, n'éprouve pas de bons sentiments à mon égard. Elle me juge trop différente d'eux.

Pour la veillée mortuaire, Anne-Marie et mon beau-frère se joignent au reste de la famille. Je l'observe, elle a un comportement bizarre. Tantôt elle ne semble pas présente, les yeux vides, tantôt elle est exubérante, me parle de tout, sauf de celui à qui on rend hommage.

René amène sa fille le lendemain, elle est âgée de deux ans, elle est si mignonne. Je suis contente de la voir. Elle est fluette, un peu craintive et silencieuse.

Dans la chambre où repose Pierre, Karine joue avec le chat qui se frotte au pied du lit. J'imagine l'âme du défunt caresser les joues de la petite comme un dernier geste de tendresse.

Tout d'un coup, René prend Karine par le bras et la contraint d'embrasser le corps froid de son grand-père. Quelle idée saugrenue ! Je le lui fais clairement comprendre dans le couloir que ce n'est pas adapté. Trop tard, la petite puce pleure. Anne-Marie, elle, ricasse :

« Cette nuit, il va venir te chatouiller les pieds ! » lui dit-elle. Je la regarde avec effroi, Karine pleure toujours.

Premiers signes

L'année suivante lors de rares visites chez ma belle-mère, je revois Karine. Son comportement est surprenant. Elle a le regard détaché, elle semble absente, elle peut rester de longs moments assise sans bouger et sans jouer. J'ai l'impression qu'elle présente des troubles du comportement, je pense même à de l'autisme.

Lorsqu'elle quitte la maison avec ses parents, mes belles-sœurs ne cessent d'évoquer ce que tout le monde voit, le rapport compliqué entre la mère et la fille. Toutefois, personne n'envisage de réagir. Chacun se contente d'en parler et se donne ainsi bonne conscience. J'apprends incidemment que les services sociaux sont soucieux et que le juge des enfants a déjà convoqué les parents. Je repense alors à ce que mon beau-père m'avait révélé un jour sur René. À seize ans, ce béotien avait été mis dans un centre fermé à Mortains car il avait agressé sexuellement la voisine, mineure à l'époque. C'est d'ailleurs pour cette raison que les voisins étaient fâchés avec mes beaux-parents.

René y était toujours scolarisé lorsque j'ai rencontré mon mari. Nous avions même été lui rendre visite un dimanche. Il s'agissait bien d'un centre fermé, que l'on appelait encore maison de correction.

Repensant à cet épisode, je me demande s'il pourrait avoir un comportement déviant envers Karine, déjà qu'il est à l'affût de la moindre douche. Ses paroles, ses gestes inadaptés, tout cela renforce mes craintes. Je ne dois pas être parano mais je ne peux expliquer cette intuition qui me hante.

Éloignement

Mon père nous quitte la même année, quelle triste période ! Mais la vie est plus forte que tout et quelques mois plus tard, j'attends un merveilleux cadeau : notre cinquième enfant. À quarante ans la grossesse est plus difficile et plus fatigante surtout lorsque l'on a déjà une famille nombreuse et des problèmes de santé. Mais tout se gère et on s'organise plutôt bien.

La naissance et la cadence quotidienne nous éloignent de Karine. Bien sûr, j'essaye encore d'intervenir les rares fois où je la vois, mais nous le payons ensuite. On oublie de nous inviter aux diverses fêtes familiales après cela. Je réalise qu'il est difficile de continuer de m'en mêler car cela entraîne trop de coupures familiales. Ça me fait de la peine pour Loïc et les enfants, tout cela est à cause de moi. Dans mon dos ma belle-famille me surnomme « la mégère ». C'est charmant. Je suis le vilain petit canard, celle qui les met face à leur lâcheté et ce n'est guère apprécié. Alors, après avoir vainement essayé de signaler et d'aider, je me résigne à cette triste situation. Dès lors, je ne vois Karine que pour Noël.

J'ai pris l'habitude chaque année de l'emmener faire les magasins, c'est généralement le 26 décembre. Cette journée exceptionnelle obéit à certains rituels *sacrés* : je la récupère le matin, chez elle, nous l'emmenons d'abord prendre un petit déjeuner à la Brioche Dorée. Elle mange ses seuls petits pains au chocolat frais de l'année. Le reste du temps, ses parents lui donnent exceptionnellement un pain au chocolat industriel et rassis.

Ensuite nous faisons les magasins, nous l'habillons pour l'année à venir. Vêtements, chaussures, sous-vêtements, pyjamas, babioles pour les cheveux. Le midi nous déjeunons au Quick, puis nous allons toujours au cinéma voir le dernier Disney. Sans oublier la glace et les bonbons. En fin de journée, nous la raccompagnons à son domicile avec tous ses cadeaux, avec évidemment celui que le Père Noel lui a apporté. Pendant de nombreuses années, cette petite fille devra se contenter de cette seule journée de bonheur dans l'année.

Elle pleure en silence sur le retour, sans arriver à nous exprimer verbalement sa peine. Elle sait sans doute qu'il lui faudra attendre longtemps pour nous revoir, comme ses parents lui interdisent de nous parler le reste de l'année. Par intérêt seulement, ce jour-là, ils nous confient Karine car nous payons ce qu'ils n'auront pas à acheter. Et c'est par stratégie que nous feignons la naïveté, mettant de côté notre orgueil.

Vacances à Cancale

En 2001, Karine est âgée de quatre ans. Je pense qu'Anne-Marie veut se débarrasser de Karine et c'est pourquoi curieusement pendant les vacances d'été nous avons le droit de l'avoir une semaine.

Nous l'emmenons à Cancale où nous avons un mobile home. Karine est enchantée, Tom mon petit dernier marche et elle s'amuse beaucoup avec lui. Cela fait deux jours qu'elle est là. En rentrant de la piscine, elle se plaint auprès de nos filles, elle raconte que lorsqu'elle fait pipi cela la brûle beaucoup. J'avais remarqué ses yeux un peu rouges lorsqu'elle sortait des toilettes. En lui faisant prendre sa douche, je remarque qu'elle est très irritée et enflammée à vif.

J'appelle ses parents pour les prévenir. « Oui elle a souvent des brûlures, ça passe tout seul », me répondent-ils. Mais Karine est fiévreuse alors je décide de prendre rendez-vous avec un médecin, qui nous reçoit rapidement.

La jeune doctoresse nous précise qu'elle est remplaçante. Elle pose rapidement un diagnostic d'infection urinaire mais les rougeurs lui semblent être dues à des irritations. Sans qu'on s'y attende, Karine regarde le médecin et nous lance une bombe : « Des fois papa il me fait m'allonger dans la baignoire et il me frotte fort le zizi tu sais, ça fait mal » !

Je redoutais d'entendre ces mots…

Nos regards se croisent et avec beaucoup de douceur le docteur me pose des questions orientées. « Est-ce que vous pensez que la petite a subi quelque chose ? » Je ne réponds pas tout de suite. Dois-je être franche avec elle ? Finalement je lui réponds : « Je crois que oui. »

Les angoisses remontent. Ne connaissant pas la famille, elle ne se voit pas faire un signalement, en revanche si j'en fais un, elle confirmera les dires de l'enfant qu'elle note avec précision sur ses fiches.

J'emmène Karine au laboratoire pour un prélèvement urinaire. Le médecin ayant prescrit des médicaments sur ordonnance, nous commençons les antibiotiques. Je ne me ferai d'ailleurs jamais rembourser les soins, mon beau-frère ayant jugé cela inutile.

Troisième signalement

En rentrant sur Rennes, je suis tourmentée par ce qu'a dit Karine. Que faire ? Fermer les yeux et être rongée par le doute et la culpabilité si jamais elle disait vrai ? Cette petite poupée mérite qu'on la croie. Je me lance et je décide de faire un nouveau signalement. Le premier signalement avait été fait à la naissance. En 1998, j'en avais adressé un deuxième directement au juge des enfants, Monsieur le juge Roucou, sans grand succès. Et maintenant, je suis en train d'écrire le troisième.

Je récupère auprès du greffe du juge des enfants le nom du juge et je lui adresse mon courrier, en prenant grand soin de relater cette scène au cabinet médical. Je donne le nom du médecin pour que l'on puisse la contacter. Bien sûr, je mets en copie le CDAS de Cesson Sévigné.

Après cela, je ne serai ni convoquée ni interrogée. Personne ne prendra contact avec le médecin non plus.

Pire, les services sociaux ont communiqué mon signalement aux parents de Karine. Les conséquences ne se font pas attendre longtemps. À nouveau, celle-ci est privée de contact avec nous et nous sommes bannis de la famille de mon mari comme des pestiférés.

Les mois passent, Noël approche. Pour notre plus grand bonheur, nous allons pouvoir récupérer Karine pour la journée du 26 décembre. L'occasion aussi de réapprovisionner les tiroirs de sa commode.

Durant toutes les années qui vont suivre, même après les coups et les immenses déceptions, à aucun moment je ne suis revenue sur cette promesse faite à Pierre et à Dieu. Je serai toujours là pour Karine.

Ce milieu à la sexualité débridée voire incestueux, cette mère meurtrière qui peut se dévêtir si facilement, ce père impudique et cette famille finalement complice cachant l'évidence, tout y est. Cette petite fille est maltraitée, c'est sûr, et je n'arrive pas à la protéger. Tout le monde se tait. C'est l'omerta et chacun continue sa vie comme si de rien était. C'est tellement plus facile.

Blaudy

Nous sommes déjà en 2002. Cette année-là, l'oncle de mon mari décède. Nous nous sommes toujours occupés de lui. N'ayant pas eu d'enfant, il nous nomme légataires universels. Nous héritons d'une somme d'argent qui nous offre une meilleure qualité de vie. Il nous lègue également le mobilier de sa maison. Loïc le partage avec sa famille, ce qui nous paraît juste.

C'est donc à cette occasion que nous revoyons René. Bien qu'il ne nous parle plus, il vient quand même nous rencontrer dans la maison de l'oncle pour voir ce qu'il peut récupérer.

Nous sommes dans le cellier, nous trions tout le bazar. René nous dit qu'il a besoin de tel ou tel outil. « Je jardine avec Roland Blaudy », précise-t-il. Une sueur froide me parcourt tout le corps, elle est glaciale. Ce nom : *Blaudy*.

Je regarde Loïc comme si une chape de plomb était tombée sur mes épaules. Blaudy, on le connaît. J'ai déjà rencontré sa première compagne. Cet homme a été condamné à plusieurs reprises pour avoir agressé sexuellement ses propres enfants. Il sort juste de prison après avoir purgé une peine à Fleury-Mérogis. J'ingère cette information. René jardine avec ce pédophile ! Et il lui récupère des outils en plus. Qu'a-t-il bien dans sa foutue tête, ce benêt ?! Fréquenter ce Blaudy, sans se cacher en plus.

Mais je ne suis pas au bout de mes surprises. J'apprends, le même jour, que René et Anne-Marie hébergent Roland et son frère Jean-Louis à leur domicile.

En mai 2002, Loïc met son frère en garde. Il lui dit combien cet homme est dangereux.

Je parviens à rencontrer Patricia, son ex-compagne. Elle me confirme le passé dégoûtant de Blaudy. Je lui parle de mes inquiétudes. Comment est-ce possible que cet homme soit au contact d'enfants et surtout de Karine ? C'est alors qu'elle m'avoue être aussi très inquiète pour la petite, son comportement étant celui d'un prédateur.

Que faire ? Que dire ?

Au cours d'un repas familial pour les dix-huit ans de notre neveu, Germaine, ma belle-mère, nous apprend que René et Anne-Marie ont encore des ennuis parce que « des gens ont fait des signalements ». Tout le monde me regarde, je sais qu'on me soupçonne. Je reste impassible. Ma belle-mère m'en veut beaucoup, je le sais. Nous évoquons Blaudy et ses condamnations. Germaine rétorque : « C'est un homme gentil et de toute façon il a sans doute été condamné à tort ! » J'essaye de prendre sur moi pour ne pas gâcher ce repas. Je ne les comprends pas. Sont-ils dans le déni ? Comment peut-on être aussi détaché de la réalité ?

Noël 2002

Je traverse une période difficile en fin d'année. On vient de me diagnostiquer une fibromyalgie, une maladie du système nerveux. J'ai des douleurs atroces. Ça me brûle dans le corps et je suis sous morphine.

Je ne supporte plus ce corps douloureux, ce corps tout court. Je ne rentre plus dans mes vêtements. J'ai pris cinquante kilos, mon Dieu, je suis obèse.

Je décide alors de me faire poser un anneau gastrique. Seul moyen pour stopper ce processus mortifère.

Malgré tout cela, je souhaite organiser pour Tom, mon plus jeune fils, un beau Noël. Je demande donc que l'on me confie Karine le 24 décembre. À ma grande stupéfaction, René et Anne-Marie, qui accompagnent Karine, décident de rester sans gène chez nous. Je comprendrai plus tard pourquoi ils nous ont imposé leur présence. Nous avons organisé la venue du Père Noël avec sa hotte remplie. Mais aussi un goûter pour les adultes. Nous avons également invité les enfants d'une des filles que mes beaux-parents ont élevées.

Le Père Noël arrive et distribue les cadeaux. Les enfants sont heureux.

Nous avons offert à Karine une poupée de quatre-vingts centimètres qui parle et marche, celle dont elle avait tellement rêvé. Ses yeux brillent de joie.

Je vais dans la cuisine pour chercher à manger. Elle me rejoint discrètement et tire curieusement mon pantalon, puis elle me regarde avec des yeux interrogatifs. Je ne saisis pas tout de suite qu'elle veut me dire quelque chose. Elle insiste, je lui demande ce qu'elle veut mais son père arrive à ce moment-là et la ramène dans la salle à manger.

Nous nous installons autour de la table, Karine s'assoit bizarrement par terre à mes pieds.

Au cours de ce repas de Noël, il est fait état que des voisins se plaignent « injustement » de voir Karine traîner fréquemment autour de l'étang au pied de leur résidence. Elle y passerait de longues heures par tous les temps.

René se laisse aller à raconter sans gêne que sa fille maladroite est tombée dans le lac. Elle n'a que cinq ans. Je bous intérieurement. Mon dernier signalement a encore fini aux oubliettes.

La sœur de mon mari, Christine, habite à cinq-cents mètres à peine de chez eux, elle confirme que tout le monde parle de Karine.

René rétorque : « Ils en ont après nous, ils nous détestent. » Et Anne-Marie de rajouter avec sa voix de crécelle : « Je vais les crever ces pourritures qui nous veulent du mal ! »

Évidemment, je suis aussi visée. Elle ne me fait pas peur mais je dois me la fermer si je veux continuer à voir Karine. Elle est toujours assise sur mon pied droit sous la table. Je remarque qu'elle a sa main entre ses jambes. Elle me fait tellement de peine.

Quatrième signalement : le 119

En mars 2003, nous avons la possibilité d'acquérir une maison en accession à la propriété sur Chantepie. Nous faisons donc le dossier. Le maire m'appelle courant avril pour me dire que notre dossier est arrivé en douzième position mais comme il n'y a que dix maisons nous sommes sur liste d'attente. La conversation dérive ensuite. Il me pose des questions sur René et Anne-Marie. Il me confie qu'à plusieurs reprises des voisins ont fait des signalements concernant Karine. Je lui confirme qu'elle est suivie par le CDAS de Cesson Sévigné. Il le sait mais malgré cela des habitants de la commune continuent de l'interpeller à ce sujet. La conversation en reste là.

Moi pas. Ça suffit ! La colère me dévore de l'intérieur. Qu'attendent-ils tous pour réagir ? Que Karine soit retrouvée morte dans l'étang ? Je décide de faire un nouveau signalement au 119 – numéro d'urgence dédié à la protection de l'enfance –, c'est la seule possibilité de rester anonyme puisque je ne suis pas écoutée. Une femme me répond. Elle me laisse parler. J'évoque Karine, j'évoque ces maux de ventre dont elle parle souvent. J'évoque son comportement, notamment le fait qu'elle mette souvent ses mains entre ses jambes. J'évoque ces longues heures où Karine est abandonnée à son triste sort dehors, errant autour de l'étang, peu habillée, quelles que soient les températures. Elle me pose diverses questions :

« Est-ce que vous connaissez bien cette petite ?

– Oui, mais je souhaite garder l'anonymat.

– Oui Madame, vous avez le droit de rester anonyme. »

Cette femme est à l'écoute et attentive, je sens qu'elle me prend au sérieux. Au bout de vingt minutes, elle me transfère vers un médecin. Nous parlons des attitudes sexualisées de la petite. Il me dit qu'après trois ou quatre ans, la masturbation chez l'enfant n'est pas normale. C'est qu'il se passe quelque chose. Je ne suis pas surprise, je m'en doutais. Il m'assure qu'ils vont tout de suite faire suivre mon récit au département.

Lorsque je raccroche, j'ai l'espoir qu'on s'intéresse enfin à elle.

Peu de temps après, nous rencontrons des anciens amis d'école de mon mari. Ils nous parlent eux aussi de Karine, ils l'aperçoivent toujours dehors jusqu'à tard le soir. Ils ont remarqué que ses parents sont souvent alcoolisés et violents avec elle. Tout le monde sait. Tout le monde voit. Et on se pose toujours les mêmes questions. Que font donc les services de l'aide sociale à l'enfance ? Comment un juge des enfants a-t-il pu la laisser dans ce foyer ? Nous supposons qu'elle est victime de maltraitances, nous supposons qu'elle subit des coups. Mais finalement nous sommes tellement loin du calvaire qu'elle vit, tellement loin de l'horrible réalité. Roland Blaudy s'installe complètement chez eux en juin 2002, mais nous ne l'apprendrons que l'année suivante.

Lorsque j'apprends cette nouvelle, je suis anéantie. Avec son lourd passé judiciaire que René et sa femme connaissent, que se passe-t-il chez eux ? Je ne peux qu'imaginer le pire.

Karine est l'agneau et Blaudy est le loup. Tout dans le comportement de Karine est au rouge, quand je dis tout, c'est tout.

Cinquième signalement

Je ne sais pas ce qu'il est advenu de mon appel au 119. Visiblement rien. Encore une fois. Des signalements de partout et rien ne se passe. Un pédophile et une mère condamnée pour avoir tué son enfant vivent avec une gamine de six ans et tout va pour le mieux dans le meilleur des mondes. Ces institutions me dégoûtent. Quand un drame arrivera, ils diront probablement qu'ils ne savaient pas. Je m'interdis de laisser ce drame arriver...

Lorsque je revois Karine à Noël en 2003 chez Germaine, je constate qu'elle a un comportement encore plus étrange. Elle semble dissociée, son regard est fuyant, déconnecté de la réalité. Elle me colle beaucoup, s'assoit sur mes genoux en suçant son pouce sans prononcer un mot.

Je ne comprends pas tout ou plutôt je n'ose pas comprendre. Cela fait rire son père qui dit de sa fille qu'elle est sexuellement attirante ! Quand je les regarde, j'en deviens haineuse, j'ai envie de vomir, j'ai mal partout. Je vais faire un nouveau signalement cette fois-ci par écrit.

J'écris une lettre au procureur, je ne mentionne pas qui je suis mais j'appose ma signature Jambu, mon nom d'épouse. Si je mets clairement mon adresse et mon nom, ça ira à la poubelle. Que puis-je faire d'autre ? Je suis tellement perdue.

Il me sera reproché ensuite d'avoir envoyé cette lettre anonymement alors que je l'ai signée. Les services sociaux désigneront cette lettre comme l'œuvre de « la tante » : moi.

Je surveille de loin Karine. Ses parents vont apprendre le nouveau signalement. Les services de protection de l'enfance ne sont certainement pas privés de leur dire que j'en étais l'auteur. Dans le mille. La sanction tombe.

Elle n'a plus le droit de m'approcher ni de me parler même pour me dire bonjour quand je la croise en ville. Elle me regarde de cet air si triste, ça me retourne l'estomac. Je voudrais tellement la prendre dans mes bras, mais je suis sûre qu'elle va encore être battue, alors pour son bien je m'abstiens.

Certificat médical

Finalement, je les croise à nouveau, sur le parking du supermarché Champion. René me fixe de ses yeux bleus menaçants, il mime un geste d'égorgement avec son pouce et j'entends : « Gare à ta gueule ! »

Ce type me fait peur. Je sais qu'il peut être violent, je l'ai déjà vu se battre, je l'ai même vu tuer un chien à coups de pied.

Ils viennent à ma rencontre pour me dire qu'ils ont été convoqués par les flics. Je me dis que mon dernier signalement a été pris en compte. Enfin !

René endosse le rôle d'une victime. Quelqu'un leur veut du mal, et bien sûr, c'est moi. On l'accuse d'inceste. « Mais j'ai bien baisé les flics, on est allé faire faire un certificat chez le docteur Ortega ! » me lance-t-il sur un ton provocateur.

Ce médecin est leur médecin traitant à Chantepie. Je suis atterrée.

Sans problème et pour une vingtaine d'euros, remboursés par la sécu, ce docteur a établi un certificat. Le voici :

Pièce n° 7
D435/nc

CO : 35-1-05366-5

CHANTEPIE le Lundi 17 Novembre 2003

Je soussigné certifie que l' Enfant KARINE JAMBU née le 07/07/1997 ne présente pas ce jour de trace de coup ou de fracture suspecte.
Son état psychologique ne semble pas altérée.
Elle grandit harmonieusement et ne présente pas de retard scolaire .
Certificat fait à la demande de l'intéressé et remis en main propre pour valoir et faire valoir ce que de droit.

Docteur Laureano ORTEGA

Ce certificat médical leur permet d'échapper à l'examen d'un médecin légiste. Mon beau-frère confirmera plus tard que le médecin l'a rédigé sans examiner Karine. Sans s'intéresser à son niveau scolaire non plus. En 2003, Karine a déjà un retard scolaire important. Malheureusement, la personne en charge de l'enquête ne prendra même pas la peine de contacter l'école ! Elle ne prendra pas non plus la peine de contacter les services sociaux pour savoir ce qu'il y a dans le dossier, alors qu'au même moment des voisins du couple viennent de faire un signalement particulièrement grave auprès du CDAS de Cesson Sévigné : Karine a eu des gestes sexualisés auprès de deux petits garçons, si bien que leurs parents affolés ont tiré la sonnette d'alarme. Je l'ignore à l'époque.

Par manque d'éléments et de preuves, le dossier est finalement classé sans suite avec la mention : « s'agissant de dénonciation calomnieuse par la tante de Karine ».

Je dois admettre que sous leurs airs de débiles légers et de nigauds, les parents de Karine ont un talent extraordinaire pour obtenir l'adhésion de toutes les personnes qui les entourent. Eux sont toujours bienveillants, les gens sont jaloux et méchants, me dit la belle-mère avec son regard accusateur. J'imagine à ce moment-là que tout le monde sait déjà que c'est moi qui ai écrit cette lettre.

Il m'arrive de voir Karine à la sortie de l'école. Je la regarde de loin, je voudrais tellement la serrer dans mes bras, lui dire qu'on l'aime, qu'on est là pour elle. Elle semble si loin quand elle nous regarde, son regard est complètement détaché.

Sixième signalement

Patricia Biesse, l'ancienne compagne de Blaudy, vient souvent à notre domicile. Nous nous sommes liées d'amitié. Cette femme se bat pour protéger ses enfants de leur père incestueux. C'est aussi une excellente couturière.

Nous passons des après-midis ensemble à coudre et à confectionner des vêtements. Nous parlons beaucoup. À elle, je peux confier mes soupçons et mes peurs pour Karine, je suis tellement seule dans mon combat. Elle me comprend. Nous sommes taraudées toutes les deux parce que nous pensons que Blaudy abuse de Karine, tout est tellement évident. Le comportement de cet homme vis-à-vis des parents de Karine est clair pour nous. C'est un homme assez intelligent, qui déteste la bassesse, le médiocre. Clairement, il n'appartient pas à leur *milieu* et rien ne peut laisser supposer une quelconque amitié sincère entre eux. S'il les fréquente, s'il est devenu leur ami, c'est qu'il y trouve forcément un intérêt. Et nous imaginons lequel pour ce prédateur qui aime tellement les enfants : Karine.

Cette petite fille qui n'intéresse personne et qui est délaissée de ses parents est une aubaine pour lui. Pourtant des intervenants sociaux sont censés l'entourer. Plusieurs mesures éducatives se succèdent depuis sa naissance. Travailleuses familiales à domicile, éducateurs, réunions, rapports… le tout orchestré par divers juges des enfants.

On peut à juste titre se demander quel bénéfice de l'Aide Sociale à l'Enfance tirera cette petite fille abandonnée et maltraitée.

Le suivi coûte beaucoup d'argent, mais à qui profite-t-il ? Où est le résultat ?

Karine est ignorée, sans doute parce qu'on la croit débile légère, du moins c'est ce qui ressort des rapports des travailleurs sociaux. Son histoire n'émeut personne comme ce qui est arrivé à sa jeune sœur, ce bébé tué sauvagement. Je ne peux m'empêcher de penser à cette enfant, enterrée on ne sait où et oubliée de tous.

C'est alors que devant tant d'inertie, nous décidons fin 2004, Patricia Biesse et moi, d'appeler les services sociaux et de leur expliquer qui est Roland Blaudy.

C'est Patricia qui parle, je suis à côté, nous avons activé le haut-parleur et j'écoute la conversation sans intervenir. Elle demande à parler à la responsable du dossier de Karine. La conversation va durer plus d'une heure.

Patricia explique qu'elle a vécu des années avec Blaudy et qu'il a été condamné pour agressions sexuelles sur leur fille. À cette époque, il en est déjà à sa quatrième condamnation en lien avec des enfants.

Après leur séparation, l'homme s'est remarié et a eu une nouvelle fille. Patricia informe la travailleuse sociale que sa deuxième fille vient de révéler que son père l'a aussi agressée sexuellement. Elle insiste sur le fait que son ex-compagnon vit à présent chez René et Anne-Marie. Il est donc en présence de Karine, âgée de six ans qui est une proie potentielle. L'interlocutrice lui demande si elle connaît les voisins des parents de Karine. Par cette question orientée, on comprend alors qu'il se passe encore quelque chose avec les voisins et qu'ils se sont eux aussi manifestés pour la petite.

En raccrochant, nous avons de l'espoir. Cette femme nous a écoutées, nous sommes soulagées, convaincues d'avoir procédé de la bonne manière. Elle était attentive et a pris Patricia au sérieux. Si l'appel venait de moi, ça n'aurait bien évidemment pas été le cas. Ça allait payer, c'était sûr. Ils allaient prévenir la juge des enfants qu'un prédateur vivait avec Karine et que ses parents la mettaient en danger. Tout le monde allait enfin mesurer la gravité de la situation. Il fallait maintenant patienter un peu, pas trop longtemps nous l'espérions...

Cet appel téléphonique donne lieu miraculeusement à une enquête pour suspicion de violences sexuelles.

René et Anne-Marie sont à nouveau entendus en février 2005. Comme par enchantement un nouveau certificat médical du docteur Ortéga est remis aux enquêteurs. Il s'agit d'un copier-coller du premier, seule une phrase a changé.

Tout va bien, Karine n'a aucun problème physique et psychologique, elle est en parfaite santé, sa vie est harmonieuse donc.

9 31/11
7

CHANTEPIE le Mardi 8 Février 2005

Je soussigné certifie que l' Enfant KARINE JAMBU née le 07/07/1997 ne présente pas ce jour de trace de coup ou de fracture suspecte.
il n'existe pas d'irritation de la vulve ni de traumatisme de marge anale .
Son état psychologique ne semble pas altéré.
Elle grandit harmonieusement et ne présente toujours pas de retard scolaire .

Certificat fait à la demande de l'intéressé et remis en main propre pour valoir et faire valoir ce qua de droit.

Au P.V. N° 2009/10417

Pour copie Conforme

Les sketchs

KARINE

J'ai sept ans. Le soir, on a sonné à la porte. Ils étaient deux gendarmes. Ma mère était là. Ils ont dit à mon père que demain ils devaient venir à la gendarmerie avec moi car il y avait des accusations d'abus sexuels.

Quand ils sont partis, mon père a appelé Blaudy. Ils ont discuté puis il m'a emmenée chez le docteur. Je m'en rappelle bien, il disait qu'il y avait encore des accusations. Le docteur a regardé dans son ordinateur, il a cherché quelque chose, il a écrit et a imprimé un papier. Il a remis une petite feuille à mon père. Ma mère n'était pas présente dans son cabinet, il n'avait que deux chaises. Nous sommes repartis. Lorsque nous sommes arrivés à l'appartement, mon père a dit à ma mère qu'ils allaient voir Blaudy. Lorsque nous l'avons retrouvé, Blaudy a fait des sketchs faisant répéter mes parents. Il fallait s'entraîner, comme au théâtre. Et surtout ils m'ont fait apprendre par cœur ce que je devais dire. « Il m'a emmenée à la boulangerie une fois et sinon il ne dort pas à la maison. » Voilà ce que je devais répéter. Ce qui était faux.

J'avais interdiction de dire que Blaudy vivait à la maison. Ma mère m'a dit que si je ne disais pas ça, j'allais recevoir une raclée comme d'habitude. Comme je ne comprenais pas, mon père m'a violemment giflée. Nous sommes rentrés à la maison et je me suis couchée. Le lendemain matin, nous sommes allés à la gendarmerie de Vern. J'ai été séparée de mes parents et on m'a interrogée à part. On m'a mise dans une voiture et je suis allée en ville dans un grand commissariat. Je sais aujourd'hui que c'était la brigade des mineurs. J'ai été interrogée par une dame. J'ai dit ce qu'on m'avait dit de dire. À un moment, j'ai pensé dire la vérité mais j'étais terrorisée. En plus, je savais que mes parents allaient savoir. Je ne voulais pas me faire frapper. Si à ce moment-là quelqu'un m'avait dit que je serai protégée, que je ne retournerai pas chez mes parents ou peut-être que si ma tante avait été là, je crois que j'aurais parlé, j'en suis même sûre, j'aurais tout dit.

Nous sommes partis du commissariat. Mon père m'a demandé ce que j'avais dit, je lui ai dit. Après ça, Blaudy m'a acheté une petite poupée. Il n'est pas venu à la maison ce soir-là mais deux jours plus tard, il est à nouveau venu et il m'a fait comme d'habitude.

Ronronthérapie

LAURENCE

Je ne suis bien sûr pas au courant de ces convocations.

Je continue ma petite vie. J'ai perdu quarante-cinq kilos en deux ans grâce à l'anneau gastrique. Mais cette satanée fibromyalgie est toujours là. À l'hôpital où je suis suivie pour cette maladie, on m'a parlé d'une thérapie pour le moins surprenante : la ronronthérapie ! Elle calme les douleurs. Les ronronnements de chat font secréter des endorphines et les battements du cœur se synchronisent avec le son des félins.

Je me suis donc lancée dans l'élevage de chats de race. C'est vrai, je ne fais pas les choses à moitié.

J'ai choisi des persans car cette race de chat, avec leur nez écrasé, ronronne encore plus que les autres. J'ai trois reproductrices qui me font trois ou quatre chatons au printemps. Ils me réconfortent, apaisent ce corps meurtri.

Je n'oublie pas pour autant Karine. Je prie pour elle. Elle grandit et elle change physiquement, je la vois toujours aussi rarement.

En avril 2005, une nouvelle inattendue me parvient. Blaudy est arrêté ! J'apprends que c'est pour le viol d'une de ses filles. Nous le savions avec Patricia. Il s'en était pris aussi à sa deuxième fille. Pauvre gamine. Pauvres gamins.

Il est arrêté le 12 avril puis incarcéré. Je suis contente et soulagée. Je ne devrais pas l'être mais ce qui importe c'est que Karine ne soit plus en contact avec ce monstre.

Garde à vue

Août 2005. Suite à l'appel de Patricia fin 2004 et l'ouverture de l'enquête pour suspicions d'agressions sexuelles, je suis enfin convoquée par la police. Il en aura fallu du temps. Quatre mois que Blaudy est en prison.

Je me présente au commissariat de Rennes à 9 h 30. Je n'ai pas la moindre idée de ce qui m'attend. Je suis impatiente de tout raconter, de donner toutes mes informations concernant Karine, ses parents maltraitants et bien sûr celles qui concernent Blaudy.

À ma grande surprise, une policière m'informe que je vais être interrogée sous le régime de la garde à vue. Bizarrement, on ne m'informe pas que j'ai le droit d'être assistée par un avocat. Ce qui est contraire à la loi. Mais à ce moment-là, je ne comprends pas trop ce qui se passe, ni ce que cette garde à vue représente. Je vais vite comprendre en revanche qu'on ne me veut pas forcément du bien.

Dans le bureau en face de moi, il y a deux policiers, cette femme et un homme qui a l'air d'être son responsable, faisant des allées et venues.

C'est la femme qui mène l'audition. Elle me dit d'emblée de quoi je suis accusée. Accusée ? Je ne saisis pas. « Oui Madame, vous êtes ici pour usurpation d'identité et dénonciation calomnieuse. » Je ne comprends toujours rien. Et elle commence sèchement comme si j'étais une enfant : « Est-ce que vous vous rendez compte du mal que vous avez fait ? » Elle fait état du coup de fil de Patricia à l'Aide Sociale à l'Enfance, elle sait que nous l'avons fait ensemble puisque le coup de fil provenait de mon domicile. Ils ont remonté l'appel. Je lui réponds que j'ai juste voulu aider ma nièce car je savais qu'elle était abusée. « Vous ne savez rien du tout ! Vous vous prenez pour qui ? Vous êtes une immonde créature, vous n'en êtes pas à votre coup d'essai nous le savons. »

Elle est particulièrement violente verbalement, insultante. Son objectif est de me rabaisser plus bas que terre pour que je lui dise que je n'aurais pas dû faire cela. Elle exulte dans sa position de donneuse de leçons. Tous les moyens sont bons pour m'humilier.

Je tombe des nues mais je ne flanche pas. Je continue de répondre aux questions avec honnêteté, que ça lui plaise ou non.

Je demande à être confrontée à Karine. « Vous vous rendez compte du traumatisme que vous feriez vivre à cette enfant ? » Je demande alors une expertise médico-légale. « Madame, il y a déjà des certificats médicaux de l'enfant. ». Elle parle de ceux du médecin traitant, le docteur Ortéga.

Je connais l'admiration de ma belle-mère à l'égard de ce Monsieur. Je ne suis pas en capacité de dire si c'est un bon médecin à ce moment-là. En revanche, je doute qu'il soit apte à remplir ce genre de certificats médicaux. A-t-il reçu l'enfant ? L'a-t-il seulement examinée ? Ce sont des questions qui aujourd'hui ont une réponse : bien sûr que non.

Les reproches continuent de pleuvoir. Elle m'apprend que Patricia est aussi placée en garde à vue.

Quand j'y pense... Je nous revois, pleines d'espoir après notre appel à la Protection de l'enfance des mois auparavant, et aujourd'hui on finit en garde à vue, accusées. L'enquête ouverte pour suspicion d'agressions sexuelles sur Karine s'est transformée en enquête pour dénonciation calomnieuse.

Une confrontation est organisée.

Patricia est très fragile, c'est une femme qui a beaucoup souffert, je la vois arriver, exsangue, paralysée par la peur. Elle a du mal à parler, ses yeux sont effrayés, elle n'est plus là. Que lui ont-ils dit ? Quelles menaces ont-ils brandies pour la tétaniser à ce point ? Nous savons que nous avons bien fait mais pour eux nous sommes des menteuses, deux personnes diaboliques qui ne pensent qu'à faire du mal à des gentils parents.

Patricia n'arrive pas à s'exprimer, elle est confuse, elle ne dit pas tout. Pour la secouer un peu, je lui rappelle que nous n'avons rien fait de mal, qu'on a fait notre devoir de citoyennes. Mais elle ne réagit pas, elle ne veut pas se rappeler. Je pense qu'elle a plus peur de Blaudy que de la police. La confrontation est terminée, ils ne sont pas plus avancés.

L'homme sort du bureau, il téléphone, j'entends dans le couloir qu'il parle à un homme important. Je devine qu'il s'agit du substitut du procureur de la République chargé des mineurs, Stéphane Cantero. Celui qui reçoit nos signalements et qui les ignore.

Je me retrouve seule dans ce bureau. J'attends que cette vipère revienne. Je réalise que Blaudy a été lui aussi placé en garde à vue dans ce commissariat il y a quelques mois, peut-être même qu'on l'a assis sur ma chaise, qui sait ? L'horreur et l'absurdité dans ce dossier n'ont pas de limites. Ça pourrait en être comique si cela ne mettait pas en jeu la vie d'un enfant.

Elle réapparaît, l'audition continue. Elle ne tirera rien de plus de moi alors elle me lance :

« Est-ce que vous savez que vous pouvez être incarcérée ce soir ?

– La prison ? Mais j'ai un petit garçon de cinq ans, je dois rentrer pour m'en occuper !

– Oh votre enfant on peut très bien le confier à l'Aide Sociale à l'Enfance, comme tant d'autres… »

Mon cœur s'emballe. J'ai l'impression de tomber dans le vide. Vont-ils me prendre mon Tom-Tom ? Oseraient-ils ? Je me radoucis tellement j'ai peur. Je ferai tout ce qu'elle veut si c'est nécessaire. Je n'ai qu'une hâte c'est de rentrer et de serrer fort mon petit loup dans mes bras.

Je sors finalement de cet enfer vers 15 heures, complètement sonnée et vidée. Patricia n'en sort que dans la soirée vers 21 h 30. Elle a été humiliée, elle aussi. Elle me racontera plus tard qu'elle a fini dans une cellule au sous-sol, dans la pisse. Ils l'ont obligée à se dévêtir. Elle a même dû enlever son soutien-gorge, elle s'est sentie si sale. Ils lui ont reproché de ne pas avoir bien protégé sa fille de son père pédophile, pendant des années. Les bêtes immondes. Elle leur a quand même demandé pourquoi ils ne prenaient pas au sérieux nos alertes alors qu'il était en prison pour avoir agressé son enfant. Ils lui ont répondu qu'il n'avait pas encore été condamné et qu'il avait le droit à la présomption d'innocence. Je n'aimerais pas être leur conscience.

En rentrant à la maison, Loïc est là. Je lui raconte. Il me regarde dépité :

« C'est bien fait ! me jette-t-il à la figure. La prochaine fois, tu fermeras ta gueule. Je n'arrête pas de te dire de te mêler de tes affaires et d'arrêter pour Karine. Combien cela va nous coûter si tu es poursuivie ! »

Il est en colère, une colère froide. Je lui en veux de ne pas me comprendre, de ne pas me soutenir mais ce n'est pas facile pour lui non plus. Le père de Karine est son frère même s'il le rejette. Mais comment réussir à se positionner dans ce marasme sordide ?

Comme chaque soir, je prie. C'était une journée éprouvante, je repense à tout ça. J'allume une bougie dans ma chambre et je récite un *Notre Père*, un *Je vous salue Marie*. Je demande à être entendue, écoutée, comprise, je demande qu'on m'éclaire et qu'on me guide dans mes décisions. Ça m'aide à être en paix, ça m'aide dans la relation avec ma famille et ça m'aide à être tolérante.

Cette nuit-là, je dormirai avec mon Tom-Tom, que je serre dans mes bras. Je savoure cette chance d'être auprès de lui.

Nous sommes finalement poursuivies pour dénonciation de faits imaginaires. Quand on connaît l'histoire de Karine ça donne envie de hurler et de tout casser ! C'est indescriptible ce qu'on peut ressentir devant tant d'injustice. La rage nous bouffe de l'intérieur, chaque cellule de notre corps explose en silence. Nous n'avons pas d'arme pour cela, nous devons prendre les coups et les accepter dans notre impuissance. Nous ne sommes rien face à ces personnes qui représentent la justice. Mais de quelle justice parle-t-on ?

Nous avons tous une obligation légale en France : dénoncer les faits qui nous paraissent graves et qui mettent en danger une personne. Sinon, on est coupable de non-assistance à personne en danger. Mais lorsque l'on obéit à cette obligation, on est poursuivis pour dénonciation de faits imaginaires. Voilà la réalité. Bel espoir pour les enfants maltraités !

J'apprendrai quelques années plus tard par la CNIL que je suis également fichée à titre de délinquante. Ils ont osé. Cependant, je suis fière de ce fichage. C'est le fruit de mon engagement et de ma promesse de protection. C'est un moteur qui me permet de mener le combat pour tous les enfants oubliés aujourd'hui.

La lettre de la honte

L'acharnement de ces médiocres garants de la justice ne va pas s'arrêter là. En février 2006, six mois après la garde à vue, le téléphone sonne. Je suis convoquée, au Tribunal de Grande Instance de Rennes. En principe une convocation officielle se fait par écrit. Mais pas là...

C'est Stéphane Cantero, le substitut du procureur de la République, qui est à l'origine de tout cela. Encore lui. Patricia et moi sommes convoquées en même temps. Celui qui n'a pas vécu ça ne peut s'imaginer ce qu'on a encore dû endurer. Je vous assure que ce moment-là est gravé dans ma mémoire à tout jamais.

La personne qui nous reçoit dans un bureau s'appelle Madame Barrateau. Elle est déléguée du parquet. C'est une femme blonde aux cheveux courts de plus de cinquante-cinq ans, elle est petite, boulotte. Elle porte un tailleur de style Chanel, un peu vieille France. Je remarque qu'elle transpire sous son fond de teint.

Immédiatement, elle nous prend de haut. « Vous vous rendez compte, Mesdames, du mal que vous avez pu faire à Karine et à ses parents ? »

Ça recommence. Elle se met à nous crier dessus avec sa règle dans les mains, qu'elle tape régulièrement sur son bureau. On se serait cru à l'école. J'ai de nouveau sept ans.

Je comprends qu'il s'agit d'un rappel à la loi. Je m'attends à passer un sale quart d'heure. Le quart d'heure durera quarante-cinq minutes. Quarante-cinq minutes de morale, la morale du parquet de Rennes.

Pas une seule seconde elle ne nous informe de notre droit, celui d'avoir un avocat. Nous ne pouvons pas nous défendre. C'est inutile, nous sommes déjà condamnées. Mais le clou de ce spectacle est totalement inouï.

Elle nous regarde avec son air hautain :

« Vous allez écrire toutes les deux une lettre d'excuses pour demander pardon.

– Pardon ? Pourquoi ?

– Pour le traumatisme des parents, Mesdames. »

Patricia se rebiffe. Elle refuse d'écrire cette lettre. Elle réitère les accusations contre Blaudy.

« On ne va pas s'excuser alors que cette petite a été victime de ce malade, j'en suis sûre ! »

La représentante de cette belle justice lui répond :

« Il n'est pas responsable de tous les maux de la terre, Madame. Faites attention vous avez un fils de seize ans. Vous aussi Madame Brunet, vous avez un petit garçon, pensez à eux. »

Le fils de Patricia étant trop grand, je comprends une nouvelle fois que mon plus jeune fils peut être placé si je ne m'exécute pas. Je ne la ramène pas, il va falloir que je fasse cette maudite lettre si je veux me sortir de cet enfer. Elle nous dit : « Vous allez écrire que vous avez fait des dénonciations sexuelles concernant votre nièce et votre beau-frère. Vous allez écrire que vous leur demandez pardon. Vous allez vous excuser auprès de la justice aussi et vous allez promettre que vous ne ferez plus jamais de signalements, ni porter des accusations, c'est compris ? »

Puis elle enfonce le clou en me rabaissant : « Vous feriez mieux de vous occuper de vos fesses, vous avez déjà bien à faire, hein ! »

Je dois oublier mon honneur dans ce tribunal. On va me forcer à mentir au nom de la justice et l'écrire noir sur blanc. Je ne croyais pas cela possible en France.

Nous sortons dans le hall avec du papier et des stylos. Nous devons nous asseoir dans un coin et écrire sur un rebord de table, autour d'une colonne. Un Monsieur nous surveille.

Patricia rigole nerveusement, la situation est à peine croyable. Je lui mets un léger coup de pied pour qu'elle arrête mais elle pouffe encore plus. À mon tour je suis prise d'un fou rire. Je n'arrive pas à m'arrêter. Est-ce que tout cela est sérieux ? Est-ce que nous sommes en train de vivre véritablement cette scène grotesque et aberrante ?

Nous devons écrire chacune une lettre. Patricia copie un peu sur moi.

Une fois la punition terminée, Barrateau relit les lettres. « Ça ne va pas, il faut encore rajouter quelques lignes. » Bon sang elle ne va jamais nous lâcher !

Patricia, elle, ne s'est pas excusée. « Vous devez formuler vos excuses Madame, que ça vous plaise ou non. Si vous ne vous excusez pas, c'est simple, j'appelle le procureur et la prochaine fois c'est la case prison pour toutes les deux. »

Elle s'exécute. Nous sommes libres après cela, direction la sortie. Nous n'avions qu'une hâte, être loin de ces fous.

Je soussigné Madame Laurence Brunet-Jambu
née le 2 février 1960. à Rennes
demeurant
reconnait ~~ave~~ avoir fait un signalement
anonyme pour des faits de dénonciations sexuelles
concernant mon beau frère M. René Jambu.
et sa fille Laurie.

Je demande pardon à ma nièce pour les
perturbations occasionnées et je demande
pardon à la justice pour l'enquête.
Je ne ferais plus de signalement d'aucune sorte
concernant la famille de Laurie. Je dois
m'abstenir de porter des accusations.

Fait le 13 février 2006 à la demande
de madame Bourdreau déléguée du Parquet

13/2/2006

À l'extérieur, je m'aperçois que je boîte plus que d'habitude. Il me manque quelque chose. Ma canne ! J'ai oublié ma canne dans le bureau du démon. Depuis quelque temps, la fibromyalgie me rend la marche difficile. Comme quoi, la peur peut parfois vous donner la force suffisante pour fuir le danger d'une manière surprenante. Je n'irai jamais rechercher cette canne. J'ai préféré m'en acheter une nouvelle.

Lorsque je rentre à la maison, je ne dis rien de ce qu'on vient de vivre. Ni à Loïc qui va encore m'engueuler ni à qui que ce soit. Je considère que je m'en sors bien. Je me dis que j'aurais pu dormir en prison et ne plus voir mon petit.

Je prends immédiatement une douche, je me sens si sale. Cette femme m'a salie. Elle a essuyé ses pieds sur ma dignité, mon honnêteté. Je suis lessivée et amère.

Je pense que Karine est désormais protégée des violences sexuelles de Blaudy, mais malheureusement pas des violences de ses parents. Le combat doit continuer mais comment ?

Quelques semaines plus tard, je fais un choc septique à cause de l'anneau gastrique posé quelques années plus tôt. Je suis de nouveau en soins intensifs. L'intervention est éprouvante, je suis épuisée. Heureusement, la naissance de notre premier petit-fils, le jour de mon retour à la maison, me redonne de la force.

Courant été 2006, nous prenons possession de notre maison à Montgermont. Changement de vie. Nous devenons enfin propriétaires.

La santé de ma belle-mère décline, elle a des problèmes intestinaux sévères. Alors nous sommes plus ou moins obligés de faire des efforts pour tous s'entendre. Nous devons l'entourer. Elle est suivie par le docteur Ortega qui ne voit dans les symptômes qu'une simple gastro-entérite. Nous doutons de ce diagnostic car son état s'aggrave.

Ma fille aînée, âgée de vingt-quatre ans, la fait hospitaliser. On comprend qu'elle est en train de partir, des germes sont en train de la tuer. Ses dernières paroles seront pour ma fille, présente à ses côtés : « Avec ta mère on ne s'est pas toujours entendues, mais il faut reconnaître une chose, c'est qu'elle vous a bien élevés et bien éduqués, Laurence s'est bien occupée de vous. »

Retrouvailles

Elle décède le 7 mars 2007 à soixante-dix-sept ans. Je suis là aussi lorsqu'elle part. Je finis par prendre l'habitude d'être présente au moment où les gens partent pour un autre monde. J'ai le devoir d'annoncer le décès à ma belle-famille. Alain, l'autre frère de Loïc, arrive très vite, c'est lui qui organise les obsèques et le rapatriement du corps au domicile. René est là aussi, en pleurs. Chose curieuse, il se met à me parler. Il me confie la douleur qu'il ressent d'avoir perdu sa mère. C'est la première fois que je le vois atteint, il n'a jamais été démonstratif. Curieusement, je le sens extrêmement fragile. Je ne pensais jamais ressentir cela pour lui, mais j'éprouve de la compassion à son égard à ce moment précis. Il fait peine à voir.

Mon mari et moi veillons le corps de Germaine. Le soir, René vient dîner avec nous. Il a un comportement bizarre. Nous sommes étonnés de le voir fouiller les placards. Il sort les bouteilles de liqueur faites maison, les ouvre les unes après les autres et puis les goûte. Le mélange du chagrin et de l'alcool le rend étonnamment loquace. Il nous confie que des gens méchants l'ont dénoncé. Je me tais. Il parle de cette convocation à la police au mois de février. Il recommence comme sur le parking de Champion. « J'ai baisé les flics... Ils sont trop cons, ils m'ont prévenu, ils m'ont dit pourquoi j'étais convoqué ! » il en rit grassement, content de lui. Je lui parle de Blaudy, je lui parle de son arrestation et j'évoque le danger auquel sa fille a dû faire face. Mais tout ce qui compte pour lui, c'est qu'il a « baisé les flics ». Je comprends alors qu'il sait que Blaudy a eu un comportement déplacé envers Karine. Ça ne fait aucun doute pour moi. Mon Dieu, ce dégénéré a laissé sa fille avec un pédophile ! Et il l'a couvert ensuite.

KARINE

C'est le jour de l'enterrement de mémé. Laurence et Loïc sont là avec certains de mes cousins. Ils sont tous habillés en noir. Laurence et Loïc m'embrassent, ils sentent bon. Je regarde où sont mes parents, ils parlent avec des gens. Je suis assise entre Laurence et ma cousine. Je vais être tranquille. Ma mère m'appelle mais je préfère ne pas l'entendre.

Laurence ouvre son sac, elle a un livre marron dedans, elle me regarde :

« Tu veux un bonbon ? » C'est des Stoptous comme toujours, des bonbons à la réglisse, elle en a toujours.

Mes parents sont derrière, ma mère me tape plusieurs fois l'épaule. Elle m'énerve à la fin. Loïc se retourne et lui dit : « C'est bon maintenant elle est là, elle ne va pas se sauver. »

Laurence me sourit tout le temps, elle me dit :

« Tu as du chagrin ?

– Je ne sais pas, c'est quoi le chagrin ? » Elle sourit encore. J'aimerais rester avec eux.

Pour rajouter un peu plus de noirceur à ce désastre, l'Aide Sociale à l'Enfance continue d'intervenir chez eux une fois par semaine ! Leurs interventions seront à jamais une énigme pour moi. On ne peut pas parler d'emploi fictif mais de protection fictive. En revanche, le suivi de la justice a cessé, le dernier juge des enfants a estimé que tout allait mieux dans cette famille.

La succession de ma belle-mère s'annonce difficile. René se rapproche de nous uniquement par intérêt. Il a conscience que je vais gérer les histoires d'argent de la famille honnêtement et qu'il pourra donc récupérer une part honorable.

Alors, nous nous voyons plus souvent et je revois ma petite puce. Elle profite de ces moments pour rester un week-end de temps en temps chez nous.

Karine n'est jamais coiffée correctement. Ses cheveux fauves sont longs, ternes, mal coupés. Je me demande si elle a déjà vu un coiffeur.

Un de mes fils fait une école de coiffure. On saute sur l'occasion. Il a besoin de modèles alors il prend soin de ses cheveux.

On s'occupe aussi de ses vêtements. C'est une belle petite fille, grande et fluette mais elle me fait mal au cœur dans ses pantalons de garçon, ses tee-shirts ou pulls bas de gamme, qui ne sont pas à sa taille. Ces deux-là doivent récupérer des guenilles à droite et à gauche ou même recycler les leurs.

Avec Patricia, nous lui confectionnons des jolis hauts, des robes et des jupes. Je lui en achète aussi dès que je le peux.

Je lui demande souvent de venir avec son cartable pour lui faire faire ses devoirs. Je m'aperçois qu'elle a énormément de difficultés et que ses connaissances sont très limitées. Mais le plus inquiétant, c'est qu'elle semble ne se rappeler de rien. Elle n'arrive pas à se souvenir d'un poème ni retenir une multiplication. En réalité Karine est en CM1 mais elle a un niveau de CP.

Mes enfants, qui ont toujours eu une bonne scolarité, me font part de leur avis. Ils sont persuadés qu'elle a un retard mental. J'en viens à la même conclusion. C'est vrai qu'elle est en décalage complet. Elle n'a d'avis sur rien, on ne l'entend pas. Son regard noisette est toujours absent, elle est présente sans être là. C'est une enveloppe corporelle, vide à l'intérieur. C'est bizarre quand on la regarde, elle nous fixe, son visage est lisse, sans expression.

Elle nous regarde beaucoup, épie nos gestes, écoute nos paroles. Elle peut rester assise plus d'une heure sans bouger ni parler, à me regarder. C'est déroutant. Pourtant, Karine comprend parfaitement tout ce qu'on lui dit.

Lorsque l'heure d'aller se coucher arrive, je la sens tout d'un coup très inquiète. Je la vois vérifier la porte à plusieurs reprises. Je n'arrive pas à savoir ce qu'elle pense, ce qui l'angoisse, elle ne verbalise rien. J'aimerais tellement savoir ce qu'il y a dans cette petite tête...

Le matin, au moment de la toilette, je la vois un peu perdue. Elle ne comprend pas qu'on puisse prendre une douche tous les jours. Elle est très surprise. Je me rends compte qu'elle n'a pas cette habitude.

Elle ne comprend pas non plus pourquoi on change de vêtements quotidiennement, d'ailleurs souvent elle n'a pas de quoi en changer. Elle nous donne l'impression de vivre dans un monde tellement différent du nôtre.

Elle est également étonnée de découvrir le petit déjeuner. Ça me bouleverse. Elle demande plusieurs fois si c'est bien pour elle, si elle a le droit de prendre du pain avec de la confiture, des fruits, un jus d'orange fraîchement pressé. Il nous a fallu beaucoup de patience pour lui faire admettre qu'elle avait le droit de se restaurer et de manger à sa faim. Chez ses parents, elle doit partir à coup sûr à l'école avec un bol de chocolat froid dans l'estomac ou alors tout simplement rien.

Lorsque ma fille part travailler, elle me laisse mon petit-fils pour la journée. Ça fait de l'animation. Karine s'en occupe un peu, elle est bienveillante avec lui, mais elle a parfois des gestes brusques sans s'en rendre compte. Elle n'est pas du tout affectueuse, elle ne connaît pas les câlins ni les petits bisous. Elle ne doit jamais en avoir. Elle ne comprend pas non plus que j'en fasse dans le cou de mon petit-fils. Elle ne comprend pas la douceur que l'on met à le changer, le promener et l'éveiller. Tout ceci la trouble, ça lui est complètement étranger. Petit à petit, elle demande à venir plus souvent à la maison. À la rentrée 2008, elle vient presque tous les week-ends. Nous sommes contents et soulagés de la savoir chez nous, en sécurité.

Parenthèse

KARINE

J'aime beaucoup aller chez Laurence et Loïc, je suis bien là-bas, en plus il y a Élisa, Doushka, D'or et D'argent, Babeth et Efidia, les chats. Souvent elles ont des bébés. Qu'est-ce que j'aime prendre les chatons dans mes mains ! La nuit, je dors avec un ou deux chats. Ils ronronnent beaucoup. Avec eux, je me sens bien.

Tom mon cousin est cool, j'aime jouer avec lui, il est gentil et puis il a des copains qui sont gentils.

J'ai peur quand la porte de la chambre s'ouvre. Laurence n'aime pas quand on ferme les portes, ce qui n'est pas mon cas. Laurence me dit de me laver tous les jours, elle m'énerve de vouloir tout changer. Mais en même temps, elle ne dit jamais rien si je laisse couler l'eau et surtout personne ne vient dans la salle de bains quand j'y suis.

Quand je suis prête, Laurence essuie longuement mes cheveux avec une serviette chaude. Elle me met du baume, ça sent bon. Personne ne tire sur mes cheveux ici.

Chez Loïc et Laurence il y a plein de produits, chacun sa marque, pour les enfants et les adultes. Laurence m'a acheté des vêtements, je suis contente.

Je voudrais venir plus souvent mais Laurence ne me dit jamais de venir. Elle ne comprend pas toujours que je veux venir dormir chez eux. Alors avant de partir je demande en cachette à Tom s'il veut bien lui demander si je peux revenir. Est-ce qu'il faut qu'elle demande à mes parents ? Mais bon Tom est gentil, il va toujours demander à sa mère et en plus elle ne dit jamais non.

Loïc, mon parrain, non plus. Personne ne dit jamais rien, c'est comme si tout le monde trouvait ça normal. Mais le plus génial, c'est la cuisine, qu'est-ce que Laurence cuisine bien. Elle fait des petits plats tellement bons !

J'adore ses patates au four, sa poule au riz, son pot-au-feu, son couscous, sa lotte et la branée qu'elle nous prépare le soir quand il fait froid ! C'est un grand bol de chocolat chaud avec un jaune d'œuf, du lait et du miel, on trempe du pain grillé ou du pain viennois dedans.

Ici, on me demande mon avis, ce que j'ai envie de manger. Si j'aime ou si je n'aime pas, c'est la première fois qu'on me demande si j'aime ce que je mange. En plus, à table ils ont des fous rires et il y a toujours un dessert. Laurence fait de la mousse au chocolat, de l'île flottante, des fondants au chocolat. Le dimanche on va chercher aussi un bon gâteau à la pâtisserie. Sinon, elle fait des bananes avec du chocolat chaud dessus et de la glace. Je n'ai pas envie de repartir le soir à Chantepie. Mais ils vont revenir me chercher. Ils vont encore me crier dessus et me taper. Je suis bien là. Je ne veux pas partir.

Tignes

LAURENCE

Cette année-là, en 2008, nous avons décidé de partir quelque part pour nos vacances d'hiver. Un de nos fils est parti s'installer à la montagne, à Tignes, en Savoie. Nous lui demandons de nous trouver une location pour passer Noël à la neige. Nos aînés seront aussi du voyage. Nous préparons ce séjour, alors bien sûr nous en parlons beaucoup à la maison.

Karine demande à venir avec nous à la montagne. Elle n'y est jamais allée.

Je serais contente de l'emmener. Si je demande à René de participer aux frais, il ne va jamais vouloir ce grigou. Je ne sais pas comment je vais faire pour payer, le budget est serré. Mais je ne peux pas laisser cette petite, elle rêve tellement de venir avec nous. Je devais m'acheter ce meuble depuis quelque temps, tant pis, ça attendra. Je décide de garder l'argent pour ses vacances, à condition que René accepte de nous la laisser.

Une véritable tractation va s'opérer. La négociation n'est pas aisée. Il est d'abord hésitant. Il finit par accepter à la seule condition qu'il ne paye rien. Anne-Marie ne fait pas obstacle, c'est même une aubaine pour elle, elle comprend qu'elle sera libre. Elle va pouvoir rester couchée toute la journée. À chaque fois qu'on la voit, elle se plaint d'être épuisée. Elle est fatiguée de naissance.

Karine est heureuse d'apprendre qu'ils sont d'accord, ça fait chaud au cœur. Lorsqu'on arrive à Tignes, elle n'en revient pas de toute cette neige. Elle marche dedans, l'air ébahi. Comme à notre Tom-Tom, on lui donne un peu d'argent de poche pour qu'elle aille s'acheter ce qu'elle veut. Son regard pétille quand je lui donne ces quelques euros. Elle a du mal à y croire.

Je ne vais pas beaucoup dormir pendant ces vacances. Et cela je le comprends dès la première nuit passée dans ce studio.

Vers 1 heure du matin, je suis réveillée par un bruit. Quelqu'un tape sur le mur. Ça vient du lit superposé. C'est Karine. Je la vois dans la pénombre se cogner la tête contre le mur. Cette scène me glace. Le mur est en crépi. Elle parle et se met à hurler : « Non non pas encore non, s'il te plaît non ! » Je tente de la réveiller pour la calmer. Elle finit par se rendormir.

Le matin, au réveil, son front est marqué. Je lui demande ce qui lui faisait si peur. Elle baisse les yeux, ses lèvres tremblent mais elle ne répond pas.

Cela se passera chaque nuit de notre séjour. Je ne l'avais jamais vue faire ça auparavant. Probablement parce que chez nous elle dort seule, je ne peux donc pas l'entendre.

Mon Dieu que cette petite est en souffrance. Quels traumatismes a-t-elle pu bien subir ? Malheureusement, je le devine car je l'ai toujours senti mais je ne veux pas l'imaginer. Je suis bouleversée.

KARINE

Je n'ai jamais vu autant de neige, tout est blanc. Laurence et Loïc m'ont inscrite à des cours de ski, c'est trop génial ! En plus il me donne un peu d'argent, pour aller m'acheter des bonbons ou des livres. Je m'achète des pains au chocolat aussi, c'est trop bon. Tout le monde est heureux, en plus mes cousins et cousines m'emmènent partout. Je ne croyais pas que ça existait, c'est beau. Loïc veut faire du traîneau, on y va avec Tom. Oh la la, c'est trop génial ! Mais le matin Laurence m'énerve, elle me demande tout le temps pourquoi je fais des cauchemars. Elle dit que je parle la nuit, mais moi je ne sais pas, je ne me rappelle pas. Elle dit que je crie, elle est chiante !

Je sais qu'ici personne ne va me demander de lui faire des choses dégoûtantes, non personne, j'aimerais bien rester toujours à la neige.

LAURENCE

En rentrant, je parle de ces cauchemars aux parents et je demande qu'elle consulte le médecin. Le René rigole.

Au cours du mois de janvier 2009, les parents m'annoncent que Karine doit intégrer une classe Segpa. Une école pour enfants présentant des handicaps et à l'apprentissage difficile.

« Elle n'apprend pas bien, elle est bête, elle ne veut pas travailler et en plus elle dort en classe », piaille Anne-Marie.

Cette décision ne me semble pas être adaptée. Ils se trompent, Karine est intelligente. Il suffit qu'on l'emmène sur des sujets qui la passionnent pour avoir des résultats, comme les animaux par exemple.

En revanche apprendre une leçon et réciter, c'est laborieux. Tout ce qui doit être mémorisé mécaniquement devient très compliqué pour elle, voire angoissant.

Karine n'adhère pas du tout à l'idée de rentrer dans cette école. Je pense qu'il faut l'aider davantage, avec plus d'aide aux devoirs sans doute. Je leur dis qu'il faudrait lui donner plutôt des cours particuliers. Mais c'est peine perdue car il faudrait les payer, ces cours.

La succession de Germaine est liquidée, cela va nous permettre de voir l'avenir autrement.

Appel au secours

Notre rêve va se réaliser. En janvier, nous visitons une maison sur Orgères, à seize kilomètres de Rennes. C'est une grande maison avec six chambres et surtout un grand terrain. Elle serait parfaite. Karine nous entend parler de cette propriété.

Je ne pense pas à l'intégrer dans cette nouvelle demeure. Elle continue de venir les week-ends de temps en temps, personne ne demande plus. Nous ne voulons pas remplacer ses parents, nous pouvons juste lui accorder un peu de répit et de soutien occasionnellement.

Mais de nouvelles révélations vont modifier nos choix.

KARINE

Je la regarde. Elle fait encore un bon petit plat pour ce midi. Loïc est là aussi. C'est le moment. Il faut que je lui dise.

« Tu sais Laurence ma mère des fois elle me frappe tellement fort que je tombe par terre. Et quand je suis par terre, elle me donne des coups de pied dans le dos et des gifles. Mais le plus difficile c'est qu'elle me prend par ma queue-de-cheval et qu'elle me traîne autour de la table. Je ne sais pas pourquoi elle fait ça et quand René rentre et ben elle dit que j'ai été méchante avec elle. Et là, mon père me prend par le bras et me frappe aussi et il me secoue. En plus, tu sais ma mère elle me fait faire tout le ménage et aussi la cuisine et quand je ne sais pas faire je reçois une gifle.

Tu sais, elle me met dehors toute la journée, des fois je ne peux même pas aller faire pipi. Après j'ai mal au ventre mais si je dis à ma mère que j'ai mal, je reçois une gifle.

Laurence, tu sais, moi j'aimerais bien rester chez vous. »

Je ne sais pas si elle comprend ce que je viens de dire, elle est bête parfois. Moi je veux vivre chez eux, elle ne comprend rien de rien. Elle ne dit pas oui tu vas rester tout le temps chez nous maintenant. René, Anne-Marie, je ne les aime pas.

LAURENCE

C'est pire que ce que j'imaginais. Je sais que cette petite dit la vérité. Je suis ravagée, démunie. Je n'ai pas de mots. Tout ce qu'elle a sur le cœur depuis tellement longtemps. Tout ce qu'elle endure depuis toutes ses années. Elle a déjà douze ans. Douze ans sans amour. Douze ans de violence et de rejet. Douze ans de calvaire.

Nous devons repenser notre schéma de vie pour elle, mais nous verrons cela plus tard, chaque chose en son temps.

En février, nous signons la promesse de vente pour la maison à Orgères. Le déménagement est prévu pour juin.

Si nous voulons garder Karine avec nous, il ne faudra rien demander financièrement dans un premier temps. Je dois anticiper tout ça. Je sais qu'avec eux, tout tourne autour du pognon.

Abandon

Les vacances scolaires de février sont arrivées. Karine vient de passer le week-end et doit retourner chez elle ce dimanche soir. Ils viennent la chercher et s'incrustent comme d'habitude pour le dîner. S'ils peuvent économiser un repas... Elle est encore habillée pour faire le trottoir. Faut voir ses tenues. Short en faux cuir, mini-jupes ou leggings colorés, hauts moulants qui ne peuvent contenir son ventre, elle se prend pour une ado. Elle est ridicule en plus de me faire honte. À chaque fois quand ils débarquent, j'espère que nos voisins ne sont pas à leur fenêtre.

Le regard de la petite est suppliant. Je ne comprends pas pourquoi elle est si triste au départ. J'apprends qu'elle doit visiter sa nouvelle école le lendemain, celle pour enfants en difficulté. Elle n'est pas d'accord mais n'a pas son mot à dire. J'observe Anne-Marie. Que cette femme est effrayante ! Lorsqu'elle regarde sa fille, je vois de la haine, tout l'énerve dans le comportement de Karine. À la fin du repas en mangeant son gâteau, elle me regarde et regarde René. Elle se lance sans complexe, devant la gamine :

« Nous, on n'en peut plus de Karine. Tu sais René est dur mais Karine est insupportable. Tu la veux Karine, tu la veux ? Parce que si tu la veux tu n'as qu'à la garder, elle pourrait aller à l'école avec Tom et comme ça toi tu pourrais surveiller ce qu'elle fait à l'école. Moi c'est comme tu veux. »

Le René l'ouvre à son tour : « Marie n'en peut plus de Karine ! »

Je comprends sans oser comprendre, je suis sidérée. Aucun son ne sort de ma bouche. Je n'ose pas regarder Loïc.

Elle reprend : « Alors, tu la veux ou pas ? Parce que moi je te la donne ! Hein René qu'on la donne Karine ? » Cet abruti, aux joues rougies par l'alcool, acquiesce, tout en finissant de s'empiffrer.

Cette scène est invraisemblable. Ce n'est pas possible ! Comment peuvent-ils abandonner leur fille ? Karine n'est pas un bout de viande que l'on échange sur un coin de table, entre deux bouchées de patates.

Cette carogne continue : « Oui parce que tu comprends, moi elle m'obéit pas, c'est une teigne, enfin tu comprends ? Toi, en plus, tu vas l'aider pour l'école. »

Je regarde mon Tom-Tom, il a neuf ans. Tous mes autres enfants sont partis de la maison vivre leur vie d'adultes. Il comprend qu'il ne va plus être seul. Il me fait un signe complice de la tête. J'observe Loïc, il me fait sentir que ce n'est pas possible, que cela va être compliqué. Nos regards se font face avec force. Puis je regarde Karine pour qui je déborde d'amour. Mais si jamais je le montre, elle ne va pas pouvoir rester. Elle se tient debout derrière la chaise et attend désespérément ma réponse.

Je dois improviser une stratégie pour arriver à mes fins. Ils doivent avoir l'impression que la situation va me donner du fil à retordre. Je ne dois pas leur montrer que je saute sur l'occasion pour sauver cette petite de ses bourreaux.

La ruse s'impose. Je fais comprendre à mon beau-frère que c'est une charge financière, c'est un enfant de plus et je suis déjà bien occupée avec mon petit-fils que je garde. Le visage de Karine se raidit, elle pense que je ne veux pas d'elle, mais si j'accepte trop vite, ils ne vont pas nous la confier. Je leur demande si elle sera obligée de retourner chez eux. Il répond : « Ben oui, le week-end. » Et Anne-Marie de rajouter : « Peut-être qu'on peut venir manger le dimanche et comme ça ce sera suffisant. » Elle ne perd pas le nord celle-là. Si je peux récupérer leur fille et les nourrir de temps en temps, ça sera le bonheur chez les Thénardier.

KARINE

Je ne comprends pas ce qu'elle dit ma tante. Elle est mauvaise, elle ne veut pas de moi, je savais bien que ce ne serait pas possible. Mais pourquoi elle fait ça ? Moi je ne comprends pas qu'elle dise non. Elle est conne, je la déteste ! En plus, mes parents sont d'accord. Je voudrais la taper !

LAURENCE

Bon, qu'est-ce que je leur dis pour le repas du dimanche ? Il faut leur donner une réponse, je suis coincée... Je réponds par une autre question :

« Et pour l'école on fait comment ?

– Ben tu l'inscris avec Tom, c'est possible !

– Oui je pense, mais bon il faut la radier de son autre école. »

Les mots sortent malgré moi.

« Oui on peut essayer, si vous voulez. »

Je l'ai dit, ça y est. Je n'ose plus regarder Loïc. Je sais déjà ce qu'il va me dire. Je n'ai pas fini de l'entendre quand ils seront partis.

Les larmes coulent sur le visage de Karine. Ils pensent sans doute qu'ils vont lui manquer, mais pour elle c'est le début de la délivrance.

Le soir, nous irons chercher ses affaires. Je vais avoir besoin du dossier scolaire. Je demande à René d'aller le chercher pour que je puisse le donner à la nouvelle école. Je lui demande également de me faire un courrier où il écrit qu'il me confie Karine, je ne voudrais pas être accusée de l'avoir enlevée.

Je ne veux pas commettre d'impairs. Je me méfie d'eux, ils ont de la ressource.

L'indicible

On a gagné !

Nous inscrivons Karine dans une nouvelle école près de chez nous. La directrice Madame Briand nous reçoit, elle nous fait une très bonne impression. Après le premier jour d'école, le verdict tombe.

Le Maître nous informe que Karine ne sait pas compter et qu'elle sait à peine écrire. Elle ne retient rien. Il constate qu'elle est complètement ailleurs.

J'organise un plan d'attaque. Nous nous mettons tout de suite au travail. D'abord les tables de multiplications, table de deux puis de trois, je la fais réciter sans arrêt dans la voiture en allant à l'école. À chaque temps mort, on rabâche, je ne la lâche pas. Le soir, elle les a mémorisées mais le matin elle ne sait plus rien.

Voit-elle bien ? Je prends rendez-vous chez l'ophtalmologue. Il lui trouve une légère myopie. Rien de grave. Entend-elle bien ? On fait les tests auditifs à la clinique Saint-Vincent de Saint-Grégoire. Les parents de Karine acceptent tout ce suivi médical à la seule condition que nous assumions les frais – évidemment !

Un rendez-vous est pris avec le docteur Senné, l'ORL qui s'est occupé de mon beau-père Pierre pour son cancer de la gorge. Il connaît donc bien la belle-famille.

Il ne voit rien d'anormal concernant son audition mais quelque chose lui paraît troublant et il me suggère de voir un spécialiste pour sa scolarité. « Elle a peut-être une dyslexie non suivie et surtout non diagnostiquée », me dit-il.

Pourtant Karine est suivie par une orthophoniste depuis ses cinq ans sur Chantepie donc normalement on devrait le savoir. Il me propose alors de rencontrer un psychologue de sa connaissance. J'accepte sa proposition.

Karine semble parfois bougonne mais s'y plie malgré tout.

Monsieur Mélo nous reçoit. Il faut six séances de tests qui me coûteront trois-cent-cinquante euros. Ce n'était pas prévu dans nos finances mais je n'ai pas le choix. Karine n'aime pas ces entretiens car les exercices qu'il lui demande font appel à sa mémoire. Elle coopère mal.

Après cette batterie de tests, Monsieur Mélo nous propose de venir récupérer le bilan qu'il vient de dresser un jour d'avril 2009.

Il est 15 heures, nous sommes sans son bureau avec Karine. J'avoue que je ne suis pas très concentrée car j'ai eu une journée bien chargée. Je regarde ma montre, je n'ai pas beaucoup de temps car ma fille doit me déposer mon petit-fils, avant d'aller travailler. Ce rendez-vous ne m'arrange pas du tout.

Il me dit ce que je savais, Karine est une jeune fille intelligente. En revanche, il y a un problème de dysorthographie et de dysgraphie assez important. Puis sans que je m'y attende, il va prononcer ces paroles en s'adressant à la petite :

« Karine, je crois que tu as un problème, tu n'arrives pas à te rappeler parce que je crois que tu as vécu quelque chose de tellement grave, que tu refuses de te rappeler et du coup rien ne revient, tout est bloqué. »

Le visage de Karine se décompose. Des larmes, puis des sanglots, la font trembler. Pas un mot ne sort de sa bouche. Elle me regarde avec insistance, comme si elle m'en voulait. Le rythme pénible de cette journée m'aveugle et me rend très impatiente. Elle chouine comme une enfant, ce qui commence à m'agacer.

Il reprend : « Tu peux revenir me parler si tu veux, mais je crois que tu as quelqu'un à coté de toi qui peut t'écouter et t'entendre. »

Je ne suis pas préparée à ça. Je ne suis pas apte à recevoir ces informations fracassantes. Je suis venue voir ce Monsieur pour faire des tests et pour avoir un constat sur des troubles de l'apprentissage, je ne suis pas venue voir un pédopsychiatre. Et en fait, il y a plus grave. Je n'ai pas envie d'entendre ce qu'il nous dit. Je reçois l'information mais je ne veux pas que ça rentre. Tout se mélange dans ma tête, ça fait une heure déjà que l'on est ici, à l'écouter, je suis en retard ! Je me sens démunie. Il faut qu'on lui paye ses trois-cent-cinquante euros. Je regarde le médecin puis je regarde à nouveau ma montre, Karine ne s'arrête pas de pleurnicher. Je suis mal à l'aise, j'ai envie de la faire taire, de lui mettre la main devant la bouche. C'est trop pour moi, je vais exploser.

Nous partons.

Pendant des années, les doutes m'ont taraudée. J'étais certaine que Karine vivait des événements terribles, mais j'étais loin de m'imaginer ce que j'allais découvrir.

Ce psychologue a évidemment tout compris. Je n'en ai pas conscience à cet instant car je suis prise dans un tourbillon, mais avec le recul je me dis qu'il est le premier spécialiste à avoir considéré la souffrance de cette enfant. Nous avons rencontré deux catégories de professionnels dans cette terrible affaire. Ceux, enfin plutôt celui, qui fait des certificats médicaux sans ausculter l'enfant pour aider des parents maltraitants et ceux qui font leur travail avec conscience et professionnalisme.

La voiture est garée loin. Il faut se presser. Il tombe une pluie fine et froide, je n'ai pas de parapluie, nous commençons à être trempées. J'ai froid. Je demande à Karine de marcher plus vite car nous sommes garées loin. Mais elle traîne le pas. « Avance, Karine ! » lui dis-je un peu agacée. « Dépêche-toi à la fin ! » Elle me met sur les nerfs.

Tout d'un coup, elle ralentit, puis me prend le bras. Mon sac glisse de mon épaule, mon manteau s'ouvre. Elle m'oblige à m'arrêter, mince ce n'est pas le moment ! Elle se met à pleurer, elle craque complètement, des sanglots plein la bouche. Je ne comprends pas ce qui se passe mais son regard est effrayant. Il est rempli de douleur et de désespoir. Je n'oublierai jamais ces yeux. Elle commence...

« Laurence, Roland il m'a fait des choses, tu sais j'avais mal, très mal ! »

Un marteau vient de fracasser ma tête. La pluie glisse sur mes lunettes. Je la regarde et j'arrive à lui demander :

« Quoi ? Quelles choses ?

– Ben, avec son zizi ! »

Je vais vomir. Je suis sur le point de rendre mon déjeuner. Non pas devant elle ! Je me contrôle et respire profondément.

Parle ! Dis quelque chose Laurence, réponds-lui !

J'ai envie de hurler.

« Viens vite, on va à la voiture et tu vas me dire ! »

Dans l'habitacle règne un silence écrasant.

Je me tourne vers Karine : « Vas-y, dis-moi. »

L'horreur commence. Tout devient palpable, tout devient réel. Plus de doute. Mon Dieu, non pas ça, pas elle, pas encore.

Les mots de Karine deviennent les miens, je me retrouve dans cette chambre d'hôtel. Je suis sur le ventre incapable de bouger. Il est sur moi, des coups de boutoirs s'enfoncent en moi. J'ai mal et je n'arrive pas à respirer. Je vais étouffer, non reviens, remonte, il faut me reprendre, reviens Laurence ! Ce n'est pas toi, c'est Karine.

« Je suis là, Karine, je t'écoute mon ange. » Dis-lui, dis-lui que tu la crois, dis-lui !

Je regarde cette jeune fille, qui tremble et sanglote.

« Karine, je te crois ma puce. On rentre à la maison. » Je réfléchirai à tout ça après.

C'est un cataclysme, je dois rentrer pour ingérer tout ça. Je suis en train de me noyer, j'ai besoin de prendre mon petit-fils dans mes bras, c'est viscéral. Je me raccroche à ce petit bout de deux ans et demi.

Je m'arrête à l'école sur le retour pour prendre son cartable. C'est le dernier jour d'école avant les vacances de printemps. Je me dépêche, je dis à Tom qu'il doit rentrer seul. Je ne réfléchis plus, je suis en pilotage automatique.

On arrive à la maison, j'ai besoin de me poser. Je demande à ma fille de faire un lait chaud avec du miel pour le goûter. Karine semble avoir faim. J'avais des brioches achetées le matin, elle en mange encore et encore, comme si elle devait se remplir. Je la regarde. Ma fille m'annonce qu'elle s'est arrangée pour se faire remplacer au travail, elle sentait que je serais en retard. Elle ne retournera pas au travail, ouf !

Je demande à Karine de monter voir les petits chatons nés il y a peu de temps. Elle sait s'en occuper avec tellement de soin. Je raconte à ma fille ce qui vient de se passer. Elle ne comprend pas au début et lorsqu'elle réalise, elle se met à pleurer. Elle est enceinte de son deuxième enfant.

Nous sommes complètement déphasées. Quoi faire ? À qui le dire ? Que risque-t-on si on en parle à la Justice ou l'Aide Sociale à l'Enfance ? Que risquerait Karine ? Je voudrais crier mais on ne va encore pas m'entendre. Si je parle, je risque à nouveau d'être poursuivie et là je risque gros : la prison ! Elle me l'a dit la méchante déléguée du parquet, cette Madame Barrateau, *la prochaine fois que vous faites un signalement, c'est la case prison !* Ces mots résonnent encore dans ma tête. Je suis traumatisée. Au secours ! Que faire ?

Karine nous rejoint, le visage défait. Ses parents doivent venir la chercher. C'est les vacances, elle doit partir avec eux pour plusieurs jours. Comment ont-ils pu laisser faire cela ? C'est la question que je me pose sans cesse.

« Tu veux aller chez eux ?

– Non, me dit-elle

– Tu as peur ?

– Oui, de ma mère elle me frappe tellement.

– Depuis quand ?

– Depuis toujours. »

C'est un cauchemar. Nous sommes à quelques minutes de leur arrivée.

Je suis coincée. Soit je la garde et ils peuvent me menacer et la reprendre complètement, soit elle repart avec tout ce que cela comporte. C'est une décision terrible.

Karine jette un coup d'œil par la fenêtre, ils sont déjà là. Elle me regarde, ils sont en train de se garer. Comme d'habitude, ils rentrent sans prêter attention à leur fille, ils s'en foutent pas mal. Je les fixe, ils sont toujours aussi élégants. L'élégance de la perdition. Elle est vêtue d'un short en faux cuir, ses pieds sont noirs de crasse dans ses sandales. Elle pue la moule. Lui est en short aussi avec un t-shirt taché et dégoûtant, ils sont si sales. Ils dégagent une odeur de tabac froid mélangée à celle de la sueur. Elle a les dents complètement pourries à cause du paquet de cigarettes qu'elle fume tous les jours, depuis l'adolescence.

Elle porte un rouge à lèvres rouge bien pétant. J'ai l'idée de leur offrir un apéritif. Avec l'alcool, je peux les faire patienter un peu ces deux alcoolos. Et puis je dis sans réfléchir :

« Karine a beaucoup de mal, Monsieur Mélo pense qu'elle est dyslexique. Il faudrait faire des tests rapidement et il faut qu'elle travaille toutes les vacances pour rattraper son retard. Il lui faudrait des vêtements aussi et il faudrait l'emmener chez le médecin pour ses cauchemars. »

Le René rebondit :

« Oui mais qui va payer encore ? » Je l'attendais sur ce terrain-là, je connais la chanson de ce pingre par cœur.

« On verra ça après, non ?! Mais bon si tu veux on s'en occupe, mais il faut qu'elle reste là. »

Anne-Marie s'en mêle : « Oui mais elle devait ranger la maison, il faut m'aider je souffre tellement de mon scaphoïde moi. »

Je la regarde, je hurle intérieurement : *espèce de feignasse !* Elle n'a jamais travaillé ni fait quoi que ce soit de ses dix doigts celle-là ! Son activité favorite, c'est de rester dans son lit.

Je continue ma tactique : « C'est comme vous voulez après tout, je vous fais une liste de ce qu'il faut lui acheter et vous irez avec elle, bonjour la note ! »

La réaction du René ne se fait pas attendre, lui qui vendrait père et mère pour de l'argent :

« Bon, on vient la chercher mardi nous sommes vendredi ça fait quatre jours. »

Le visage de Karine se crispe.

Je sors ma dernière carte, celle de la bouffe :

« Si vous voulez, venez manger dimanche soir. »

C'est la seule chance pour que Karine reste plus longtemps.

« Et si vous voulez, mercredi midi elle peut manger avec vous, j'ai des courses à faire et je la reprends après. En plus, notre fils sera là et pourra lui faire travailler l'histoire. »

Les mensonges me viennent facilement, il faut à tout prix qu'elle reste à la maison.

Anne-Marie est d'accord : « Hein René, je vais me reposer ! »

Elle me regarde : « Tu fais quoi à manger ? »

En plus, il faut les régaler ! Je ne pense qu'à Karine.

« Un rosbif si vous voulez »

Leurs yeux les trahissent, un repas de gagné ! se dit sans aucun doute mon beau-frère.

Je regarde la petite, je voudrais la prendre et la serrer contre moi. Je leur sers ce dîner. Encore un. Dès que la porte se referme, j'entends : « Et bah là, t'as eu chaud ! » me lancent mes enfants. Oui, mais j'ai réussi.

KARINE

J'ai eu tellement peur. J'ai cru qu'ils n'allaient pas accepter que je reste. Est-ce que Laurence va pouvoir me protéger ? Depuis que je lui ai parlé, il y a plein d'images qui reviennent. Je voudrais mourir pour ne plus y penser.

LAURENCE

Il faut faire attention. S'ils savent qu'elle a parlé, ils sont capables de tout faire pour qu'elle ne dise plus rien. Cette fois-ci, il faut faire les choses dans l'ordre et intelligemment.

Plus tard, Karine me parle brièvement de certains jeunes du quartier de Chantepie. Mais à ce moment-là je suis à côté de la plaque, je ne saisis pas ce qu'elle veut dire. Je pense tout simplement à du harcèlement, comme de nombreux gamins en vivent, ils ne se font pas de cadeaux entre eux. Ils ont dû l'embêter car tout le monde pense qu'elle est retardée. Je suppose que cette petite fille a dû être leur bouc émissaire. Et c'est donc dans cet esprit-là que je ne me suis concentrée que sur le monstre Blaudy et ses parents.

Septième signalement

Le lendemain, je prépare un courrier pour le procureur en reprenant les mots de Karine. Est-ce que je fais bien ? Est- ce que je dois le faire ? Je n'oublie pas ma garde à vue pour avoir dénoncé. Je n'oublie pas mon rappel à la loi et les mensonges que le parquet de Rennes m'a forcée à dire et à écrire. Pour autant, pourrais-je me regarder dans la glace si je n'alerte pas ? J'ai tellement peur des conséquences, mais après tout ce n'est pas moi que je dois protéger mais ma nièce. Tant pis, je tranche.

Je décide le lundi de prévenir la responsable du CDAS de Cesson Sévigné. Ceux-là mêmes qui me considèrent comme « la mégère » aux dires des parents de Karine. Cette dernière est présente quand je leur téléphone. J'explique ce que je sais. Voici la réponse que j'obtiens : « Oui bon en effet il faudrait voir, on va vous rappeler. »

Merde ! Tu leur dis qu'une gamine s'est fait violer et « il faudrait voir » !

Quelle bande de nullités, à quoi servent-ils ? J'avoue que cette réponse m'est incompréhensible de la part d'un service censé représenter et protéger les enfants. Encore une énième déception.

C'est les vacances, c'est sans doute aussi les vacances pour les violeurs. Il est difficile d'admettre que dans notre pays des droits de l'Homme, un enfant en danger ne peut pas recevoir la protection immédiate qui lui est due, parce que des personnes sont incompétentes.

Les vacances nous obligent à inviter les parents de Karine à deux reprises pour qu'elle puisse rester chez nous.

Depuis qu'elle s'est confiée, elle n'a pas cessé de raconter les sévices subis par ses parents mais aussi par des jeunes du quartier à nouveau. Je ne comprends toujours pas ce qu'elle veut dire. Je n'ai pas encore envoyé le signalement au procureur, j'ai tellement peur de la perdre à nouveau.

Ces gens sont tellement fous qu'ils pourraient me l'enlever du jour au lendemain. Que deviendrait-elle sans nous ?

La rentrée approche, Karine me demande à plusieurs reprises si je pense que la directrice de l'école primaire est gentille. Je lui confirme, c'est la maîtresse de Tom, il s'agit de Madame Briand. Je lui dis qu'elle est toujours attentive aux enfants.

Le jeudi suivant, en rentrant de l'école, elle me dit qu'elle a voulu lui parler mais que celle-ci n'était pas libre. Elle veut lui demander quelque chose, elle verra demain. Elle ne veut pas me dire pourquoi.

Le lendemain, ses parents ont rendez-vous à l'école pour la rentrée en sixième. Ils vont venir la chercher pour le week-end. À 15 h 30, Madame Briand m'appelle pour me dire que Karine lui a fait des révélations. Elle la supplie de ne pas la laisser repartir chez ses parents. La directrice me dit que les faits sont graves et qu'elle doit saisir sa hiérarchie, le procureur de la République ainsi que le CDAS de Cesson. Je l'encourage à le faire, bien sûr. Ça y est ! Elle a enfin parlé ! Je suis soulagée. Si c'est la directrice de l'école qui signale, on la croira. Je me dis que la justice va agir rapidement et que le CDAS la prendra au sérieux.

Elle me rappelle une heure plus tard pour me dire que le signalement a été fait par fax au parquet mais elle n'a pas eu de réponse pour le moment. Elle a aussi essayé d'avoir le CDAS mais n'a pas réussi à joindre quelqu'un. Je ne suis pas étonnée.

Je tourne en rond chez moi. C'est un moment d'une extrême importance. Je ne suis plus seule à vouloir protéger cette enfant. Cette femme va m'aider, elle va nous aider.

Nouvel appel de sa part à 16 h 30. Elle est préoccupée, les parents vont arriver d'une minute à l'autre et personne ne l'a rappelée. Elle ne sait pas quelle attitude adopter face à eux. Je la mets en garde car ils peuvent être violents. Elle prend la décision de cacher Karine dans une classe.

Le parquet finit par la rappeler et aussi incroyable que cela puisse paraître, le procureur lui demande de remettre Karine à ses parents, le temps d'une enquête. Elle doit même les avertir d'avoir fait un signalement, suite aux confidences de la petite.

Je ne peux une nouvelle fois y croire. C'est un monde de cinglés. Madame Briand est évidemment choquée. Ce n'est pourtant pas fini... Une personne du CDAS lui téléphone un peu plus tard, elle se permet de la rappeler à l'ordre et lui fait la morale pour avoir dénoncé les faits « sans preuves ». Elle n'aurait pas mesuré les conséquences ! On marche sur la tête.

À la suite de cela, le père de Karine a asséné plusieurs gifles à sa fille « pour les emmerdes qu'ils auront à cause d'elle » !

Mon âme est meurtrie et mon cœur saigne. Je sais ce qu'elle va endurer chez eux ce week-end. Le lendemain, j'envoie mon signalement au parquet en lettre recommandée. Je ne les lâcherai pas.

Je ne recevrai jamais de réponse de leur part. Je n'aurai jamais de retour du CDAS de Cesson Sévigné non plus.

D3/3

Madame laurence jambu

Le 27 Mai 2009

TGI - RENNES
02 JUIN 2009
TRIBUNAL P... ...TS

Monsieur ou madame le procureur

Parquet de RENNES

Cité judiciaire pierre Abélard

35000 Rennes

Monsieur, madame,

Notre nièce Karine Jambu née le 7 juillet 1997 à RENNES, le 3 avril 2009 nous a fait les confidences suivantes en sortant du psychologue monsieur Dominique Mélo

Laurence, tu sais Roland il m a fait du mal,

_ha quoi comme mal

Il m a touché et il m a fait autre chose

Karine étant en larme, j ai attendu d être de retour à la maison pour reprendre cela avec elle,

J ai prévenu l école que Karine ne pouvait revenir en cours et nous sommes rentrés. Arrivé à la maison

Devant ma fille âgée de 24 ans Stéphanie nous nous sommes assis et j ai repris les éléments avec Karine.

Quand tu dis qu'il t a fait du mal il t a fait quoi

Très émue Karine, le visage bouleversée nous a dit , sachant que ma fille n est pas intervenue mais à écouter,

_il ma fait mal

_oui mais quoi

Avec son sexe il m a fait mal

Oui mais quand

_quand il vivait à la maison, la nuit il faisait boire papa et maman et quand ils dormaient il venait me chercher dans mon lit et il m emmenait sur le clic clac

_tu criais pas, t as pas appelé ?

_non il m avait dit qu'il m arriverait des choses

T avais mal

_oui des fois ça faisait très mal

_je suis désolée Karine mais maintenant il faut tout dire âpres qu'esce qui se passait,

_il me mettait sur le ventre et il s allongeait sur moi, et il m enfonçait son sexe dans les fesses

-ça s arrêtait quand ?

_quand du liquide coulait, il m essuyait et me remmener dans mon lit,

_tes parents n n'entendait rien, la porte de leur chambre n n'était pas fermée

_Roland fermait la porte de la salle à manger

_ça n n'arrivait que la nuit

_non des fois l après midi

Mais ta mère

Roland lui donnait tes sous, elle me laissait avec lui, des fois elle allait faire des courses

_oui ton père le savait,

Je ne sais pas

_Karine, tu as été interrogée par les gendarmes il y a 3 ans, t as rien dit

_oui mais maman avait dit à papa qu'il ne fallait pas que je raconte et papa m as dit de rien dire

Que si je disais, il pouvait aller en prison

Ces révélations se font faites d un trait, j ai peu réfléchi et appeler immédiatement le cdas de Cesson sevigne, Karine pleurait beaucoup et nous aussi, mais le plus difficile pour moi c est que je l avais signalé en 2005 à ce moment là , tant au service judiciaire qu' au service de Cesson, et là je ne comprends pas comment une protection n a pas été mise en place monsieur Roland blaudy purge une nouvelle peine pour pédophilie mais à l époque des faits il ,sortait déjà de prison pour cela , comment as- t on pu laisser une petite fille vivre avec un tel personnage comment ne l a-t-on pas protégée, et comment as t on pu poursuivre madame blesse Patricia qui est intervenue en même temps que moi

Karine vit un véritable calvaire tous les weekend car elle doit retourner chez ses parents , l e service de Cesson refusant de procéder à la demande Karine, à un placement, c est vrai que les relations avec les parents sont cordiales !!!!!!!

Et Karine dans tout ça, sa mère qui à commis un infanticide la menace tous les weekends , Karine sait le passé de sa mere comment voulez vous qu'elle puisse être sereine, une énorme pression est mise pour qu'elle se rétracte et arrête de raconter sa vérité, tant à l école, qu' a nous, elle supplie pour qu'on l écoute, hors il semble que rien ne soit envisager avant la rentrée,

Elle s est épanouie depuis qu'elle vit la semaine avec nous, elle progresse à l école, qu'esce qu'on attend, pour au moins saisir le juge pour enfant juste pour qu'il l écoute et prenne les mesures qui s imposent ne peut on enfin s occuper d elle avec dignité, depuis son enfance elle est suivie par le cdas de Cesson on voit aujourd hui le résultat, toutes les semaines une aide ménagère se rendait au domicile pour quoi faire, ses courses ?

Non, il fallait mieux inciter les parents à porter plainte contre ceux qui voulaient la protéger

C est pourquoi monsieur le procureur, je dépose plainte aujourd hui pour non assistance à personne en danger, non protection, suivi bâclé, et je veux que les responsabilités soient pour une fois établies, soit jugées comme il se doit.

je vous demande de saisir un juge des enfants le plus rapidement possible pour que ma nièce soit protégée et aidée et que la justice lui soit rendu

AU nom de karine nous déposons plainte pour viol, tant un premier tant , et non protection de la parts de ses parents,

Dans l attente veuillez croire à nos respectueuses salutations

-

Alors qu'un jour je vais chercher les enfants à l'école, je revois Madame Briand. Elle me confie être époustouflée par les propos des services sociaux qui lui ont fait comprendre qu'elle avait eu tort de faire ce signalement. « Je ne vois pas comment le témoignage de Karine pourrait être différent en ayant d'autres données », me dit-elle. Je comprends que cette femme ne lâchera rien et qu'elle a compris que Karine avait dit la vérité. Elle me confie également que Karine semble libérée d'un poids et que cela se voit déjà dans son apprentissage.

Je ne peux décrire les semaines qui ont suivi tellement nous étions dans l'attente et la douleur. La directrice avait quand même réussi à déclencher une enquête. Je sentais que cela partait tout de même dans le bon sens pour Karine.

Un beau jour, les services sociaux se manifestent. Ils nous convoquent un vendredi soir avec les parents. Karine est entendue la première. Elle répète son calvaire et demande naïvement à ce que ses confidences ne soient pas répétées à ses parents, elle a évidemment peur d'être encore frappée. Malheureusement, les promesses n'engagent que ceux qui les croient. Pauvre petite puce, elle ne va pas être déçue...

Les parents sont entendus, on leur fait immédiatement un compte rendu des premiers éléments qu'a raconté leur fille. Comme ils ne sont pas à une idée formidable près, ils demandent ensuite une confrontation entre Karine et ses parents. La petite doit répéter une partie des choses qu'elle a déjà dites devant ses géniteurs. Où se trouve le principe de précaution ? Y a-t-il quelqu'un chez eux apte à anticiper le danger qu'ils font courir à un enfant en agissant de la sorte ? La réponse est bien évidemment non. On se demande quelle formation ils ont suivie. Ces personnes sont affligeantes.

Karine est à présent en danger de mort, par leur faute.

Il ne faut pas oublier qu'un nouveau-né a été sauvagement exécuté par cette psychopathe. Elle a été condamnée pour meurtre, bon sang ! Est-ce de la bêtise ? Est-ce fait exprès ? J'aimerais tellement avoir une réponse.

Karine repart chez ses parents à la suite de ce rendez-vous. C'est un mauvais rêve qui est indescriptible. Interminable de folie. Colossal d'acharnement.

Je suis morte d'inquiétude pour elle. J'imagine les coups et la pression que ses parents vont lui mettre. Mes craintes seront justifiées. En rentrant le dimanche soir, Karine a un léger bleu à l'œil. Je lui demande ce qu'il s'est passé, cela dépasse mes prévisions.

« Il m'a giflée. Il m'a traitée de salope. Il m'a dit : “Tu l'aimes bien Roland, il s'est occupé de toi, alors maintenant il faut que tu te la fermes !” »

La teigne d'Anne-Marie l'a menacée également : « Tu fermes ta gueule parce que sinon je vais te saigner comme j'ai saigné l'autre, mais je ne retournerai pas en prison ! »

Karine nous décrit une scène que je n'ai jamais mise en doute.

Le samedi, pendant que son père travaillait, sa mère l'a rouée de coups de pied au sol, lui a attrapé sa queue-de-cheval et l'a traînée autour de la table, l'a giflée en hurlant qu'elle aurait dû fermer sa gueule. Elle était hystérique.

Mais qui peut faire cela à son enfant ? Qui va donc éloigner ces fous de cette petite ?

Karine est traumatisée et l'idée d'y retourner l'angoisse terriblement.

Nous cherchons tous les prétextes pour la garder, allant jusqu'à les inviter tous les week-ends à manger pour la garder avec nous.

Signalement de Madame Briand :

INSPECTION ACADEMIQUE D'ILLE ET VILAINE
1 quai Dujardin
BP 3145
35031 RENNES Cedex

TRIBUNAL DE GRANDE INSTANCE
7 rue Pierre Abélard
CS 73127
35031 RENNES Cedex

TRIBUNAL DE GRANDE INSTANCE
1 place Saint Aaron
CS 51137
35412 SAINT MALO Cedex

0 14/3
A

Signalement en **URGENCE** pour **"ENFANT EN DANGER"**

(mineur scolarisé de 2 à 18 ans)

ORIGINE :

Etablissement ou école concerné(e) : Ecole élém. G. Philipe Ville : MONTGERMONT

Date et heure des faits :

Auteur du signalement (nom) : Mme BRIAND Qualité : Directrice Enseignant

joignable aux N° de tel. :

DESTINATAIRE :

☒ **Inspection Académique** (par fax) Fax : 02.99.25.10.13 Tél. : 02.99.25.10.20 (obligatoirement)

☒ **Parquet des mineurs Rennes** (par fax) Fax : 02.99.65.29.63 Tél. : 02.99.65.38.30

☐ **Parquet de St Malo** (par fax) Fax : 02.99.20.20.80 Tél. : 02.99.20.20.35

☐ **DDEC (pour le privé)** (par fax) Fax : 02.99.33.09.55 Tél. : 02.99.54.20.20

☐ Copie à l'IEN de la circonscription pour le 1er degré

☐ **Service de protection de l'enfance D... Enfance Famille du Conseil Général** (par fax) Fax : 02.99.02.34.50 Tél. : 02.99.02.37.49

LIEU DES FAITS :

☒ Famille de l'enfant
☐ Environnement
☐ Institution en charge de la garde de l'enfant :

NATURE DES MAUVAIS TRAITEMENTS :
(Avérés ou présumés)

☐ Violences physiques
☐ Violences psychologiques
☐ Violences sexuelles : outrages, agressions, viols
☒ Négligences lourdes (concernant : santé, sécurité, moralité, conditions de vie et d'éducation), si pas de partenariat avec les parents.
☐ Refus de l'intéressé de rentrer à son domicile
☐ Absence de relais familial
☐ Fugues
☐ Tentative de suicide

LES PARENTS ONT-ILS ETE AVISES DE CE SIGNALEMENT ? :
☒ Oui ☐ Non
Si **NON** pourquoi : J'ai fax envoyé le 23/01/03 vers 16h20 et j'ai prévenu les parents quand je les ai rencontrés

VICTIME :

NOM : JAMBU
PRENOM : KARINE
Sexe : ☐ M ☒ F
DATE DE NAISSANCE : 07/01/97 Classe :
COORDONNEES DES REPRESENTANTS LEGAUX
ADRESSE (complète et téléphone) Madame :

ADRESSE (complète et téléphone) Monsieur :
Même adresse.

DOMICILE DE L'ENFANT :

LA VICTIME A-T-ELLE DESIGNE SPONTANEMENT L'AGRESSEUR ? :
☒ Oui ☐ Non

Lien avec la victime : Ami de ses parents

EVALUATION DE L'ASSISTANT DE SERVICE SOCIAL SCOLAIRE (dans le second degré public) :

Nom et Signature de l'Assistant de Service Social Scolaire :

Conforme

INSPECTION ACADEMIQUE D'ILLE ET VILAINE
1 quai Dujardin
BP 3145
35031 RENNES Cedex

TRIBUNAL DE GRANDE INSTANCE
7 rue Pierre Abelard
CS 73127
35031 RENNES Cedex

TRIBUNAL DE GRANDE INSTANCE
1 place Saint Aaron
CS 51137
35412 SAINT MALO Cedex

0.16/4
5

ANNEXE

B

SIGNALEMENT URGENT
"ENFANT EN DANGER"

Description* OBLIGATOIRE *des faits et observation

I- DESCRIPTION DETAILLEE DES FAITS :

L'enfant JAMGU Karine née le 07/07/97 a demandé à parler à la directrice, Mme Briand le jeudi 23/04 à 15h15. Elle semblait inquiète car ses parents venaient la récupérer à 16h30, à la sortie de l'école. Karine est arrivée à Montgermont car ses parents l'ont confiée, ~~pour la~~ à son oncle et sa tante jusqu'à la fin de l'année scolaire. Voici ce qu'elle m'a dit : « Je veux rester vivre chez ma tante. Je veux aller au collège à Gigues. Le monsieur à la maison m'avait touchée, un peu plus que ça. »
– Qui est ce monsieur ?
« Un ami de mes parents qui dormait à la maison et qui était là des fois pendant la journée. Ma mère me laissait avec lui. Il me touchait. Il me mettait dans son lit. Ma mère me croyait pas du tout. Elle a dit que j'étais une menteuse. Le week-end après que je l'ai dit, mon père m'a questionné. Je voudrais rester chez ma tante. »

II- Y A T'IL UN SUIVI SOCIAL ? ☒ oui ☐ non

si oui, coordonnées **obligatoires** du CDAS référent (et si possible nom de l'intervenant)

CDAS de Cesson-Sévigné – Mme Melkuz

III- Y A T'IL UN SUIVI EDUCATIF ? ☐ oui ☐ non ?

si oui, coordonnées obligatoires du Service Educatif référent

Date, coordonnées et Signature du Rédacteur :
24/04/09 Mme BRIAND directrice de l'école Jean G. Philipe à Montgermont.

Copie Conforme

« Elle l'a excité »

Karine est convoquée à la CASED[1] sur demande du parquet et du CDAS. C'est un service au sein de l'hôpital de Rennes, composé d'une équipe pluridisciplinaire, pédiatres, pédopsychiatres, assistantes sociales, etc., pour dépister des maltraitances et prendre en charge l'enfant le cas échéant.

Elle est blême car cette fois elle n'y échappe pas. Elle doit rentrer chez ses parents ce lundi soir pour aller à ce rendez-vous, eux aussi doivent être entendus. Elle est terrifiée, elle sait qu'ils vont encore la menacer et la battre. Je m'en veux d'être tellement impuissante. Avant de partir, elle me dit craintive :

« Je leur dis quoi à l'hôpital, Laurence ?

– La vérité ma puce, toute la vérité. C'est cela qui est important. Il faut que tu sois courageuse, il faut vraiment dire la vérité. »

1. Cellule d'Accueil Spécialisé dans l'Enfance en Danger.

D1/4

CHU Rennes

FÉDÉRATION MÉDICO-CHIRURGICALE PÉDIATRIQUE
Département de médecine de l'enfant et de l'adolescent
Professeur E. LE GALL

Cellule d'Accueil Spécialisé pour l'Enfance en Danger
C.A.S.E.D.
Professeur M. ROUSSEY
Docteur M. BALENÇON
Docteur P. SUISSA, Pédopsychiatre

Madame C. PERRIN, Cadre-Puéricultrice
Madame S. PELOIS, Assistante Sociale
Puéricultrice
Mesdames C. PABOEUF/C. MAILLOT, secrétaires

☎ 02-99-26-67-54

Madame MAIGNE
Madame JUNG

CF

Rennes, le 28/04/2009

Madame le Vice-Procureur, Madame le Substitut,

Je tiens à vous signaler la situation suivante concernant la jeune Karine JAMBU, née le 07/07/1997, âgée de 11 ans, qui allègue des abus sexuels sur sa personne, datant d'il y a quelques années par un adulte qui serait actuellement incarcéré.

La jeune Karine JAMBU a été vue à la CASED à la demande du CDAS de Cesson Sévigné auprès de qui la famille est déjà connue.

Depuis petite, il y aurait eu plusieurs signalements judiciaires avec peut-être saisissement d'un juge des enfants, dont le dernier daterait de 2005 avec une AEMO qui aurait duré un an.

Karine est la fille unique de ses parents, domiciliés
chez qui elle se rend le week-end.

L'enfant serait hébergée depuis février 2009 (à la semaine) chez sa tante à Montgermont car Karine a changé d'école du fait que les parents n'auraient pas accepté une orientation SEGPA.

Les parents auraient accueilli il y a trois/quatre ans de cela (pendant deux ans ?) un ami de la famille maintenant incarcéré pour des dits faits « de pédophilie ».

Son père travaillerait à la ville de Rennes.

Sa mère ne travaillerait pas.

L'entretien se déroulera en plusieurs phases : *parents/enfants*, puis chacun sera vu individuellement en commençant par le père, puis la mère puis l'enfant, puis tous seront vus à nouveau ensemble en fin d'entretien.

Les parents se disent préoccupés par la scolarité de leur enfant. Ils semblent présenter tous deux des difficultés cognitives notamment madame, et ont peut-être aussi du mal à se représenter ce qu'est vraiment un enfant, il semble manquer de repères éducatifs. L'investissement affectif, lui, semble être bien présent.

L'enfant est actuellement scolarisée en CM2. Elle a redoublé la classe de CP. Elle était suivie par une orthophoniste jusqu'à il y a peu de temps. Elle est donc actuellement chez sa tante qui l'aide dans sa scolarité. Elle voit ses parents le week-end.

Il était normalement prévu qu'elle passe en 6ème à Orgeres (?), mais depuis les allégations ses parents ne seraient plus d'accord, et souhaiteraient récupérer leur fille à la fin de l'année scolaire. Karine fait part en pleurant que quand elle est domiciliée chez sa tante l'école lui paraît plus facile et d'aller en week-end chez ses parents lui semble « suffisant ».

Son père vu seul se demande qu'elles vont être les conséquences de ces procédures actuelles d'investigations.

Il fait part :

- ne pas croire sa fille du fait que pour lui un viol aurait été anatomiquement traumatique.
- que si cela avait eu lieu cela aurait été affreux et qu'il aurait alors « démoli le type ».
- avoir été au courant du passé de la personne hébergée alors.
- que son enfant aurait déjà surpris à la télévision des scènes de type au moins érotique. (Lorsque sa fille sera vue seule, celle-ci n'en évoquera pas).
- la priorité concernant l'avenir de sa fille : qu'elle puisse avoir un beau métier.

Sa mère vue seule montrera un comportement plutôt hyper thymique avec des rires et des amusements plutôt en rapport avec des troubles cognitifs semble-t-il.

Elle fait part :

- avoir surpris à plusieurs reprises la nuit sa fille nue dans le lit de l'homme qu'elle hébergeait et lui avoir fait la remarque que cela ne se faisait pas, et de lui demander de revenir vers son lit.

- avoir surpris cet homme regardant des films pornographiques. Selon elle, il n'aurait jamais abusé de l'enfant. Il faisait simplement des câlins mais dit-elle elle n'appréciait pas (ainsi que monsieur) que son enfant aille dans le lit de l'homme hébergé.

L'enfant vue seule arrive à la consultation en pleurant faisant part que papa disait que c'était une menteuse et qu'il ne fallait pas répéter ce qu'elle allait dire parce qu'elle pourrait se faire gronder. Elle fait part avec le dénommé Roland (*l'homme qui été hébergé*) qu'il lui était demandé un contact oro-sexuel à type de fellation. A plusieurs reprises elle fait part aussi de contact génito-génital et de cadeaux qui lui étaient achetés, ceci soit la nuit, soit lorsque sa mère allait faire les courses, et son père était au travail. Elle n'en aurait jamais parlé à ses parents parce que dit-elle « elle avait honte ». Elle ne se souvient pas si elle avait peur. Elle fait part avoir eu parfois mal au niveau pelvien.

L'an dernier, malgré les difficultés scolaires, elle dit qu'elle était bien insérée à l'école avec de nombreuses copines et apprécier autant l'école que les vacances. Cette année l'école serait plus facile mais n'aurait pas d'amie du fait du changement d'école.

Elle dit que c'est sa faute et dit que son père aurait dit que pour certaines choses cela pouvait être de sa faute parce qu'elle excitait Roland en se baladant nue, puis reprendra faisant part que « non mon père n'a pas dit que je l'excitais mais un mot me l'a fait comprendre ».

Il n'est pas fait part d'autres allégations d'abus par d'autres personnes. Actuellement, il n'y a pas de lieu qu'elle appréhende ni de personne particulière qui l'inquièterait.

AU TOTAL, il semble qu'une collecte d'informations dans un cadre judiciaire puisse être nécessaire.

Restant bien sûr à votre disposition, je vous prie de croire, Madame le Vice-Procureur, Madame le Substitut, en l'assurance de mes salutations respectueuses.

Docteur P. SUISSA

En la ramenant le lendemain midi chez nous, les parents ont l'air surpris. Anne-Marie joue les souffrantes. Elle est encore habillée avec classe. Je n'y fais même plus attention. Elle ne cache pas sa contrariété. Devant les professionnels ce matin, Karine a répété les faits concernant Blaudy mais aussi ceux sur ses parents. Cette femme n'a que de la rancune pour sa fille. Son regard est plus haineux que jamais.

« Maintenant on va avoir des emmerdes, il faut qu'elle arrête, sinon on va avoir des ennuis, elle est stupide ! » vocifère le René, rouge de colère. Je ne réponds pas.

Anne-Marie en rajoute une couche et pas des moindres :

« Toi tu ne sais pas, mais elle aimait bien qu'il la tripote Roland, elle était contente tu sais Karine, c'est une petite salope, elle aimait ça. »

Je suis estomaquée :

« Quoi ça ?

– Ben tout ! me répond René.

Ils sont en train de parler d'une enfant qui avait à l'époque 6 ou 7 ans !

Je me contrôle pour ne pas exploser et les foutre dehors. Je me mords l'intérieur des joues. Il faut que je les fasse parler pour avoir confirmation de ce que j'imagine quand j'entends ça.

Je commence les questions.

« Vous l'avez vu Blaudy la toucher ? Vous l'avez vu Blaudy faire des trucs ? Qu'est-ce que vous avez vu ? »

Ce couillon répond : « Bah oui, elle a dormi avec Blaudy à plusieurs reprises. On l'a vue nue dans le clic-clac. »

Loïc est arrivé, il a écouté nos échanges. Il prend le relais et leur demande calmement ce qu'ils ont fait lorsqu'ils ont vu leur fille nue dans le lit avec Blaudy. Je sais qu'il bout de l'intérieur, son regard noir ne trompe pas.

« Ben on lui a dit de pas recommencer, tu sais Karine elle aime aguicher, tu ne sais pas toi mais elle n'est pas facile ! » Anne-Marie recommence sans vergogne.

C'est donc de sa faute ! Karine pleure en silence, nous lui disons d'aller se reposer.

Je réalise que ces deux monstres savaient exactement ce qui se passait. C'est évident maintenant.

J'essaye de les interpeller sur la gravité de la situation. En vain.

« Oui bon, il a joué à touche-pipi » se défend René. Son ami Roland Blaudy a joué à touche-pipi avec sa fille de six ans et tout est normal.

Ils savaient et ils ont laissé faire. Blaudy a pu la violer comme il voulait, il avait son jouet sexuel jour et nuit et en plus l'accord tacite des parents. Ça dépasse l'entendement. On est dans la fosse septique de l'Enfer.

Ils sont partis. Je suis ailleurs. Je n'arrive pas à croire que des gens si maléfiques existent. Comme chaque soir, je me retrouve dans ma chambre, j'allume ma bougie, je ferme les yeux, la Bible est près de moi.

Cher Dieu, où es-tu ? Comment peux-tu laisser faire cela ? Toi si grand, où étais-tu et pourquoi as-tu laissé faire cela ? Aide-moi à protéger Karine.

Flunch

Les jours passent, Karine est enfin convoquée à la brigade des mineurs. Je propose aux parents de l'emmener, mais ils refusent. Ils veulent qu'elle vienne dormir chez eux avant. Évidemment. Je n'en attendais pas moins d'eux, ils doivent assurer leurs arrières. Que puis-je faire ?

Karine ne rentre que le lendemain après-midi et elle me raconte sa soirée à Chantepie.

« Hier soir, Anne-Marie et René m'ont fait jouer un sketch. » Elle les appelle par leur prénom tellement elle les déteste.

« On devait jouer au gendarme et au voleur. René posait les questions et ma mère faisait les réponses. En fait, je devais dire que j'avais menti et que tu m'avais dit de mentir. Je devais dire que Roland était gentil, que j'aimais bien être avec lui, qu'il ne m'avait rien fait. Ma mère a dit que si je ne disais pas ça j'allais me prendre une raclée, elle a dit qu'elle pouvait retourner en prison. René m'a promis que si je faisais ce qu'il disait j'aurais le droit d'aller manger au Flunch. Il me paierait le restaurant, je serai récompensée et peut-être que j'aurais un vélo à mon anniversaire. Laurence, j'ai dit que je ferai comme ils ont dit, après ils m'ont laissée tranquille. Mais ce matin quand la dame m'a interrogée, tu sais la policière, et ben j'ai dit la vérité j'ai dit tout ce qu'il m'avait fait.

REPUBLIQUE FRANCAISE

MINISTERE DE L'INTERIEUR

DIRECTION GENERALE DE LA POLICE NATIONALE

Sûreté Départementale

P.V. : 2009/[illegible]

AFFAIRE :

Instructions Parquet

OBJET :

SAISINE

RENNES

PROCES VERBAL

D6

L'an deux mille neuf,
le dix huit mai à dix heures cinquante

Nous, Anita P
GARDIEN DE LA PAIX
en fonction à la Sûreté Départementale 35

Agent de Police Judiciaire en résidence à RENNES
---Etant au service,---
---Agissant conformément aux instructions permanentes de notre Chef de Service,---
---Disons être destinataire d'un soit transmis du Parquet du Procureur de la République près le Tribunal de Grande Instance de RENNES, numéro 931570/09 (dossier AE 10531/09) en date du 30/04/2009.---
---Dès lors agissant pour l'exécution des instructions de Monsieur le procureur de la République, disons convoquer la jeune JAMBU Karine afin d'être entendue par nos soins.---
---Dont Procès verbal.---

L'Agent de Police Judiciaire

Copie Conforme

RÉPUBLIQUE FRANÇAISE
MINISTÈRE DE L'INTÉRIEUR

DIRECTION GÉNÉRALE DE LA POLICE NATIONALE

SÛRETÉ DÉPARTEMENTALE

P.V. : [illegible]002

PROCES VERBAL

D 7/1
9 -> 6

L'an deux mille neuf,
le trois juin à onze heures quarante

Nous, Anita P
GARDIEN DE LA PAIX
en fonction à la Sûreté Départementale 35

AFFAIRE :

Instructions Parquet

OBJET :

Audition de la mineure JAMBU Karine, 12 ans

Agent de Police Judiciaire en résidence à RENNES
---Etant au service.---
---Agissant conformément aux instructions permanentes de notre Chef de service.-----
---Mandons et entendons sous enregistrement audio-vidéo la mineure Karine JAMBU :---
---QUESTION :Est-ce que tu peux te présenter ?---
---REPONSE : Karine JAMBU, j'ai 11 ans.-----
---Tu es en quelle classe ?---
---CM2.---
---Dans quelle école ?---
---Gérad Philippe à Montgermont .---
---Celà se passe bien à l'école ?---
---Oui , je travaille mieux. Comme je suis chez ma Tante, elle me fait travailler.---
---Depuis combien de temps tu habites chez ta Tante ?---
---Depuis le mois de Février.---
---Quand vois-tu tes parents ?---
---Le week-end.---
---Comment celà se passe ?---
---Des fois ma mère est gentille, des fois elle me hurle dessus, elle me fait travailler. Elle me fait faire du ménage.--
---Comment elle te hurle dessus ?---
---Elle me dis "tu dois faire ça ou ça" autrement je me fais engueuler par mon père. Même si je le fais, je me fais engueuler.---
---Tu sais pourquoi tu es ici ?---
---Oui.---
---Raconte-moi.---
---Pour Roland Baudi.---
---Qu'est ce qui s'est passé avec Roland Baudi?---
---Il m'a touchée plusieurs fois.---
--Est-ce que tu peux me dire quand est-ce que ça s'est passé et où ?---
---Chez moi, dans la salle à manger sur le clic clac.--
---Qui est Roland ?---
---C'est un ami à mes parents.---
---Il était chez vous, c'est ça?---
---Oui, il dormait chez mes parents.---
--Ou dormait-il?---
---Dans le clic-clac , dans la salle à manger.---
---Tu te souviens quand celà s'est passé ?--
---J'avais à peu près 5 -6 ans.---
---Combien de temps il est resté ?--
---Jusqu'à temps qu'il aille en prison.---
---Tu sais pourquoi il est allé en prison ?---
.../...

Copie Conforme
CIRCONSCRIPTION DE RENNES

---Oui, sa fille a porté plainte contre lui car elle a dit qu'il l'avait touchée.---
---Tu connais sa fille ?---
---Non,---
---Comment tu sais qu'elle a déposé plainte ?---
---Parce que mes parents l'ont dit. J'ai entendu.---
---Avant qu'il aille en prison combien de temps il est resté chez vous ? Est ce que c'est des mois, des semaines ?---
---Des années, deux ans et demi ou plus.---
--Peux tu me dire ce qui s'est passé ?----
---Il me mettait sur le ventre, il me deshabillait après il me mettait son zizi dans les fesses jusqu'à temps qu'un liquide sorte de son zizi.---
---Il était habillé ?---
---Il était habillé que le haut, pas le bas.---
---Qu'est ce qui te disait à ce momment là ?------
---Il me disait de me taire, de ne rien dire.---
---En règle générale, il dormait où ?---
---Dans le clic-clac, dans la salle à manger.-----
---Et toi tu étais où ?--
---Dans ma chambre.---
---Celà se passait où?-----
---dans la salle à manger.---
---Où dans la salle à manger ?---
---Dans le clic-clac.-----
---Tu était allongée dans le clic-clac ?---
---Oui.-
---Celà se passait à quel moment de la journée ?---
--L'après-midi ou le soir des fois mais c'était plutôt rare le soir.---
---Ou étaient tes parents à ce moment là ?---
---Mon père était au travail et ma mère allait se promener, elle me laissait toute seule.---
---Quel jour c'était ?---
---Le mercredi ou le samedi, les jours où je n'avais pas école.
---Ton papa travaille le mercredi et aussi le samedi ?--
---Pas tout le temps, il travaille une fois par mois le samedi, ou le samedi mon père et ma mère allaient faire les courses, ils me laissaient toute seule.---
---Combien de fois celà s'est produit ?---
---Combien de fois il a mis son zizi dans les fesses?---
---Une vingtaine de fois.---
----Est ce qu'il y a eu autre chose ?-------
---Il me mettait son zizi dans la bouche. Et après que c'était terminé, il me promettait des cadeaux et il me les achetait.---
---Qu'est ce qu'il t'achetait ?---
---Des barbies. En fait il m'emmenait dans un magasin il me demandait qu'est-ce que je voulais.---
---Tu allais seule avec lui dans le magasin ?---
---Oui.----
---Qu'est ce que disaient tes parents?--
---Ils étaient pas là ,ils étaient parti se promener faire des courses, mais à mon avis, ma mère le savait.---
---Pourquoi ?----
---Avant qu'elle parte, Roland parlait avec elle . Une fois, il lui avait donné de l'argent et après elle partait.---
---Pourquoi faire de l'argent ?---
---Pour s'acheter des choses, je pense.---
---Pour qu'elle parte ?---

../..

D 7/2

Copie Conforme

07/3
5

---Oui---
---Est-ce que tu peux me dire comment était son zizi ?---
---Poilu et gros.---
---Est-ce tu sais s'il était dur ou mou.---
---Non, je sais pas , je m'en rappelle pas.---
---Est-ce qu'il a mis son zizi sur tes fesses ou dans tes fesses ?---
---Dans mes fesses.--
---Est ce que tu a eu mal ?---
---Oui.---
---Est-ce que tu te souviens si tu avais saigné ou pas ?---
---Non, je m'en souviens pas.---
---Tu as eu mal à quel moment ?---
---Quand il m'avais mis son zizi.---
---Et quand il l'a enlevé, comment celà s'est passé?---
---Celà me faisait mal. Et des fois quand je vais aux toilettes celà me fait encore mal. ---
---Celà te fait mal où quand tu vas aux toilettes?---
---Quand je fais caca.---
---Tu m'a dis aussi qu'il t'avais mis son zizi dans ta bouche, comment celà passait alors ? Quand est-ce que c'était ?---
---Dans la journée, un fois que ma mère elle partait.---
---Est ce que vous étiez habillés ?---
---Pas moi, mais lui, il avait enlevé son pantalon.---
---Celà se passait où exactement ?.----
---Chez moi dans le clic-clac.---
---Vous étiez debout ?---
---Moi j'étais allongée sur le dos et lui était un peu accroupi.---
---Il était accroupi comment ?---
---Il avait ses jambes là (Karine montre ses deux flancs).---
---Autour du ventre ?---
---Oui.---
---Comment il te demandait ? Est-ce qu'il te forçait ?---
---Oui, il me forçait, il me disait tu me fais ça et je t'offrirai plein de cadeaux.---
---Est-ce qu'il a été violent avec toi ?---
---Non.---
---Et quand celà se passait la nuit...?---
---Il venait me chercher dans ma chambre. Il fermait la porte de la salle à manger pour pas que mes parents entendent.----
---Qu'est ce qu'il te disait quand il venait te chercher?.---
---Il me prenait, il me portait et m'emmenait dans le clic clac.---
---Il te prenait comment ?---
---Il me prenait ici (Karine montre ses flancs)-----
---Il te portait ?---
---Oui.---
---Ou étaient tes parents à ce moment-là ?---
---Dans leur chambre.---
---Est-ce qu'il t'ont vu avec Roland ?---
---Oui 2 fois.--
---Comment çà ?--
---Elle se levait la nuit. Elle m'avait vu et elle avait rien dit.---
---Qu'est qu'elle avait vu ?--
---Elle avait vu que j'étais dans son lit et que j'étais toute nue.---
---Comment ca là se passait après quand il avait fait ça ?---
---/---

Copie Conforme

---Il me nettoyait avec un gant de toilette et il se rhabillait et il se rabillait et après il allait acheter le jouet.---
---Aussitôt ?--
---Après s'être rhabillé.---
---Mais quand celà se passait la nuit ?---
---Non, il allait le chercher le matin.---
---Juste après la nuit quand vous étiez rhabillés, comment celà se passait ?---
---Il me ramenait.---
---Il te ramenait comment?---
---En me portant comme il est venu me chercher.---
---Est ce que tu en avais parler à tes parents ?---
---Oui, mais pas quand j'étais petite. Quand je leur ai dit ma mère me disait que j'étais une salope, que j'en avais fait exprès, que je l'excitais.--
---Pouquoi elle te disait ça ?------
---Je sais pas. Qquand je leur ai dit, ils ont rien fait, ils voulaient le couvrir. Ils voulaient pas qu'il aille encore plus en prison.---
---A qui tu en parlé la première fois ?---
---A ma tante, en sortant du psychologue.---
---Et tu en as parlé au psychologue ?---
---Non.---.
---A qui tu en as parlé autrement ?---
---Ma cousine, je l'ai dit à la maison quand on est rentré, à mon père, à la directrice de l'école.---
---Tu en avais pas parlé avant quand tu étais petite ?---
---Si mais mon père avant qu'on voir la Police, il fallait que je dises rien.---
---Pouquoi ?---
---Pour pas que Roland aille en prison.---
---Est-ce qu'il s'est passé d'autre chose avec Roland ?---
---Non. Autrement, quand j'étais chez mes parents avant , ma mère m'insultait . Je voulais mourrir parce que j'en avais marre.---
---Pourquoi tu en avais marre?---
---Parce qu'elle m'insultait, je devais faire le ménage, elle disait à mon père que je n'avais rien fait de la journée. Après mon père il m'engueulait. A chaque fois que je suis chez mes parents c'est comme ça. Je voudrais rester chez ma tante, chez mon parrain. Là bas, je travaille mieux. Je vois ma cousine que j'aime bien. Là-bas Il s'occupe de moi. Chez moi, personne s'occupe de moi. Avec ma cousine ,je vais me promener.en ville ou je vais à la mer.---
---Autrement Roland, me mettait des fois sur ses genoux et en profitait pour me toucher.--
--Te toucher où ?---
---Sur mes jambes, sur mon zizi, sur mes fesses.---
---Celà se passait où ?---
---Chez moi des fois, et chez des amis à mes parents---
---Tes parents étaient là ?-----
---Oui.---
---Ils voyaient quand il te touchait ?--
---Je pense que oui.---
---Il te touchait comment ?---
---Sur mes vêtements.---
---Avant de venir, mon père m'a dit de dire ça, ça, il y avait des chose que je ne devais pas dire.

---/---

Copie Conforme

D 7/5

---Qu'est ce que tu ne devais pas dire ?---

---Combien fois il me l'a fait, des choses comme celà. Ma tante m'a dit que vous êtiez là pour m'écouter. Mon père m'a dit qu'il fallait pas dire trop de chose, celà allait nous attirer plein d'ennui. Eux, ils auraient des ennuis et moi aussi, j'aurais des ennuis.---

---Aussi ma mère elle prends des vêtements à elle et me les donne pour que mon père ne m'achète pas de vêtemetts et en achète à elle.---

---Et autrement, mon père a dit à mon parrain que les petites filles c'étaient des menteuses.---

---Pourquoi il a dit ça ?---

---Ma mère a monté la tête à mon père pour pas qu'il me croit. Elle ne s'occupe jamais de moi. Elle m'aime pas. Elle fait tout pour que je sois malheureuse.---

---Chez ma tante, je suis heureuse.---

---Si j'irrai chez ma tante, je pourrais faire de l'équitation, de la natation ou du tennis. Mon père ne veut pas que je fais d sport et ma tante elle veut bien et elle s'occupe de moi.---

---Tes parents ont accepté que tu ailles chez ta tante ?---

---Oui, mais j'avais pas dit avant ce que je vous dit là.

----Normalement, je devais rester jusqu'au collège en 6 ème che ma tante. Depuis que j'en ai parlé, mon père ne veut plus ----

---Depuis que tu as parlé de ce qui s'est passé avec Roland ?---

---Oui.---

---Est-ce que tu as autre chose à me dire par rapport à Roland

----Non.---

---Est-ce que tes parents t'ont parlé de ce qui s'est passé ?-

---A chaque fois mon père m'engueulait. A la fin, j'en ai marre. Des fois j'ai peur de mon père, il me hurle dessus, j'ai peur. Moi, je voudrais rester chez ma tante.---

---Disons mettre fin à l'audition de la jeune Karine JAMBU à douze heures vingt.---

---Dont Procès verbal.---

L'Agent de Police Judiciaire

Copie Conforme

J'ai tout dit, j'ai dit aussi que je voulais rester chez toi, que j'étais heureuse. Elle m'a demandé la dame si quelqu'un m'avait dit de dire des choses. J'ai dit oui, j'ai dit que tu m'avais dit de dire la vérité. Est-ce que tu crois que c'est grave ce que j'ai répété ?

– Non, je suis tellement fière de toi, tu es très courageuse Karine, je pense que ce n'était pas facile. »

Je lui demande si elle pense avoir tout dit.

« Oui j'ai tout dit, Laurence. Mais la caméra qui filmait dans le bureau de la policière est tombée en panne lorsque je parlais. »

Karine devait être filmée lors de sa déposition, comme l'exige à présent la Justice pour les auditions. Elle ne sait pas si ce qu'elle a dit était avant ou après le couac. Alors elle a dû recommencer sa déposition et tout raconter à nouveau, la pauvre bichette.

Petit ange

Karine me confie aussi que sa mère l'a menacée de « la saigner comme l'autre ».

« Qui est l'autre, Laurence ? » Me voilà confrontée à ce lourd secret. Je me revois il y a douze ans, glisser vers le sol, soutenue par ce mur, Karine dans les bras, assommée par ce qu'elle venait de me révéler. Je suis confrontée à un dilemme de taille. Il n'y a rien de pire que les secrets. Ils vous poursuivent à tout jamais. Je dois lui révéler la mort de sa jeune sœur. Elle ignore qu'elle en a eu une. Je prends mon courage à deux mains et je lui explique sans donner trop de détails.

Elle ne comprend pas, elle n'a jamais entendu parler de cette petite fille.

« Elle est où, Laurence ? »

Je ne sais quoi lui répondre car je ne sais même pas où elle repose. A-t-elle seulement une sépulture ?

« C'est un petit ange maintenant.

– C'est pour ça que ma mère a fait de la prison ?

– Oui.

– Tu sais comment elle s'appelait ?

– Non je crois que personne ne le sait même pas ta mère. »

Après cela, je prends la décision de mettre mes rancœurs de côté vis-à-vis de ses parents afin de découvrir le plus de choses possible. Je dois tout du moins faire semblant pour obtenir la vérité et les confondre. J'ai des nausées en les regardant, tellement de choses me reviennent. Je suis sale quand je leur fais la bise. Ils sont sales au sens propre comme au sens figuré. Rien que de sentir leur odeur, mes boyaux se tordent. Il m'arrive de pleurer quand ils quittent notre maison, j'ai l'impression de vendre mon âme au Diable. Mais il faut tenir pour que justice soit rendue à Karine.

UMJ

Les auditions vont s'enchaîner. Karine doit être expertisée à l'unité médico-légale de Rennes appelée UMJ.

Mais qui peut imaginer le déroulement d'une expertise pour un enfant à l'UMJ ? C'est un homme qui procède à l'expertise ! Quel manque de respect pour une victime. Karine demande ma présence qui ne sera acceptée qu'à condition que je ne parle pas et surtout que je ne fasse aucun signe dans sa direction.

L'examen gynécologique est une épreuve pour cette enfant de douze ans. Il est douloureux, il a sans doute en plus fait resurgir des souvenirs.

Elle doit se mettre à genoux, afin de pratiquer l'examen. Les médecins sont deux pour l'examiner. Je comprends quand ils se regardent que les dégâts sont malheureusement visibles. Karine a un évasement anal.

Ils sont dubitatifs, ils parlent en termes médicaux que je ne maîtrise pas, évidemment. Je perçois toutefois qu'elle a subi des actes de sodomie répétés.

C'est indescriptible ce qu'on ressent à ce moment-là quand on est une femme, qui plus est une mère. Je suis dans cette pièce, assise, face à ces deux médecins, à entendre ce que je n'aurais jamais voulu entendre. Je suis obligée de m'imaginer des actes sordides et immondes sur un enfant. Je regarde Karine et je souffre avec elle tellement fort. L'examen est terminé, elle se rhabille, je l'aide car elle tremble beaucoup.

Je suis sans doute naïve mais je ne pensais pas qu'il puisse être nécessaire, au nom de la preuve matérielle, de faire subir de tels gestes, de tels actes humiliants et dégradants à un enfant.

Extrait du constat médical :

« *L'examen de la marge anale ne révèle aucune lésion traumatique ancienne ou récente. La traction divergente des masses fessières met en évidence une béance du sphincter anal (environ 1 cm de diamètre).*

Conclusions : Il existe en revanche une béance significative du sphincter anal pouvant s'intégrer dans le cadre de sodomies répétées. »

Cette expertise est donc compatible avec les révélations de Karine concernant les viols. J'apprendrai bien après, que trouver une séquelle physique des années plus tard dans cette zone est exceptionnel. Cela confirme un très grand nombre de viols.

La dyslexie de Karine diagnostiquée par Monsieur Mélo nous incite à trouver pour la rentrée un collège acceptant les enfants victimes de ce trouble. Elle sera mieux prise en charge et pourra poursuivre une scolarité normale.

Nous sommes déjà en juin et notre déménagement à Orgères s'organise. Nous n'avions pas pensé emménager avec Karine lorsque nous avions signé la vente, mais compte tenu du cataclysme que nous ont fait vivre ces révélations, il est évident que c'est la seule solution. Nous devons repenser notre organisation de vie avec un enfant supplémentaire. Elle est heureuse de se projeter dans cette maison spacieuse avec un grand jardin et du terrain.

Mais tout n'est pas gagné d'avance. Si nous voulons espérer garder Karine, il ne faudra rien demander financièrement à ces deux rapiats dans un premier temps, il va falloir la jouer finement.

Nous sommes en pleine campagne, dans un endroit très paisible.

Tom ira à l'école primaire d'Orgères et prendra les transports en commun.

Pour Karine, je téléphone au collège de la commune. J'explique la situation très brièvement. On me passe le principal du collège, il m'apprend qu'il reste de la place pour accueillir une enfant dyslexique et mettre en place une AVS, une auxiliaire de vie scolaire.

Je prends rendez-vous avec eux, j'emmène la petite avec moi. Le rendez-vous se passe magnifiquement bien, je sens que j'ai affaire à des gens bien.

Le principal me propose d'inscrire Karine mais je dois en référer à ses parents avant.

Étonnamment, ils acceptent sans difficulté et sont même ravis. Je suppose qu'ils sont en fait soulagés de se décharger du fardeau que représente Karine pour eux. « Laurence, remplis le dossier, on viendra le signer. »

Nous sommes trop contents ! Le dossier est déposé début juillet, Karine est enfin inscrite pour sa 6e.

Parallèlement, on me demande de faire un dossier MDPH, que je m'empresse de constituer.

Cette nouvelle lui donne la force d'écrire au juge des enfants pour crier sa douleur et sa vérité.

D4/3

TGI - RENNES

28 AVR [illegible]

Madame le juge

Je vous écrie parcque personne mécoute assitante sociale aussie.

Avec tous ce que j'ai eu je vous ~~[illegible]~~ traie a reste chez ma tante Laurence TAHBY.

Parcque: 1) Quand je suis aller voir la Police

~~[illegible]~~ a Rennes, quand je suis sortie de la voiture mon père ma dis de dire qu'il ma rien fait (Roland). et quand j'était a la maison il ma interogé et il crié j'avait très très peure et j'ai pleuré

2) Mais a la Police j'ai dis toute la vérité.

3) Ma mère me menase elle ma dit: - que si je parlait elle va me - fair dès chause.
Elle va me faire quoi?

4) Mais parents me crois pas ils me dis : - que c'est bien fait pour moi,
- que je suis une salope...,
des truque commme sa

(2) DU/4

5) Quand mon père s'énervait j'ai très
peure...

6) Roland ma fait :

- Quand papa maman paretqui il me
maita son six dans mai fesse.
ou il me le fesait le rysé jusque
un liquide qui soure de son six
et il me rabille comme il me dissait
qu'il allai chetaus joué.
Et j'etai dans le crique claque
chez mais parents dans la salle à
mangé.

Je ne veute plus vivre chez
mais parents.

Chez Laurence je travaille mieu
et il ya Thomas 3 ans il est
gentil et je joue avec lui que
chez mais parents je fait le
ménage quand il y a pas école
Et chez ma tante on s'occupe
de moi pas chez mais parents
et chez ma tante je les aime
tous et eu aussi Ma tante
pour moi c'est ma mère je l'
me et elle a des chat je m'en
occupe j'aime les chats.
Grâce a ma tante je peux aller en 6e.

(13) D4/5

Et ainsi c'est ma cousine qui j'aime
Je ne la vérai plus si je rait chez
mes parents.

Mais mère ma dis qu'elle avait fait de la pri-
sons parceque elle a tué ma soeur
et si je me me tais pas elle me
fait pareille.

Sa c'est quand elle fait des
crises et elle me tape très fort

Je veux tout sauf resté chez
mais parents.

Je veux resté chez ma tante
je vous ensuplit silevous plait
Je voudrais vraiment que rester chez eu.
Merci je vous en suplit.

Je ne veux plus resté chez mais
parents.

Mon père me tape sa me fais très
très mal.

Je vous en suplit je veux resté
chez ma tante je vous en suplis
sivous plait Madames le juge

Karine J AMBU

Le camping

Seule ombre au tableau, Karine doit partir pour les vacances avec ses parents.

J'ai beau retourner le problème dans ma tête pour qu'elle y échappe, c'est impossible. Si je ne leur laisse pas, ils vont s'énerver et ils seraient capables de la reprendre pour la rentrée rien que pour nous emmerder. Je les connais par cœur, s'ils sentent qu'ils perdent le contrôle de la situation ou s'ils n'ont pas l'impression de décider, c'est foutu. Karine est leur bonniche et ils ont besoin d'elle pour passer des vacances tranquilles.

J'explique à Karine qu'elle doit y aller si elle veut pouvoir vivre chez nous. Elle est déchirée et angoissée. J'ai conscience du sacrifice que je lui demande, elle le comprend aussi malgré tout. Comme ils vont dans un camping, je me dis que c'est peut-être un moindre mal car au moins il y aura du monde autour.

Je lui achète une carte de téléphone et lui dis de m'appeler si elle en a besoin. Je tente de la rassurer comme je peux.

Ils partent deux semaines à Erdeven, près de Quimper.

Dès le deuxième jour, elle m'appelle en cachette en allant prendre sa douche. Ce sera tous les jours comme ça.

« Ils ont encore bu hier soir avec les voisins, j'étais toute seule de mon côté. Il y a un jacuzzi, Anne-Marie passe sa journée dedans pendant que je prépare les repas, elle m'envoie faire les courses aussi. Je dois m'occuper de tout. Tu sais Laurence, il y a un karaoké ici, elle adore ça, elle fait les concours de karaoké, elle a appris "Les yeux revolvers", elle la chante tout le temps. »

Je les imagine bien les deux. Les rois du camping. Lui c'est tout à fait Jacky des Flots Bleus du film *Camping*, en plus hargneux. Et elle c'est Zézette dans *Le Père Noël est une ordure*, une case en moins et la violence en plus.

L'espoir

Lorsqu'elle rentre de ses vacances – si on peut appeler cela des vacances –, je la trouve triste. J'essaye de la motiver pour la rentrée.

Karine reprend l'école début septembre. Suite à la convocation à l'UMJ (Unité Médico-judiciaire), on me demande de l'emmener voir Monsieur Paranthoine, un expert psychologue mandaté par le procureur de la République. Le vendredi 2 octobre 2009, il s'entretient avec elle trois heures durant. J'ai dû partir chercher Tom à l'école. Il est convenu que Karine rentre directement en bus chez elle. N'arrivant pas à me joindre, Monsieur Paranthoine, constatant son état, la raccompagnera jusqu'au domicile de ses parents.

Quelques heures plus tard, je reçois un coup de téléphone d'une policière de la Brigade des Mineurs de Rennes, Anita P. Elle m'informe que l'expert psychologue a alerté le procureur suite à la visite de Karine cet après-midi. Il a jugé son état psychologique extrêmement préoccupant. Le test psychologique qu'il lui a fait passer révèle de graves troubles la mettant en danger.

Anita P. me demande d'aller la récupérer en urgence chez ses parents. Loïc décide d'y aller seul. Il vaut mieux que ce soit lui d'ailleurs. Son frère ne fera pas obstruction si c'est lui. Il leur explique brièvement la situation et revient à la maison avec la petite.

TEST PSYCHOLOGIQUE

Nous avons fait passer à Karine JAMBU un Rorschach.
Il est difficile de situer son niveau intellectuel tant le test apparaît emprunt de morbidité.
En effet, elle n'y voit que du sang et des animaux morts.
On relève la présence évidente d'un choc sexuel massif avec cette morbidité qui envahit tout et laisse entendre une position inconsciente suicidaire très importante.

DISCUSSION ET CONCLUSIONS

D 13/10

Karine JAMBU est une jeune fille juste pubère âgée de 12 ans lors de l'entretien.
Si l'on s'attache à ses dires, elle présente une histoire familiale peu banale : une mère relevant visiblement de la pathologie, constamment alitée, et très agressive voire violente à l'égard de sa fille.
Cette mère aurait d'ailleurs été incarcérée à la suite d'un infanticide sur son premier enfant qui était une petite fille.
Elle fait état d'une extrême jalousie de sa mère à son égard allant jusqu'à exiger par exemple que le père achète à son épouse autant de vêtements qu'il en achetait occasionnellement à sa fille.
Visiblement, elle a développé une véritable haine à l'égard de sa mère.
Par ailleurs, l'enfant est extrêmement choquée de ce que sa mère n'accorde aucun crédit à ses plaintes à l'encontre de l'homme incriminé.
Tout comme son père d'ailleurs.
Bien plus, ils auraient conservé des relations avec cet homme aujourd'hui emprisonné pour délit ou crime sexuel, lui écriraient et même lui enverraient de l'argent.
Surtout, ils n'accordent aucun crédit aux condamnations dont cet homme a été l'objet, pas plus qu'aux plaintes de leur fille.
En ce qui concerne les faits incriminés, on a relevé aucune incohérence dans les déclarations de l'enfant.
Elle reste constante par rapport au p.-v. qui nous a été communiqué.
Elle se réfugie facilement dans l'oubli et ne cherche donc pas à en surajouter.
En revanche, on relève des éléments dont on ne voit pas comment ils auraient pu être connus d'une enfant de cet âge, et qu'aucune suggestion ne pourrait lui avoir transmis (cf. ce qu'elle dit en ce qui concerne les éjaculations de l'auteur des faits).
En définitive, tant son attitude que ce que l'on a relevé dans le test, viennent non seulement accréditer les dires de l'enfant, mais établir l'importance du traumatisme dont elle a été victime.
Le désaveu parental semble par ailleurs pour elle extrêmement mortifère et le Rorschach a relevé des positions suicidaires extrêmement importantes et totalement envahissantes.
Cette enfant nous paraît donc en grand danger et doit surtout être éloignée de sa famille et faire l'objet d'un traitement psychothérapeutique important.

Je devrais être rassurée et contente que le procureur et la police nous voient cette fois-ci comme les protecteurs de Karine, mais, bizarrement, je n'y arrive pas.

Je suis terriblement échaudée par tout ce que l'on m'a déjà fait vivre. Le fait que tout se fasse par téléphone, sans aucune trace écrite, me laisse également perplexe.

Cela pourrait se retourner contre moi à tout moment. Je n'ai pas confiance, avec eux tout est possible.

Durant le week-end, les deux zigotos m'apprennent qu'ils sont convoqués avec Karine devant la juge des enfants le 6 octobre.

Là ça ne rigole plus, je sens que tout peut se jouer ici, la situation est trop grave. Je réfléchis à ce rendez-vous. Comment Karine pourrait-elle mieux exprimer sa souffrance et imposer ses souhaits devant la juge ? Il faut que ses droits d'enfant soient aussi respectés. J'ai peur qu'ils ne le soient pas, je les ai vus à l'œuvre. Seule solution, lui trouver un avocat ! Et Karine doit être représentée par un avocat pour enfant.

J'en trouve une en urgence.

Elle est donc présente pendant cette audience, auprès de Karine. Je pense qu'elle a fait du bon boulot. Nous attendons à présent la décision de la juge.

L'aide sociale à l'enfance

Depuis que Karine est chez nous, les travailleuses familiales n'interviennent plus à domicile. Les parents les ont informées que Karine se trouve la plupart du temps chez nous pour sa scolarité. Je me suis toujours dit « pas de nouvelles, bonnes nouvelles ». Étant donné qu'ils sont gravement défaillants depuis la naissance de la petite, je préfère qu'ils se tiennent loin de notre famille et surtout loin de Karine.

Ce répit fut malheureusement de courte durée. Ces complices de maltraitance se sont réveillés pour nous offrir le meilleur d'eux-mêmes...

Suite à l'audience chez la juge, l'avocate de Karine nous prévient qu'une enquête a été demandée pour savoir si elle peut rester vivre chez nous. Nous allons donc être évalués par les services sociaux. Nous n'avons pas le choix, nous devons suivre la procédure.

Deux personnes du CDAS se présentent à notre domicile, pour un entretien. Monsieur Bosser et Madame Normand. Ils arrivent à bord d'un beau et gros 4x4. Je me demande comment un éducateur peut se payer un tel engin. Je l'observe rapidement, il a entre quarante et cinquante ans, plutôt mince. Je cerne cet homme immédiatement. Rien que par sa manière de dire bonjour, je constate qu'il est bouffi d'orgueil avec son air hautain.

Ça ne va pas être aisé. La femme qui l'accompagne est transparente à côté de lui, elle doit être là pour assister Sa Majesté.

Les premiers moments seront pesants, je commence par leur demander des comptes : « Comment, avec un tel suivi avez-vous pu ne pas la protéger, comment ? »

Je sens que ça ne leur plaît pas, le contraire m'aurait étonné. Ces gens-là ne se remettent pas en question. Ils ont la vie d'un enfant entre leurs mains et sont atteints du syndrome de toute-puissance.

« Nous n'avons pas suivi Karine, Madame. » Voilà la réponse que j'obtiens. Mais quel menteur ! C'est invraisemblable ! Ils n'ont jamais suivi la petite. Nous savons tous qu'il y a eu bon nombre de jugements et de rapports de leur part devant le tribunal pour enfants depuis 1997, alors pourquoi mentir ainsi ? Ils se dédouanent complètement.

Ils en profitent pour visiter les lieux. Lui ne manque pas de souligner qu'il y a beaucoup de chats. Je leur explique : « Je fais un élevage et je les vends ensuite, ils ont leur pièce mais ils sont en liberté dans la maison. » Je sens que ça ne plaît pas à ce Monsieur Bosser. Je lui précise que nous pratiquons la ronronthérapie et que depuis qu'elle a découvert cela, Karine est plus apaisée. Elle a besoin d'un ou deux chats près d'elle, surtout la nuit.

Tout cela doit le dépasser. Il doit penser que je suis une illuminée avec ma thérapie animale.

Nous continuons l'entretien, tout d'un coup il me regarde avec force et dédain et me jette à la figure : « Karine, vous ne l'aurez jamais ! »

Karine est présente, témoin de cette mauvaise blague. Elle ne tarde pas à rétorquer. « Je veux rester chez ma tante et mon parrain. » Son souhait n'a aucune importance à ses yeux. Ils quittent les lieux.

Le plus dur, pour moi, c'est d'entendre cette mauvaise foi et de lire leurs mensonges dans leur rapport. Dans celui de Bosser rédigé après cette visite, je suis ravie de lire que ma maison est envahie de chatons, de ce fait il ne se prive pas de sous-entendre que la maison est sale et que l'environnement n'est probablement pas sain pour un enfant.

En revanche dans l'appartement à Chantepie chez les Thénardier, une douche par semaine le dimanche, ça doit être plus sain pour un enfant. Ça ne les a pas trop dérangés visiblement en douze ans de suivi social !

Et ce n'est pas tout, je suis tombée de ma chaise en lisant la suite. Ce *Monsieur* a conclu que j'étais dangereuse et que ma sœur les a prévenus que je n'étais pas fiable !

Ma sœur ? C'est le pompon ! Je n'ai jamais eu de sœur ! Je reste pantoise. Ils ne savent plus quoi trouver maintenant, ils m'ont inventé une sœur, on aura tout vu dans ce dossier. Vraiment tout.

C'est la preuve flagrante de la machination. Pour asseoir leur supériorité, ils font fi de l'avenir de Karine. J'ai déposé plainte pour ces rapports. Je ne crois pas une seule seconde à une erreur, ces professionnels de l'enfance sont censés au moins relire et comprendre ce qu'ils écrivent.

Ce qu'il y a de plus grave, c'est la douce complicité qui règne dans les tribunaux entre certains magistrats et les services de l'enfance. Peu importe la vérité et la cruelle réalité des drames vécus par les enfants, on s'arrange et on couvre ses erreurs. Sauf que parfois ça se voit vraiment beaucoup...

Je suis convoquée avec Karine au CDAS de Cesson Sevigné le 24 décembre. La date n'est probablement pas choisie au hasard, un cadeau de Noël nous attend certainement. Ils n'y vont pas par quatre chemins et nous annoncent qu'une décision de placement a été prise.

Karine doit aller dans une famille d'accueil dans trois jours. Tout est déjà prêt. La foudre vient de nous frapper.

Inutile de préciser que notre Noël est sinistre. Nous ne pouvons d'ailleurs pas réveillonner. Le cœur n'y est pas. Le soir, mes enfants sont quand même là, je leur explique que Karine doit partir à cause de moi puisque c'est moi qui suis visée. J'avais osé leur tenir tête et les mettre face à leurs gravissimes incohérences.

Tout le monde est bien évidemment très affecté.

Cependant, je ne m'avoue pas vaincue. Je sais qu'ils ne peuvent pas me l'enlever de force tant que ce n'est pas une décision de justice. Cette décision ne vient que des services sociaux, pas de la juge des enfants. Mais ils vont quand même tenter le coup.

Le 27 décembre, ce fameux Monsieur Bosser pointe de nouveau son nez. Je revois son 4x4 d'homme d'affaires se garer devant chez nous. Il est seul cette fois. Il veut emmener la petite pour la présenter à sa famille d'accueil. Il s'agit d'un couple avec trois garçons plus âgés qu'elle. Je serai toujours étonnée de voir comment ils appréhendent une situation. Balancer une gamine violée dans une famille composée majoritairement de garçons. Leur matière grise dégouline de clairvoyance.

Karine refuse de quitter notre maison : « Je ne veux pas y aller, je n'irai pas, je veux rester ici. »

Il commence à être pressant, il essaye de lui prendre la main pour la mettre dans son véhicule. Je bondis : « Ne la touchez pas ! » Je vois rouge, de quel droit se permet-il de l'effleurer ! « Je vous rappelle qu'il y a eu une expertise psy, vous n'ignorez pas qu'il est dangereux de la séparer de nous, compte tenu de son état. »

« Je m'en fiche de l'expertise psy ! » me lance-t-il, sûr de lui. C'est moi qu'il veut contrer, il s'en fout pas mal de la vie de Karine.

« Vous le paierez cher », dit-il en partant dépité.

Il me sera clairement reproché de ne pas avoir coopéré. Comme s'il fallait accepter avec joie des décisions contraires à l'intérêt de l'enfant. J'aurais dû forcer Karine à monter dans le véhicule de ce quidam, dénué d'empathie.

Ce matin du 6 janvier 2010, je reçois un appel de sa part. Karine a mis le haut-parleur pour écouter. Une visite médiatisée avec les parents et Karine est prévue dans l'après-midi, il me demande de la déposer au CDAS.

Une visite médiatisée est une rencontre familiale effectuée sous la surveillance d'un travailleur social. J'accepte : « Très bien, je l'emmènerai tout à l'heure. Au revoir. »

Je raccroche le combiné mais le haut-parleur est toujours allumé, en fait je m'aperçois que ça n'a pas raccroché, on les entend parler entre eux, ils ne s'en rendent pas compte. Ce qu'on entend non pétrifie. Karine me regarde médusée. On n'en croit pas nos oreilles.

« Bon dès qu'elle nous la dépose, je la garde et on l'embarque dans la famille d'accueil après la visite médiatisée. Je les préviens. » Je comprends que Bosser vient de nous tendre un piège.

Nous découvrons leur scénario diabolique.

Karine est blafarde. « On ne va pas y aller ma puce, ne t'inquiète pas. » Nous savons néanmoins toutes les deux qu'ils viendront tôt ou tard l'enlever. C'est une question de jours.

Passage à l'acte

Ce coup de fil me laisse un mauvais pressentiment. Il va arriver quelque chose. Karine a oscillé ces derniers mois entre des phases d'espoir et des phases de désespoir. Mais ces derniers jours, je la sens plongée dans une profonde dépression. Je suis en train de la perdre, elle ne parle plus. Elle a compris qu'elle ne pourra pas vivre chez nous. Elle ne va pas le supporter, je sens que la cocotte-minute va exploser mais de quelle manière ? J'espère qu'elle ne va pas fuguer.

Cette petite puce n'aspire pourtant qu'à être aimée. Comme si l'amour que l'on peut porter à un enfant pouvait être nocif. Il est vrai que c'est une dialectique récurrente du personnel de l'aide sociale à l'enfance. Ne pas donner trop d'amour, contenir ses sentiments et ne pas se substituer aux parents même s'ils sont défaillants. C'est contraire à l'intérêt de l'enfant.

Ce que Monsieur Paranthoine, le psychologue, craignait, est malheureusement arrivé ce jour-là.

Après ce maudit coup de fil, je tente de m'occuper. Je suis seule avec Karine dans la maison, Tom est à l'école. L'heure tourne, il faudrait que je prépare le déjeuner mais je n'ai pas trop faim, je suis trop contrariée. Je ne sais pas où elle est, ça fait un petit moment que je ne l'ai pas vue. Elle est peut-être dehors. « Karine où es-tu ? Est-ce que tu veux manger ? » Personne ne répond. Je la cherche. « Karine ? » Où a-t-elle bien pu aller ? Je me dirige vers le garage, c'est l'hiver et il fait froid. Bizarrement, la porte est ouverte.

Au moment où j'aperçois une silhouette à l'intérieur, j'entends un tabouret qui tombe à terre. Je n'arrive pas à croire à quoi je suis en train d'assister. C'est un cauchemar. Karine est pendue au bout d'une corde. Je n'ai pas le temps de réfléchir, je cours vers elle. Je suis calme, je ne panique pas, la seule chose que je veux c'est la sauver. Mécaniquement, je lui soulève les pieds, je monte sur la table, je l'attrape pour la surélever et décrocher rapidement la corde. Merci mon Dieu, elle est vivante et consciente ! Je suis arrivée juste à temps.

Je la ramène vite fait à la maison. Elle tremble beaucoup, je l'enveloppe dans une couverture. Elle est silencieuse, elle a mal à la gorge. « Ça va aller ma puce, je suis là, tu sais bien que je t'aime très fort, ne recommence jamais ça, on trouvera toujours une solution quoi qu'il arrive. »

Je lui fais un chocolat chaud, il faut que j'appelle Monsieur Paranthoine le psychologue. Il faut que quelqu'un nous aide, je suis complètement perdue. Évidemment Je ne peux pas appeler le CDAS. C'est de leur faute ce qui arrive, ce Monsieur Bosser a été inhumain et voilà le résultat. J'ai besoin de conseils, c'est un acte terriblement désespéré. Je n'étais pas préparée à cela, comment peut-on l'être ?

« Allô, bonjour Monsieur Paranthoine, je suis la tante d'une petite fille que vous avez expertisée au mois d'octobre, elle a été violée dans son enfance.

– Oui, Karine ?

– Oui c'est ça, je vous appelle car il est arrivé quelque chose de très grave, les services sociaux ont décidé de nous l'enlever pour la placer en famille d'accueil, c'est insupportable pour elle, elle veut rester avec nous et là je viens de la retrouver pendue dans le garage, je suis arrivée à temps, elle venait juste de jeter le tabouret à terre pour se pendre. Elle est vivante, ça va, elle n'a rien je pense, que les marques de la corde autour du cou, je suis complètement retournée...

– Je ne suis malheureusement pas étonné, Madame, j'avais conclu qu'il y avait un risque de suicide, en revanche j'avais notifié qu'il ne fallait pas la séparer de vous, il faut que vous l'ameniez tout de suite aux urgences, il faut qu'elle soit prise en charge en psychiatrie infantile, c'est la seule solution. »

Ni une ni deux, nous partons au CHU de Rennes. N'ayant pas l'autorité parentale, je vais être obligée de prévenir les Thénardier et de pactiser à nouveau avec le Diable. J'ai besoin qu'ils acceptent son hospitalisation. Encore une épreuve, celle de me les coltiner, comme si la situation n'était pas assez difficile.

KARINE

On ne m'a pas demandé mon avis, j'ai dit à tout le monde que je voulais rester chez Laurence et Loïc, mais personne ne m'a écoutée. Pendant des années les éducateurs venaient à la maison, ils venaient et ils s'asseyaient pour boire un café et discuter avec mes parents. Jamais on n'a fait attention à moi. Pour la première fois quelqu'un s'occupe de moi. Quelqu'un fait attention à moi, je suis heureuse avec mes cousins et cousines. Je ne comprends pas pourquoi je ne peux pas rester chez Laurence et Loïc.

Et puis, au collège mes professeurs s'occupent de moi, ils me font rattraper mes cours.

Plus les semaines passent et plus ils me disent que je vais devoir aller dans une famille d'accueil. Ils ne comprennent pas que je ne veux pas d'hommes que je ne connais pas autour de moi. Je ne veux pas y aller, je préfère mourir. Je ne comprends pas pourquoi Laurence ne me cache pas, pourquoi elle ne se bat pas plus, je veux mourir !

Aujourd'hui Bosser, l'éduc, a voulu profiter d'une visite avec mes parents pour m'enlever, ils ont décidé de faire comme ça, ce n'est pas juste, c'est méchant, jamais je n'irai là-bas !

Je vais dans le garage au fond du jardin, il y a toujours des cordes, j'ai vu cela dans les westerns. Je monte dans le grenier, il y a des cordes solides, Loïc s'en sert pour soulever les moteurs. Il y a en une qui est attachée déjà à la poutre, si je fais un nœud je peux faire comme j'ai vu à la télé. Je monte sur la table de jardin et je mets la corde autour de mon cou. J'ai peur d'avoir mal, mais je dois le faire, je ne veux pas aller dans cette famille, j'en ai trop marre de tout. Allez vas-y. Je donne un coup de pied au tabouret, ça y est. J'entends des pas. Merde, c'est Laurence.

Elle me tient les pieds. Elle les remet sur la table. Elle ne crie pas, elle m'aide à défaire la corde et me prend dans ses bras.

J'ai froid, elle me couvre. Elle appelle quelqu'un et encore quelqu'un d'autre. Elle me demande de me préparer, on doit aller à l'hôpital. Elle me dit qu'elle va devoir prévenir mes parents, non je ne veux pas ! On part à l'hôpital. Il faut attendre. Un médecin nous reçoit, Laurence doit sortir puis on parle avec le docteur, il faut que je dise pourquoi j'ai fait ça. Il demande des examens et l'avis d'une autre personne. Ils me disent qu'il faut que je reste ici, mais moi je ne veux pas ! Laurence me dit que c'est important. Pourquoi ? Elle veut se débarrasser de moi ? Moi je veux mes chats, mon lit, ma vie !

On ne me laisse pas le choix. Ella a appelé René et Anne-Marie, je ne voulais pas les voir ! Ils sont là, ils viennent tous les trois avec moi à la psychiatrie pour enfant. On me dit que je n'aurai pas de visites. Je ne veux pas rester, je veux rentrer. Laurence, je la hais ! Pourquoi elle me fait ça, pourquoi ? Je m'accroche à ses jambes, elle me dit que c'est nécessaire et important. Je m'accroche encore à ses Jambes : « Ne me laisse pas Laurence, je t'en supplie ! » Elle s'en va quand même. On m'emmène dans une chambre, je voudrais sortir mais c'est fermé à clefs.

Les jours d'après, je suis seule. Laurence ne vient même pas me voir ! Elle m'a abandonnée. Des docteurs me parlent, ils me disent que je vais rentrer bientôt. Le mercredi, Bosser arrive. Il me dit que je vais être placée à l'Hallouvry. C'est un foyer. Non, pas un foyer ! Il me dit que c'est pour mon bien, je le déteste ! Il n'a rien compris, je veux partir mais chez Loïc et Laurence, pas au foyer.

LAURENCE

Lorsqu'elle est à l'hôpital, j'apprends que je n'ai pas le droit de la voir. On m'en empêche. Bosser et sa clique ont encore rédigé un rapport en ma défaveur, appuyé sur des propos inventés du médecin. Ils l'ont envoyé en urgence à la juge pour influer sur sa décision. À la suite de cela, elle nous interdit à Loïc et moi le moindre contact avec la petite.

Plus tard, j'apprendrai qu'ils ont eu le culot d'écrire que j'avais refusé de collaborer et que je n'étais pas venue voir Karine à l'hôpital. Alors que j'avais reçu une ordonnance qui m'interdisait formellement de la voir. Quelle gageure ! Bande de malhonnêtes !

Écrits de Monsieur Bosser, le premier document en janvier 2010 et le deuxième envoyé pour l'audience du 19 mars 2010 :

D45/5

Afin de savoir maintenir la prise en charge de Karine à Antarès sur le temps qui sera nécessaire aux soins, et pouvoir mettre en place son placement dès que le corps médical le jugera possible, nous sollicitons de votre part, **en urgence** :

- Une délégation des attributs de l'autorité parentale en matière de santé, scolarité et actes usuels de la vie quotidienne
- Le maintien des visites des parents avec médiatisation de l'ASE
- Une interdiction des visites de l'oncle et de la tante auprès de la jeune.

Nous laissons à l'appréciation du Magistrat la réalisation d'une expertise psychologique de la tante, qui pourrait venir étayer le dossier au moment de l'Appel.

Dut/9

Elle respecte les heures de sorties dont elle bénéficie comme tous les jeunes. Dans ces moments là, elle ne cherche pas à rejoindre le domicile de sa tante.

Le CDE constate un changement de comportement de Karine lorsqu'elle est en relation avec sa tante ou ses parents. Elle se replie sur elle, s'exprime avec une toute petite voix...

Karine a des liens téléphoniques avec ses parents et sa tante, médiatisés par le CDE. Si Karine se satisfait du rythme des relations avec ses parents, elle est très en attente de lien avec ses cousines et sa tante. Il est manifeste que cette jeune ne comprend pas la décision de placement, et surtout ne comprend pas qu'elle « n'ait plus le droit de voir sa tante » alors que celle-ci l'a eue de fait en garde depuis presqu'un an.

Karine bénéficie de son placement dans ce sens qu'elle prend de l'autonomie ; elle se montre capable de se distancier de sa tante et trouve progressivement de nouveaux repères.

Au plan affectif Karine est très carencée. Le milieu familial est très limité du fait de conflits anciens : de ce fait, en dehors de ses cousins (enfants de Madame Laurence JAMBU) et de sa tante, Karine n'a pas d'adultes sur lesquels se reposer. Sa mère Madame Anne Marie JAMBU ne peut établir de relation avec elle du fait de ses troubles psychiatriques et son père n'est pas en capacité de la protéger. Il est aujourd'hui impossible d'explorer les autres ressources familiales (oncles, tantes...).

Madame Laurence JAMBU a un tel passif avec les institutions administratives et judiciaires qu'elle ne peut concevoir un travail en collaboration avec ses derniers, alors qu'il serait nécessaire pour Karine, de pouvoir mettre en œuvre des liens réguliers, médiatisés dans un premier temps, susceptibles d'évoluer vers un droit sans médiatisation.

Madame Laurence JAMBU refusera les rencontres proposées par le service en vue d'échanger sur les modalités de liens à mettre en œuvre avec sa nièce. Par courrier, elle fera savoir qu'elle attend du service de l'ASE des propositions, dont elle préjuge « qu'elles ne lui conviendront pas. »

CONCLUSION :

Les parents de Karine ont des difficultés personnelles qui les mettent dans l'incapacité d'assurer la protection de leur fille. Les relations familiales complexes qui existent entre les parents et la tante ne permettent pas de garantir un cadre de vie sécurisant pour Karine, tant que la procédure pénale en cours ne sera pas close. En effet, Madame JAMBU Laurence peut tout à la fois faire alliance avec les parents et avoir le projet de se voir confier l'autorité parentale sur Karine pour intenter une procédure pénale à leur encontre. Cette situation peut renforcer le sentiment de culpabilité de Karine et la replonger dans un conflit interne, l'amenant à tenter de mettre fin à ses jours.

C'est pourquoi la mesure de protection prise par le Magistrat est justifiée, et les modalités de liens avec les parents sont adaptées.

Une expertise psychologique tant de Karine que de Madame JAMBU Laurence permettrait peut être d'éclairer le Magistrat sur les modalités de liens à maintenir entre la jeune et sa tante.

Le foyer

Je suis dans ma cuisine quand le téléphone sonne ce jour-là. C'est l'hôpital qui m'appelle. Une personne m'informe que Karine vient de partir dans un foyer.

« Pardon ? Un foyer ?

– Oui, elle est partie au foyer d'Hallouvry à Orgères. »

Mon corps me lâche littéralement. Mon cœur se brise en mille morceaux. Je craque complètement. Je glisse et je tombe lourdement sur les genoux. Je suis par terre sur le carrelage, j'ai froid et si mal. Je me mets à hurler comme une louve. On vient de m'enlever mon petit ! La souffrance de Karine est liée à la mienne, elle est multipliée par deux.

On est censé placer des enfants qui sont en danger. Karine n'a jamais été en danger chez nous. En revanche, elle l'a été durant toutes ces années lorsqu'elle était sous leur surveillance. Ils sont coupables de n'avoir rien vu. Ont-ils seulement voulu voir ?

KARINE

La juge a décidé que je devais aller dans un foyer mais elle a aussi interdit que je voie Laurence. Je la hais elle aussi. Je l'ai vue une fois rapidement en octobre, elle fait peur, elle est méchante.

C'est Bosser qui me dit que c'est le tribunal qui a décidé, il est content. Il dit que c'est à cause de ses rapports, je ne comprends pas ! Il dit que ma tante est folle et que c'est fini je ne la reverrai plus !

C'est la pire chose qu'on pouvait me faire ! Je les déteste tous.

J'aime aller m'allonger sur mon lit où mes chats m'attendent. Laurence me fait un chocolat chaud comme c'est la seule à bien le faire avec du miel et du bon pain grillé. Je veux fuguer. Je ne veux pas faire ce qu'ils veulent, ils ne savent rien.

Je me retrouve dans le foyer, je fais que pleurer. Bosser vient me voir tous les deux jours, il me secoue et me frappe pour que j'arrête de vouloir aller chez ma tante, il l'a fait plusieurs fois. Il est très méchant avec moi. Il devrait être puni pour ça. Mais il n'a jamais rien eu. C'est dégueulasse.

En plus, il me dit que mon oncle et ma tante ne veulent plus de moi, qu'ils ne prennent pas de mes nouvelles. D'abord, c'est faux puisque je les vois ! C'est un gros menteur. Il ne le sait pas mais Laurence appelle le foyer le mercredi et le vendredi. Ils nous laissent faire et ils ne disent rien à Bosser.

En plus pour que je voie Tom, le foyer a accepté que j'aille faire mon stage de poney à Orgères. C'est un éduc qui m'emmène le matin et il revient me chercher le soir. Il est gentil celui-là.

Laurence me parle, elle m'amène des gâteaux et mon repas du midi. Je la vois le matin et le soir et l'éduc ne dit rien non plus à Bosser. Je suis heureuse de passer la journée avec Tom. Il est comme mon frère, je l'adore. Il s'intéresse à moi, lui.

Lorsqu'elle est placée dans ce foyer d'Hallouvry, le délire continue.

Tout d'abord, ils cherchent à la changer d'établissement scolaire. L'enseignante de Karine s'y oppose fermement, elle l'a prise sous son aile, elle ne cédera jamais malgré les pressions.

La petite est très malheureuse dans ce foyer où elle subit de la maltraitance, encore et toujours. Elle fugue plusieurs fois et se met en danger en parcourant à pied des dizaines de kilomètres pour revenir à la maison.

Elle frappe à la porte le matin vers 8 h 15. Alors à chaque fois, vers 10 heures j'appelle les gendarmes de Vern sur Seiche. Je dois respecter la loi, je n'ai malheureusement pas le choix. Ils viennent la récupérer en principe vers 14 heures, ça nous laisse un peu de temps ensemble. Je dois avouer qu'ils font preuve de gentillesse et de responsabilité. Cette gamine doit leur faire mal au cœur, j'ai le sentiment qu'ils ont compris ce que l'on nous fait vivre.

Karine doit me détester quand je les appelle. D'ailleurs, elle ne me dit pas toujours au revoir quand elle repart avec eux. Mais comment faire autrement ?

La cour d'appel

Je suis tellement désemparée par cette situation ubuesque que j'écris beaucoup de lettres pour demander de l'aide, au département, au ministre de la Justice, au Premier ministre, au secrétaire d'État chargé de la protection de l'enfance, etc. J'essaye d'atteindre tout le monde, jusqu'au président de la République, Monsieur Nicolas Sarkozy.

Je me dis que ma lettre finira probablement à la poubelle compte tenu du nombre de sollicitations qu'il doit avoir. Mais à ma grande surprise, non seulement ma lettre est arrivée entre ses mains mais elle a retenu son attention bien plus que je ne l'aurais imaginé.

« Jacky » et « Zézette », les rois du camping, ont fait appel de la décision de placement de leur fille. Bien sûr, je les ai incités à le faire.

Le 19 mars 2010, c'est le jour de l'audience à la cour d'Appel. Tout va se jouer ici.

Vais-je être entendue ? Y a-t-il quelqu'un dans ce foutu tribunal qui va raisonner normalement et accorder de l'importance au bien-être de cette petite ?

Les géniteurs sont là. Karine est là aussi mais elle doit rester à l'extérieur de la salle. Bosser fait office de cerbère, il veille à ce qu'elle ne me parle pas quand j'arrive. Ce type a l'appétence du mal.

L'audience commence. J'écoute les débats. Mon tour arrive, un magistrat me demande de m'exprimer.

Je suis déterminée : « Mon mari est le parrain de Karine, je suis croyante, ma foi est importante et lorsqu'on prête serment devant Dieu, on se doit de le respecter. Nous avons promis d'être toujours présents pour Karine, de subvenir à ses besoins, c'est pourquoi nous nous proposons de l'accueillir chez nous à bras ouverts. »

Anne-Marie se met à pleurer. J'entends sa voix de poissonnière : « Laurence, je t'aime tellement, je te donne ma fille ! » Elle m'embarrasse mais au moins elle m'aide un peu sur ce coup-là.

L'avocat général s'adresse à la cour : « Lorsque que l'on écrit au président de la République, il vient voir ce qui se passe... » Je comprends que Monsieur Sarkozy est intervenu. C'est fabuleux. « L'enfant doit rentrer au domicile de son oncle et de sa tante », finit-il par conclure. Les choses tournent incroyablement en notre faveur. Je n'en reviens pas ! Karine va enfin être accueillie chez nous.

J'apprends plus tard par des « indiscrétions » que le président de la République avait transmis le dossier au ministère de la Justice.

Merci, Monsieur Nicolas Sarkozy, vous avez contribué au retour de notre Karine chez nous et à la fin de ce cauchemar. C'était inespéré, on vous doit beaucoup, soyez-en remercié. Nous sommes enfin heureux.

Marchandage

Pour autant, je ne dois pas baisser la garde ; le combat continue.

Les parents de Karine risquent de nous la reprendre s'ils comprennent que la Justice peut leur reprocher des choses. Je dois ruser encore une fois et ce ne sera pas la dernière. Avec notre conseil, je décide de demander rapidement une délégation d'autorité parentale. Pour que les Thénardier soutiennent cette démarche, j'agite la tirelire.

« Vous savez si j'ai l'autorité parentale, ça sera plus pratique pour vous car Karine sera à notre charge financièrement, c'est nous qui devrons payer les frais médicaux. » La demande est aussitôt acceptée. Magique.

Au cours de la première audience pour l'autorité parentale, la magistrate demande une enquête et divers renseignements. L'enquête sociale faite par Madame Mittig conclut en notre faveur.

On avance. Mais il faut continuer la stratégie habilement. Je n'ai jamais été comme cela, moi la mère de famille croyante, entière et parfois candide, j'ai basculé dans le monde de la manigance. Je suis prête à tout pour ne pas la laisser revivre avec ses tortionnaires.

Une nouvelle audience est prévue dans deux jours. Le René m'appelle, il est tracassé : « Laurence, je comprends pas, je dois payer les frais d'avocats, faut qu'on en parle, on va passer. »

Ils débarquent tous les deux.

Loïc est au travail, Karine et Tom dans leur chambre. On s'assoit tous les trois autour de la table de la cuisine. Il évoque encore et toujours l'argent : « Ça fait cher l'avocat pour Karine et puis en plus je me suis rendu compte qu'on n'a plus la demi-part sur les impôts puisqu'elle est plus chez nous. » Le bougre s'est renseigné. Je le sens venir, il a dû les compter ses sous, au centime près.

« En plus c'est pas moi qui ai demandé l'autorité parentale, alors bon… sinon je la reprends hein ! » J'ai compris. Il va tenter de me soutirer de l'argent.

« Tu veux de l'argent ?

– Bah oui

– Combien ?

– Ben l'avocate a demandé 1 500 euros, je veux être remboursé et en plus Marie va perdre sa pension MDPH.

– Bon d'accord, je paye la moitié de l'avocat si tu veux.

– Bah c'est pas assez, moi je dirais qu'il faudrait plutôt 10 000.

– 10 000 ? Mais je peux pas 10 000, Loïc ne voudra jamais t'es fou !

– Tu lui dis pas, ça restera entre nous. »

Et la Zézette qui endosse le rôle de l'arbitre :

« Bon bah 5 000 ça ira, va. »

Lorsque nous avons acheté notre maison, j'ai liquidé une partie de ma rente obtenue après mon accident de travail, il me reste encore 5 000 euros. Si j'en parle à Loïc, il va dire non c'est sûr. Mais si je refuse, ils vont se rétracter.

« Je vous file 2 500 avant l'audience et 2 500 après la décision. »

Il fronce les sourcils :

« Mouais, c'est pas beaucoup !

– C'est tout ce que j'ai et cela doit rester entre vous et moi.

– Bon ok d'accord. »

5 000 euros, voilà le prix de Karine. La bande de salauds ! Ils viennent de me la vendre probablement de la même manière qu'ils l'ont vendue à Blaudy pour des courses, de l'alcool ou des cigarettes. Je n'en ai jamais parlé à personne. J'ai gardé ce secret jusqu'aujourd'hui, tellement j'ai eu honte, mais avais-je le choix encore une fois ?

Karine nous a été confiée par délégation d'autorité parentale le 25 aout 2010.

Séquelles

En septembre, nous préparons le mariage de notre fille aînée. C'est un beau et grand mariage. Le lieu est magnifique, un château dans la campagne. Notre famille est réunie. Pour Loïc et moi c'est un moment important de notre vie. Je suis très fière, les mariés sont beaux et nos enfants sont heureux.

Ce mariage est une pause, c'est l'occasion de souffler un peu. Mais pas pour Karine qui ne profite pas vraiment de cette belle journée. Le passage au foyer l'a énormément perturbée. Elle est toujours sur le qui-vive et se sent en insécurité permanente. Son regard est à nouveau perdu, fuyant, elle ne sourit jamais.

La rentrée scolaire reprend avec l'enquête.

Les nuits sont ponctuées de cauchemars terribles. Parfois je me réveille, je sens une présence, je la trouve au pied de mon lit, elle est en transe.

« Que fais-tu là ? Que se passe-t-il ? » Elle est complètement hagarde.

Elle se met à effleurer mon visage avec ses mains, elle ne bouge pas, elle est comme figée.

« Je viens voir si tu es vivante, si tu t'en vas je n'ai plus rien, je n'ai plus personne.

– Si je m'en vais où ?

– Ben, si tu meurs. »

Durant de longues heures, je m'allonge à côté d'elle sur les couvertures, deux chats persans ronronnent auprès d'elle. On l'aide à se calmer. Elle n'a besoin que de douceur qui lui a tellement fait défaut.

Je la regarde avec tendresse et angoisse. Je revis par procuration les viols, la douleur insupportable, le dégoût qu'elle a éprouvé lors des fellations. Je vois le petit corps de Karine et cette bête qui vient la chercher. Le calvaire commence, il dure une éternité.

J'ai une haine indescriptible. Nous savons tous que ces faits existent dans notre pays. Et rien n'est vraiment mis en place pour combattre ces crimes, c'est de la grande comédie. Il existe des textes de loi, il faut voir comment ils sont appliqués.

Les journées passent, je la regarde, elle est ailleurs. Mes enfants m'ont évoqué l'autisme, j'en viens à me convaincre qu'elle est probablement atteinte de ce trouble. Elle a un comportement si étrange et décalé.

Par ailleurs, quand elle se lave, elle utilise l'eau bouillante et se brûle volontairement. Je la vois sortir de la douche les pieds couverts de cloques. Elle me fend le cœur. Je suis obligée d'être présente dans la salle d'eau pour contrôler la température de l'eau.

Sa peau est dans un sale état. Je découvre qu'elle se frotte jusqu'au sang pour se laver avec une éponge métallique servant à récurer les casseroles. Je comprends qu'elle veut effacer ses souvenirs. Comme si l'eau avait le pouvoir de laver ses souffrances.

Quel désespoir ! Je me sens si coupable de n'avoir pas pu mieux la protéger. Elle n'est plus vivante, son âme est morte.

Le théâtre

Pour avoir la garde de Karine par délégation d'autorité parentale nous avons été obligés d'accepter de recevoir René et Anne-Marie à manger au moins une fois par mois. Karine est obligée de garder le lien avec ses géniteurs qui l'ont maltraitée et vendue à un pédophile. Chaque repas est un calvaire. Quand ils arrivent ils ont pris un peu d'avance, ils sont déjà imbibés. Ils nous offrent toujours le même manège. Je les vois tourner autour de leur coffre de voiture. J'aperçois une glacière. Ils ont des provisions, des bouteilles d'alcool. Mais ils rentrent les mains vides, il ne faut pas pousser. Ce n'est que pendant le déjeuner qu'ils vont chercher une bouteille au cas où il n'y aurait plus rien à boire. Ils sont pathétiques.

En principe, nos enfants sont là à tour de rôle. Il y a notre cadette parfois avec ses enfants, René les appelle « les bougnoules ». Quant au couple que forment Louis et son compagnon, il est surnommé les tapettes ou gonzesses. Tous supportent ces remarques blessantes et désobligeantes par amour pour Karine. Du plus profond de mon cœur, je les remercie d'avoir gardé leur calme et d'avoir enduré cela.

Difficile de décrire nos émotions lorsque l'on est assis en face de ces deux déchets. Nous sommes au théâtre, chacun maîtrise son rôle à la perfection, y compris moi.

Il y a Zézette, la Céline Dion de Chantepie. Il faut la voir quand elle se met à faire des vocalises ! Un vrai spectacle. Elle chante en boucle « Les yeux *recolvers* » de Marc Lavoine. Cette andouille n'a jamais compris les paroles, elle n'a pas compris que les yeux étaient révolvers et pas « recolvers »...

Nous avons aussi l'honneur d'avoir George Clooney alias René « Clooney » à table. C'est le moment où le repas devient un peu plus gênant. Sans filtre, ils commencent à décrire leurs ébats amoureux. On n'y coupe jamais, ils ont besoin de toujours dévier sur ça. Ils racontent crânement que René se déguise en Docteur Doug Ross de la série Urgences, il met une blouse blanche, à poil en dessous et saute sur sa *cochonne*, c'est comme ça qu'il nomme sa femme. Pauvre George Clooney...

Difficile de rester de marbre, nous nous mettons à rire nerveusement de façon incontrôlable. Par moments, nous avons des fous rires tant la situation est grotesque. Ils imaginent alors qu'ils sont irrésistiblement drôles. Lorsque j'y pense, j'en ris encore tant ils étaient ridicules et stupides.

Karine a honte, honte de leurs propos, honte de leur façon de se comporter, honte de devoir les embrasser. Dire que c'était une décision judiciaire pour son bien. Je pense que le magistrat a voulu bien faire sans mesurer la situation à laquelle on était confronté. Ces visites n'auraient jamais dû avoir lieu.

Inceste

Peu à peu, la procédure concernant les viols de Blaudy avance. Les parents de Karine prennent une avocate pour les représenter. Sans doute leur fait-elle comprendre la situation et les risques qu'ils encourent. Alors forcément, ils deviennent beaucoup moins conciliants et plus offensifs.

Au même moment, Karine nous raconte progressivement de nouveaux éléments. Ils visent cette fois son père. Je suis étonnée car jusqu'ici elle l'avait épargné, persuadée qu'il l'aimait.

Elle parle clairement d'agressions sexuelles de sa part. Des attouchements mais aussi des douches durant lesquelles il ouvre la porte avec un tournevis pour la regarder. Ce pauvre type n'a pas perdu ses bonnes habitudes. Il ne se gêne pas pour la tripoter non plus.

Loïc entend ça. Je peux imaginer ce que cela provoque en lui. Lui qui intériorise énormément et qui a tendance à fuir. Il m'a laissée aller au front toutes ces années sans se mêler réellement de ce que j'entreprenais. Mais le principal c'est qu'il ne m'en ait pas empêchée. Au fond, je ne sais pas s'il a réellement conscience de tout. Mais les mots de Karine concernant son frère le sortent de son inertie. Il interpelle le René et le somme de s'expliquer. L'autre confirme sans honte.

« C'est vrai mais elle est à moi et je fais ce que je veux, c'est pas grave, tu sais elle est menteuse ! Elle te dit pas comment elle se frotte aux hommes. »

Elle a treize ans.

Première audition partie civile

Au mois de mai, je suis à nouveau grand-mère, c'est une petite fille. Un grand bonheur. Serrer ce petit ange contre moi me donne de la force. Un nouveau-né est une merveille. J'adore la regarder dormir, l'entendre respirer.

Une deuxième petite fille arrive début juillet, nous sommes comblés. Cela porte à quatre le nombre de nos petits-enfants. J'aimerais que le temps s'arrête pour profiter d'eux sans cesse.

La première audition de Karine au tribunal a lieu le 3 novembre 2011. C'est compliqué pour elle, je la prépare le mieux possible. Nous arrivons en avance par habitude. C'est tout un rite de passage que nous découvrons. Les contrôles sont nombreux. La greffière du magistrat nous reçoit avec gentillesse et nous accompagne.

Madame Ramin arrive, c'est la juge. C'est une belle jeune femme avec ses cheveux bruns relevés, elle n'est pas très grande. Droite dans son attitude, on ressent beaucoup de détermination. Elle m'explique tout le déroulement, ce que j'apprécie, n'ayant pas été habituée à tant de prévenance. L'audition dure un moment. Puis la magistrate raccompagne Karine et lui dit avec douceur qu'elle a été courageuse. Cette petite est aujourd'hui âgée de quatorze ans, elle a pu exprimer un peu de ses souffrances. L'humanité dont fait preuve cette femme à cette occasion, dans ce couloir de l'instruction, est tellement sincère que cela me redonne confiance en cette Justice qui nous a tellement malmenées jusqu'ici.

À la suite de cette audition, Karine est plongée dans une profonde violence intérieure palpable pendant plusieurs semaines, elle est difficile à apaiser. L'avocate de Karine nous prévient qu'elle va devoir subir une confrontation, il faut la conditionner.

D 88/1

**COUR D'APPEL
DE RENNES**

**TRIBUNAL DE GRANDE INSTANCE
DE RENNES**

CABINET DE
Mme RAMIN
Juge d'Instruction

Copie certifiée conforme
Le Greffier

N° du Parquet : **09/31570**
N° de l'Instruction : **810/00019**
Procédure Criminelle

PROCÈS-VERBAL DE PREMIÈRE AUDITION DE PARTIE CIVILE

Le 03 Novembre 2011, à 14 h 42

Devant Nous, Sophie RAMIN, Juge d'Instruction au Tribunal de Grande Instance de RENNES, étant en notre Cabinet,

Assistée de Claudine EOUZAN, Greffier,

A comparu **Mademoiselle Karine JAMBU**, née le 07.07.1997 à RENNES (35), domiciliée chez M. et Mme JAMBU, , partie civile.

Me Catherine JOSSE-TIRIAU, avocat de la partie civile, régulièrement convoqué par télécopie avec récépissé le 20 octobre 2011 et à la disposition de qui la procédure a été mise à tout moment et au plus tard quatre jours ouvrables avant la présente audition est présent

Après avoir rappelé à la partie civile les faits mentionnés dans sa plainte, elle a déclaré ce qui suit:

QUESTION : En quelle classe es-tu aujourd'hui ?
REPONSE : En quatrième.

QUESTION : As-tu déjà eu des petits amis ?
REPONSE : Non.

QUESTION : Peux-tu me dire comment tu te sens par rapport à la procédure ?
REPONSE : Je ne sais pas.

QUESTION : Est-ce-que tu trouves que la procédure est longue ?
REPONSE : Oui.

QUESTION : Est-ce-que tu peux me dire comment ça se passe avec tes parents aujourd'hui ?
REPONSE : Au début je les voyais. Mais je n'ai pas souhaité l'anniversaire de ma mère en juin et ils ne voulaient plus me voir. Ils ne m'ont pas souhaité mon anniversaire en juillet et samedi dernier mon père a appelé, il voulait me voir et me casser la gueule ainsi qu'à ma tante. Je ne sais pas pourquoi.

D 88 / 2

QUESTION : Te souviens-tu si le frère de Roland BLAUDY venait aussi chez tes parents ?
REPONSE : Oui, il venait des fois. Jean-Louis dormait dans ma chambre, il était souvent là.

QUESTION : Et où dormais-tu dans ces cas là ?
REPONSE : Dans le canapé avec Roland.

QUESTION : Qui est-ce-qui te disait de dormir là ?
REPONSE : Mes parents. Roland leur demandait si je pouvais dormir avec lui, sinon, il venait me chercher la nuit dans mon lit et disait à Jean-Louis de dormir dans mon lit.

QUESTION : Te souviens-tu combien de fois Jean-Louis a pu venir dormir chez vous ?
REPONSE : C'était souvent. Souvent le week-end. Je ne peux pas dire combien de fois.

QUESTION : Quand tu es entendue par les policiers et que tu racontes ce qui s'est passé avec Roland BLAUDY tu n'avais pas évoqué le fait que Jean-Louis dorme dans ton lit. Comment l'expliques-tu ?
REPONSE : Il y a des choses qui me reviennent encore aujourd'hui.

QUESTION : Peux-tu me dire si après que tu as été entendue par les policiers en février 2005, la fois où tu avais dit qu'il ne s'était rien passé avec Roland BLAUDY (D31), les agressions ont continué de sa part ?
REPONSE : Oui.

QUESTION : En es-tu sûre ?
REPONSE : Oui.

QUESTION : Lui dit qu'il n'a plus eu de contact avec tes parents suite à une brouille en novembre 2004. Es-tu d'accord ?
REPONSE : Non. Il a continué jusqu'à peu de temps avant qu'il soit arrêté.

QUESTION : Comment tu te repères dans le temps en sachant que l'arrestation de Roland BLAUDY pour les faits commis sur sa fille date du 15 avril 2005 ?
REPONSE : C'est parce que peu de temps avant une voisine avait appelé la gendarmerie et mon père qui travaillait la nuit m'enfermait dans ma chambre avec ma mère. La gendarmerie est venue en pleine nuit.

QUESTION : Te souviens-tu pourquoi la voisine avait appelé les gendarmes ?
REPONSE : C'est parce que j'hurlais mais je ne sais pas pourquoi.

QUESTION : Te souviens-tu du nom de la voisine ?
REPONSE : Non, mais elle habite toujours là, c'est celle qui habite au dernier étage en haut de chez nous.

QUESTION : Te souviens-tu, alors que ta tante était déjà depuis longtemps inquiète de ta prise en charge par tes parents, si elle avait posé des questions pour savoir si M. BLAUDY te faisait des choses ?
REPONSE : Non, c'est seulement en sortant de chez le psychologue la première fois que c'est sorti comme ça.

QUESTION : D'après ta cousine Stéphanie (D12), elles t'avaient déjà posé la question de savoir si M. BLAUDY t'avait fait quelque chose...
REPONSE : Oui, mais j'ai pas répondu. Tout est sorti après le psychologue, j'en ai parlé à ma tante et quand on est rentrés ma cousine était là et j'ai tout dit.

QUESTION : As-tu vraiment dit exactement ce que M. BLAUDY t'avait fait ?
REPONSE : Je crois que j'ai tout dit.

QUESTION : Après tu en as parlé à ta directrice d'école, c'est bien ça ?
REPONSE : Oui.

QUESTION : C'est parce que tu avais confiance en elle ou parce que ta tante te disait que tu pouvais en parler à cette dame ?
REPONSE : C'est parce que j'avais confiance en elle.

QUESTION : Est-ce-que tu lui parlais de tes problèmes avant ?
REPONSE : Non.

QUESTION : A qui en as-tu parlé après ?
REPONSE : Aux assistantes sociales.

QUESTION : Et ensuite tu as cessé d'en parler après être allée au commissariat la première fois ?
REPONSE : Oui.

QUESTION : Est-ce-que tu peux me dire comment se comportait M. BLAUDY avec toi de manière générale, est-ce-qu'il était gentil ?
REPONSE : Oui.

QUESTION : Est-ce-qu'il mangeait avec vous ?
REPONSE : Oui.

QUESTION : Est-ce-qu'il te faisait faire les leçons ?
REPONSE : Non.

QUESTION : Te souviens-tu quelle taille tu faisais à six, sept ans, si tu étais la plus grande de ta classe ?
REPONSE : Je ne me souviens plus.

QUESTION : M. BLAUDY indique que tu étais grande et qu'il n'y avait presque pas de différence de taille entre toi et tes grands cousins, qu'en penses-tu ?
REPONSE : Non, ils ont presque vingt ans. Je n'ai qu'un cousin plus jeune, c'est Thomas et il est plus petit que moi.

QUESTION : Peux-tu me dire comment Roland BLAUDY faisait pour t'amener dans le canapé ?
REPONSE : Il me portait de ma chambre, il me réveillait.

QUESTION : Est-ce-que tu te rappelles si tu regardais parfois la télévision avec lui dans le canapé ?
REPONSE : Oui.

QUESTION : Et tes parents étaient d'accord ?
REPONSE : En fait, Roland il faisait boire mes parents.

QUESTION : Te souviens-tu de ce que tu regardais comme films avec Roland BLAUDY ?
REPONSE : Non.

QUESTION : Sais-tu ce qu'est un film pornographique ?
REPONSE : Oui.

QUESTION : En as-tu vu avec Roland BLAUDY ?
REPONSE : Non.

D 88/4
5

QUESTION : En as-tu vu avec tes parents ?
REPONSE : Oui. Des fois ils regardent des films pornographiques. Ils ont des cassettes et des bouquins.

QUESTION : Te souviens-tu si tu en regardais déjà à l'âge de six, sept ans ou si tu les a vus plus tard ?
REPONSE : J'en ai vu quand j'étais petite et j'en ai vu il n'y a pas très longtemps.

QUESTION : Tes parents t'ont-ils forcée à regarder ce genre de films ?
REPONSE : Non.

QUESTION : Confirmes-tu que Roland BLAUDY a commis les actes que tu lui reproches pendant ton premier et ton deuxième CP ?
REPONSE : Oui.

QUESTION : Tu avais donc six, sept ans ?
REPONSE : Oui.

QUESTION : Tu confirmes que cela s'est passé dans deux endroits : chez tes parents et à l'endroit où il avait son petit studio ?
REPONSE : Oui.

QUESTION : Je te montre les photographies cote D27, peux-tu me dire si le clic clac était déjà à cet endroit là à l'opposé de la porte d'entrée de la salle à manger ?
REPONSE : Oui.

QUESTION : Et pour ta chambre c'est bien la pièce que l'on voit sur les photographies dix et onze ?
REPONSE : Oui.

QUESTION : Lorsqu'il vient te chercher dans ta chambre, il est donc obligé de passer devant la chambre de tes parents pour ensuite entrer dans la salle à manger et fermer la porte de la salle à manger, c'est bien ça ?
REPONSE : Oui.

QUESTION : Tes parents dormaient-ils la porte fermée ?
REPONSE : Non.

QUESTION : Elle était toujours ouverte ?
REPONSE : Oui.

QUESTION : M. Roland BLAUDY dit qu'il n'a pas pu venir te chercher dans ta chambre parce que tu étais déjà trop corpulente et qu'il aurait fait trop de bruit, qu'en penses-tu ?
REPONSE : C'est pas vrai. Je suis sûre qu'il est venu dans ma chambre.

QUESTION : Sans que cela change ce qu'on peut reprocher à M. BLAUDY, te souviens-tu être allée toute seule spontanément dans son lit que ce soit la nuit ou le matin ?
REPONSE : Non.

QUESTION : Là tu me parles de ce qui s'est passé la nuit. Et la journée ?
REPONSE : C'était quand mes parents étaient partis faire des courses par exemple ou quand il m'emmenait en ville dans son studio.

QUESTION : Quand il vient te chercher la nuit est-ce-qu'il te parle ?
REPONSE : Il me dit de me lever.

QUESTION : Est-ce-qu'il te dit de te taire ?
REPONSE : Il me l'a dit une fois et après j'ai pas recommencé. Je savais qu'il ne fallait pas que je fasse de bruit.

QUESTION : Est-ce-que Roland BLAUDY te faisait peur à ce moment là ? Comment expliques-tu que tu ne disais rien ?
REPONSE : Ben il m'achetait des cadeaux.

QUESTION : Tu ne disais rien plus parce qu'il t'achetait des cadeaux que par peur, c'est bien ça ?
REPONSE : Oui.

QUESTION : Te souviens-tu de quel genre de cadeaux il s'agissait ?
REPONSE : Des Barbies une fois. Un aquarium avec des poissons.

QUESTION : T'achetait-il des habits ?
REPONSE : Non, il m'achetait des jouets.

QUESTION : Quand tes parents voyaient les jouets remerciaient-ils M. BLAUDY ou disaient-ils que t'étais trop gâtée ?
REPONSE : Ils disaient que j'étais trop gâtée.

QUESTION : Peux-tu me dire si tu confirmes que quelque soit le lieu M. BLAUDY te faisait toujours la même chose ?
REPONSE : Oui. Mais je me souviens aussi d'un truc qui était comme un petit sexe qui vibrait.

QUESTION : Depuis quand te souviens-tu de ça ?
REPONSE : Il n'y a pas longtemps, quelques jours.

QUESTION : Sais-tu où il le rangeait ?
REPONSE : Je me souviens que mes parents en avaient un. Je sais pas si c'était le leur ou le sien.

QUESTION : Tu te souviens que tes parents avaient ça ou est-ce-que c'est parce que tu l'a vu plus récemment ?
REPONSE : Mes parents ils s'en vantent d'avoir ça. Ma mère elle en parlait à mon anniversaire en disant que mon père la menottait.

QUESTION : C'était à quel anniversaire ?
REPONSE : C'était pour mes douze ans je pense, avec mon oncle et ma tante quand on est arrivés à ORGERES.

QUESTION : Est-ce-que tu te souviens ce que M. BLAUDY faisait avec ce qu'on appelle le vibromasseur ?
REPONSE : Ben il me le mettait dans les fesses.

QUESTION : Te souviens-tu si lorsqu'il faisait ce que tu décris il te déshabillait ou te demandait de te déshabiller ?
REPONSE : Il me demandait de me déshabiller. Je me déshabillais toute seule.

QUESTION : Et lui, était-il tout nu ?
REPONSE : Oui.

QUESTION : Venait-il te chercher nu dans ta chambre ?
REPONSE : Non mais il se déshabillait tout de suite en arrivant dans la salle, il n'avait qu'un calcçon.

QUESTION : Une fois que tu es toute nue est-ce-que tu te souviens s'il te caresse le sexe avec sa main ?
REPONSE : Non, je ne crois pas. Je ne me souviens pas.

QUESTION : Te souviens-tu s'il te lèche le sexe, s'il met la tête entre tes jambes ?
REPONSE : Non, je ne crois pas, je ne m'en souviens pas.

QUESTION : Que te fait-il alors ?
REPONSE : Il me met son sexe dans les fesses. Autrement il me le faisait sucer et il le mettait devant aussi.

QUESTION : Peux-tu me dire s'il mettait tout son sexe dans ta bouche ou s'il te le faisait lécher ?
REPONSE : Il le mettait tout dans la bouche... Je me rappelle parce que ça me faisait envie de vomir.

QUESTION : Peux-tu me dire s'il faisait bouger son sexe dans ta bouche ou s'il te tenait la tête ?
REPONSE : Il me le faisait sucer.

QUESTION : Tu ne peux pas être plus précise ?
REPONSE : Non.

QUESTION : C'est parce que tu essaies d'oublier ?
REPONSE : Oui.

QUESTION : Est-ce-qu'il dit des mots comme "suce moi" ?
REPONSE : Oui.

QUESTION : Est-ce-qu'il a dit d'autres mots ?
REPONSE : Non, je ne crois pas.

QUESTION : Peux-tu me dire si son sexe était plutôt petit ou plutôt grand ?
REPONSE : Non, je ne sais pas trop.

QUESTION : Peux-tu nous montrer avec tes mains la taille ?
Mentionnons que Mlle JAMBU fait un écart qui fait entre dix et quinze centimètres.

QUESTION : Est-ce-que tu te souviens si son sexe était dur ou mou ?
REPONSE : Non, je ne me rappelle pas.

QUESTION : Est-ce-que tu te souviens si du liquide pouvait couler dans ta bouche ?
REPONSE : Oui, c'était ça qui me faisait vomir.

QUESTION : Lui il dit qu'il ne t'a jamais fait faire ça, qu'il ne le demande même pas à ses amies, qu'en penses-tu ?
REPONSE : Si, c'était dégoûtant.

QUESTION : Il l'a fait souvent ?
REPONSE : Oui presqu'à chaque fois.

QUESTION : Lui dit qu'il a pu mettre son sexe devant ton visage mais que c'est tout, qu'en penses-tu ?
REPONSE : Non.

QUESTION : Quand tu dis qu'il te met le sexe dans les fesses, comment es-tu installée ?
REPONSE : Je suis sur le ventre.

QUESTION : Penses-tu que son sexe est bien rentré à l'intérieur de tes fesses et que c'était pas seulement des coups qu'il pouvait te donner avec son sexe contre tes fesses ?
REPONSE : Oui, il est rentré dans mes fesses. Même maintenant j'ai du mal à aller aux toilettes.

QUESTION : Tu penses qu'il y avait donc et son sexe qui rentrait dans tes fesses et aussi le vibromasseur ?
REPONSE : Oui.

QUESTION : Lui il dit qu'il n'est pas rentré dans tes fesses, qu'est-ce-que tu en penses ?
REPONSE : Non.

QUESTION : Tu penses aussi qu'il est rentré dans ton sexe à toi ?
REPONSE : Oui.

QUESTION : Comment le sais-tu, as-tu eu mal ?
REPONSE : Des fois il était sur moi.

QUESTION : Lui il dit qu'il se frottait à toi mais que son sexe ne rentrait à l'intérieur de toi ?
REPONSE : Si.

QUESTION : Lorsque ta tante est entendue (D9) elle dit que tu lui aurais confié que M. BLAUDY avait essayé de te pénétrer par devant mais que t'avais eu trop mal, qu'en penses-tu ?
REPONSE : Je sais qu'une fois j'ai eu très mal devant.

QUESTION : Et par derrière tu avais mal aussi ?
REPONSE : Oui.

QUESTION : Lui disais-tu ?
REPONSE : Je ne me rappelle pas.

QUESTION : Sais-tu si avant d'essayer de rentrer dans ton corps il mettait un produit sur son sexe ?
REPONSE : Je ne sais pas.

QUESTION : Quand est-ce-que ça s'arrêtait ?
REPONSE : Quand il y avait du liquide.

QUESTION : Tu sais comment ça s'appelle maintenant ?
REPONSE : Du sperme.

QUESTION : Que faisait-il de toi après ?
REPONSE : Il me nettoyait. Il allait chercher un gant dans la salle de bains, il mettait de l'eau et il me nettoyait.

QUESTION : Quand tu es entendue par les policiers la toute dernière fois tu dis qu'il ne te nettoie pas. Qu'as-tu à dire aujourd'hui ?
REPONSE : Il y a des choses qui me reviennent.

QUESTION : Te souviens-tu ce qu'il pouvait te dire après ?
REPONSE : Je ne sais plus.

QUESTION : Quand est-ce-qu'il te parlait des cadeaux, c'était avant ou après que ce soit fait ?
REPONSE : C'était avant et après.

D 88 / 8

QUESTION : Confirmes-tu que quand tu allais dans le petit studio Jean-Louis pouvait être là et que Roland BLAUDY lui demandait de partir ?
REPONSE : Oui.

QUESTION : Aujourd'hui est-ce-que tu comprends le comportement de tes parents, tu penses qu'ils savaient ce qui se passait ?
REPONSE : Oui. Le samedi ou le mercredi Roland donnait de l'argent à ma mère pour qu'elle achète des cartouches de cigarettes. Je pense qu'ils savaient, à chaque fois qu'il m'achetait des cadeaux il leur achetait aussi de l'alcool et de la nourriture.
Pourquoi ils n'ont rien dit la première fois et qu'ils m'ont demandé de me taire ? C'est qu'ils savaient.

QUESTION : Ta maman explique que c'est parce qu'elle avait peur d'aller en prison...
REPONSE : Ben oui, c'est qu'ils savaient. Si elle n'avait rien fait, elle n'aurait pas eu peur.

QUESTION : Devant M. PARANTHOINE en 2009 tu évoques la jalousie de ta maman à ton égard, peux-tu m'en parler ?
REPONSE : Des fois mon père s'occupait de moi et pas d'elle alors elle piquait des crises, elle disait "tu préfères ta fille à moi". Parfois il m'achetait des habits et si elle n'avait pas la même chose, elle piquait des crises même dans le magasin. Elle m'insultait aussi de petite salope, elle me donnait des claques, elle me traînait par terre, elle me griffait. C'est depuis que je suis toute petite. Des fois je voulais mourir quand elle me faisait ça. Et aussi une fois on avait fait l'anniversaire chez ma tante et j'avais eu plein de cadeaux, quand on était rentrés à la maison elle avait piqué sa crise, jeté sa bague de fiançaille en disant "j'en ai marre Karine elle a plein de choses", elle a même dit qu'elle voulait divorcer.

QUESTION : Tu penses aussi que ton père savait ce que te faisait M. BLAUDY ?
REPONSE : Oui puisque c'est lui qui m'a dit de ne rien dire, quand on est allés à la gendarmerie. Lui il dit que c'est un touche pipi, que c'est tout.

QUESTION : Souhaites-tu rajouter quelque chose ?
REPONSE : Non.

QUESTION : Accepterais-tu la confrontation avec M. BLAUDY ?
REPONSE : Oui mais ça serait difficile.

Me JOSSE-TIRIAU n'a pas de questions à poser.

Nous invitons la partie civile à relire sa déposition telle qu'elle est transcrite et la signer si elle déclare y persister

Lecture faite, la partie civile persiste et signe avec Nous et le greffier.

La gifle

Depuis mai 2011, nous avons suspendu tout lien entre Karine et ses parents. Nous étions tranquilles. Mais le 2 novembre, ils se pointent chez nous pour la voir.

En les voyant, le rottweiler de mon fils aboie, il ne les supporte pas lui non plus... Loïc est obligé de tenir le chien pour qu'il ne leur saute pas dessus. Anne-Marie reste collée à la voiture. Je la contemple de loin. Elle est blonde platine maintenant, c'est nouveau. Elle a belle allure avec son manteau en skaï, ses boucles d'oreilles Vache qui rit et son rouge à lèvres rouge vif. Ah, je n'avais pas vu le total look, le legging léopard sous une minijupe en jean, toujours au top de l'élégance.

« René Clooney » rentre comme une furie. Il porte un jean délavé, taché de gras. Il est très virulent, agressif et violent dans ses paroles mais aussi dans ses gestes. J'entends la blondasse vociférer dehors. Ça dérape complètement.

Ils essayent de gifler Karine pour qu'elle se rétracte. Instinctivement, je m'interpose, tout va très vite, je reçois la main de ce taré en pleine figure. Je suis complètement sonnée.

Mes enfants assistent à cette scène, effarés. Ils emmènent immédiatement Karine au fond du jardin pour la protéger. Loïc finit par les foutre dehors.

Une limite vient d'être franchie.

Je dépose plainte, la pression qui est exercée sur Karine est inacceptable.

Dossier d'instruction

Début 2012, j'ai rendez-vous avec Maître Hubert, notre conseil de l'époque, pour déjeuner. Lors de ce repas, elle me donne une copie de la procédure. Elle n'en a pas le droit, mais elle est touchée par ce dossier.

Aussitôt rentrée, je commence la lecture des auditions de Karine. Je vomis à plusieurs reprises tant cela est insoutenable. Pourtant je savais ce qu'elle avait enduré avec Blaudy mais la retranscription de ses paroles et la description des viols donnent une autre dimension à tout cela. Je voudrais crever cette ordure.

Je découvre qu'il nie en bloc dans la première audition, mais pas dans la deuxième. Il craque et avoue certaines choses. J'apprends avec effroi que son avocat vient de demander l'annulation de ses aveux. Les policiers de la brigade des mineurs ne lui ont pas redemandé s'il voulait un avocat lors de sa garde à vue, au début de la deuxième audition. C'est une faute qui entraîne l'annulation de ses aveux. Je suis révoltée.

Je fais aussi une autre découverte glaçante. Une perquisition a été menée en prison dans la cellule de ce monstre. Ils ont retrouvé des lettres d'Émile Louis ! Ces deux salauds s'écrivent, c'est inimaginable. Émile Louis, ce tueur en série qui trouvait ses proies à la DDASS. Incroyable ! Et ce n'est pas fini. Des photos de Karine envoyées par les parents dans des courriers sont également retrouvées. Le lien n'a donc pas été coupé, ils continuaient même d'envoyer des photos de la petite... Abject.

En mars 2012, je rentre en contact sur Facebook avec une journaliste qui se nomme Delphine Welter. Elle est spécialisée dans les affaires criminelles et fait des reportages à la télévision. Je ne la connaissais pas. Nous discutons longuement par téléphone et je lui raconte mon histoire. Je sens qu'elle accroche. Mais elle a besoin de preuves car c'est « un dossier hors norme » me dit-elle. Ça tombe bien, des preuves je n'en manque pas. Le courant passe bien, je la sens sincère. Je lui propose de lui envoyer des éléments sur une clé USB. Elle me communique son adresse personnelle et m'assure qu'elle me rappellera bientôt. Cela me donne aussitôt confiance en elle. Peut-être qu'elle pourra nous aider en médiatisant l'affaire. J'ai espoir.

Par ailleurs, Maître Hubert doit se déporter de l'affaire. Elle m'oriente vers Maître Billaud, un pénaliste de renom sur Rennes. Le premier rendez-vous me déçoit. J'arrive dans ce cabinet cossu dans le centre de Rennes. C'est un bureau à l'ancienne, avec un grand fauteuil qui domine la pièce. Lorsque je m'assois face à ce Monsieur d'un certain âge, je constate une carafe de whisky sur le bureau et un verre mi-plein à côté. Il le remplit à deux reprises au cours de l'entrevue. Cela me met mal à l'aise. L'assistant est cordial, mais je sens que cet avocat ne va pas me suivre dans ce combat. Je lui dis clairement qu'il faut remettre en cause le travail de certains magistrats. Comme à mon habitude, je ne mâche pas mes mots. Je pense qu'il ne me croit pas et qu'il n'est absolument pas motivé pour aller dans ce sens. Mais je n'ai pas le choix, j'ai besoin d'un avocat.

Ce n'est pas évident de choisir un avocat. Si je suis accompagnée par un professionnel, c'est pour qu'il me soutienne et qu'il m'aide à mener à bien l'objectif que je me suis fixé, prouver la complicité des parents concernant les viols de Blaudy.

Face à Blaudy

Le 10 février 2012, nous sommes convoqués pour la confrontation avec Blaudy. Karine est globalement préparée, mais je la sens terriblement anxieuse. Bizarrement elle n'appréhende pas d'être face à cette bête immonde, elle est sûre d'elle, elle dira la vérité, comme toujours. Mais ce qu'elle appréhende le plus ce sont les questions de la juge. Le personnel judiciaire l'angoisse, elle n'a pas confiance, ces années d'acharnement l'ont traumatisée.

Je viens d'être opérée du talon d'Achille droit, je suis immobilisée. Il est hors de question de ne pas l'accompagner. Je m'organise pour m'y rendre en fauteuil roulant, avec l'aide de mon beau-fils. Nous arrivons très en avance. La magistrate nous installe dans une petite alcôve discrète. Karine mange des fraises Tagada que mon beau-fils lui a ramenées, elle adore ça.

Blaudy passe menotté, il jette un regard en notre direction. C'est la première fois que la petite revoit son violeur depuis sept ans, elle est calme et ne dit pas un mot. Elle soutient même son regard avec son air bougon. Ma cheville me fait beaucoup souffrir, la douleur m'empêche de me concentrer sur ce qui se passe autour de moi.

Je tente de la rassurer une dernière fois, « ça va aller, ma puce ». Mais c'est elle qui me rassure. Elle a une force incroyable.

La greffière vient la chercher avec son avocate. Je n'ai pas le droit, bien sûr, d'y assister.

Deux heures plus tard, Madame Ramin, la juge, raccompagne Karine. Elle est toute rouge. Elle fouille dans mon sac à la recherche du paquet de bonbons, compulsivement, elle remplit sa bouche. La guimauve laisse sur ses lèvres une empreinte de sucre rose. « Ça va ? » « Oui. » Je n'insiste pas.

La juge nous précise que des confrontations vont bientôt avoir lieu avec les parents. Karine acquiesce, je sais que cela sera moins pénible que ce qu'elle vient de vivre.

D 102/1
1 -> 6

COUR D'APPEL
DE RENNES

TRIBUNAL DE GRANDE INSTANCE
DE RENNES

CABINET DE
Mme RAMIN
Juge d'Instruction

N° du Parquet : **09/31570**
N° de l'Instruction : **810/00019**

Procédure Criminelle

PROCÈS-VERBAL DE CONFRONTATION

Le 10 Février 2012, à 14 h 23

Devant Nous, Sophie RAMIN, Juge d'Instruction au Tribunal de Grande Instance de RENNES, étant en notre Cabinet,
Assistée de Claudine EOUZAN, Greffier,

En présence de Mlle Lucile GUILLAUME, avocat stagiaire

a comparu

M. **Roland BLAUDY**, personne mise en examen en date du 26 Juillet 2011
Me Benoît GUILLOTIN, conseil de la personne mise en examen régulièrement convoqué par télécopie avec récépissé le 23 Janvier 2012, soit cinq jours ouvrables au plus tard avant la présente audition, et à la disposition de qui la procédure a été mise à tout moment et au plus tard quatre jours ouvrables avant la présente audition, est présent

Nous avons procédé comme suit à la confrontation entre la personne mise en examen susnommée
et :

Mlle **Karine JAMBU**, Partie civile
Me Catherine JOSSE-TIRIAU, conseil de la partie civile régulièrement convoqué par télécopie avec récépissé le 23 Février 2012, soit cinq jours ouvrables au plus tard avant la présente audition, et à la disposition de qui la procédure a été mise à tout moment et au plus tard quatre jours ouvrables avant la présente audition, est présent

Mentionnons que Laurence JAMBU ayant accompagné Karine JAMBU jusqu'au cabinet nous précise qu'un rendez-vous a été pris avec un psychologue lundi matin pour Karine.

QUESTION à Karine JAMBU : Maintiens-tu qu'il est arrivé que Jean-Louis BLAUDY dorme dans ton lit et que tu te retrouves à dormir avec Roland BLAUDY ?
REPONSE de Karine JAMBU : Oui.

QUESTION à Roland BLAUDY : Etes-vous d'accord avec ce que dit Karine ?
REPONSE de Roland BLAUDY : Je ne suis pas d'accord. Mon frère n'a jamais dormi dans la

chambre de Karine, je n'en ai pas le souvenir. C'est complètement faux. En revanche, je dormais dans le clic clac quand j'allais chez eux.

QUESTION à Karine JAMBU : Maintiens-tu que Roland BLAUDY venait te chercher dans ton lit la nuit en te portant ?
REPONSE de Karine JAMBU : Oui.

QUESTION à Roland BLAUDY : Qu'avez-vous à dire sachant qu'à sept ans, Karine faisait 125 cm à six ans et 132 cm/27 kg à 7 ans, et qu'il était donc encore aisé de la porter compte tenu de votre propre corpulence (1,77m) D90-BIII27/5)?
REPONSE de Roland BLAUDY : Je confirme que c'était possible physiquement pour moi de la porter mais je ne le faisais pas. Je n'avais pas besoin de le faire. C'était Karine qui demandait à dormir avec moi. Je faisais la démarche auprès de ses parents pour qu'elle reste un moment avec moi.

QUESTION à Karine JAMBU : As-tu le souvenir de lui avoir demandé de dormir avec lui ?
REPONSE de Karine JAMBU : Oui, parce qu'il me le demandait.

QUESTION à Karine JAMBU : As-tu le souvenir d'avoir demandé à regarder la télévision avec lui par exemple ?
REPONSE de Karine JAMBU : Il me le demandait.

QUESTION à Karine JAMBU : Ton père indique que ce n'est pas possible que M. BLAUDY soit venu te chercher dans ta chambre car ils dormaient la porte ouverte à cause de tes cauchemars et auraient entendu le bruit. Qu'en penses-tu ?
REPONSE de Karine JAMBU : C'est pas vrai, il venait me chercher.

QUESTION à Karine JAMBU : Maintiens-tu que Roland BLAUDY, que ce soit chez tes parents ou rue Saint Melaine, te mettait son sexe dans tes fesses et dans ton vagin?
REPONSE de Karine JAMBU : Oui.

QUESTION à Karine JAMBU : Maintiens-tu que Roland BLAUDY te faisait faire des fellations, c'est à dire sucer son sexe ?
REPONSE de Karine JAMBU : Oui.

QUESTION à Karine JAMBU : Maintiens-tu que lorsque tu lui léchais le sexe du liquide coulait dans ta bouche ?
REPONSE de Karine JAMBU : Oui.

QUESTION à Roland BLAUDY : Maintenez-vous que lors des masturbations vous êtes allé jusqu'à éjaculation ?
REPONSE de Roland BLAUDY : Oui, madame le juge.

QUESTION à Roland BLAUDY : Comment peut-elle inventer l'histoire de ce liquide qui lui coule dans la bouche et lui donne envie de vomir, monsieur BLAUDY ?
REPONSE de Roland BLAUDY : C'est comme la dernière fois devant vous. J'ai bien compris qu'elle ne connaissait rien de ces choses là à l'époque et c'est pour ça que je suis aussi étonné que vous. Je peux faire des suppositions, qu'elle n'est pas toute seule derrière ses déclarations. Que c'est Laurence JAMBU qui est très procédurière et qui a fait beaucoup de mal, qui continue à en faire, qui est derrière tout ça. Maintenant j'admets que je ne suis pas blanc comme neige mais pour les pénétrations c'est pas possible, je suis impuissant et pour les demandes de... fellations je refuse ! Déjà que je ne le demande pas à mes compagnes. Je veux apporter une précision, quand je dis "je suis", je veux dire que je suis depuis longtemps impuissant.

QUESTION à Karine JAMBU : Que penses-tu du fait que M. BLAUDY dit que ta tante t'aurait poussée à inventer des choses ?
REPONSE de Karine JAMBU : C'est pas vrai, elle me dit seulement de dire la vérité et rien

d'autre. Elle ne fait pas de mal aux gens, elle fait plutôt le bonheur des autres.

QUESTION à Karine JAMBU : M. BLAUDY avait aussi dit que peut être tu avais été agressée par quelqu'un d'autre que lui, en as-tu le souvenir aujourd'hui ?
REPONSE de Karine JAMBU : Non.

QUESTION à Karine JAMBU : Tu es bien sûre ?
REPONSE de Karine JAMBU : Oui.

QUESTION à Karine JAMBU : Maintiens-tu que Roland BLAUDY te mettait un vibromasseur dans tes fesses ?
REPONSE de Karine JAMBU : Oui.

QUESTION à Roland BLAUDY : Qu'avez-vous à dire ?
REPONSE de Roland BLAUDY : Ce n'est pas possible. Quand j'ai été interpellé ils ont fait une fouille conséquente de l'endroit où j'étais et aucun appareil de ce genre n'a été retrouvé.

QUESTION à Roland BLAUDY : Vous m'avez dit la dernière fois n'avoir plus eu de contacts avec les JAMBU à compter de la fin 2004, début 2005 jusqu'à votre interpellation en avril 2005, l'appareil aurait donc pu être jeté par vous, qu'avez-vous à dire ?
REPONSE de Roland BLAUDY : Je n'ai jamais eu un tel appareil. Je pense qu'on peut retrouver la preuve auprès de magasins spécialisés.

QUESTION à Karine JAMBU : Maintiens-tu qu'en échange de ce que te faisait Roland BLAUDY tu avais des cadeaux et que tu comprenais bien que c'était lié ?
REPONSE de Karine JAMBU : Oui. Il me disait "je vais t'acheter un cadeau", il me faisait, après il m'achetait un cadeau.

QUESTION à Roland BLAUDY : Qu'avez-vous à dire ?
REPONSE de Roland BLAUDY : C'est vrai que je lui faisais des présents mais pas dans ce but là. Il est vrai cependant que compte tenu de la situation elle pouvait penser le contraire. Pour moi il n'y avait pas de carottes... oui je lui faisais des cadeaux. Ce n'était pas en lien.

QUESTION à Roland BLAUDY : Compte de la fréquence des agressions rapportées par Karine on peut imaginer que les cadeaux avaient forcément un lien pour elle avec les agressions
REPONSE de Roland BLAUDY : On peut le voir comme ça.

QUESTION à Karine JAMBU : Maintiens-tu qu'une autre petite fille t'aurait fait des confidences sur des faits d'agressions qu'elle aurait subies de monsieur BLAUDY ?
REPONSE de Roland BLAUDY : Oui.

QUESTION à Karine JAMBU : Aujourd'hui te souviens-tu un peu plus de qui ça pouvait être ?
REPONSE de Karine JAMBU : Non.

QUESTION à Karine JAMBU : Maintiens-tu que les agressions sur toi par Roland BLAUDY ont continué après que tu as été entendue par les policiers en février 2005 ?
REPONSE de Karine JAMBU : Oui mais c'était moins, je pense que ça a duré une fois dans la semaine.

QUESTION à Karine JAMBU : Tu veux dire que ça ne s'est passé qu'une seule fois après février 2005 ou que le rythme des agressions a été diminué à une fois par semaine ?
REPONSE de Karine JAMBU : Ce n'était plus qu'une fois par semaine.

Blaudy Rol

QUESTION à Karine JAMBU : Dans ta tête, avant février 2005, ça se passait combien de fois par semaine ?
REPONSE de Karine JAMBU : C'était trois fois par semaine.

QUESTION à Roland BLAUDY : Comment expliquez-vous les accusations répétées de Karine JAMBU contre vous, vous maintenez que tout vient de Laurence JAMBU ?
REPONSE de Roland BLAUDY : Oui.

QUESTION à Roland BLAUDY : Ne peut-on pas dire que grâce à Laurence JAMBU Karine a en face d'elle son agresseur, agresseur que vous reconnaissez être ?
REPONSE de Roland BLAUDY : C'est vrai mais ce n'est pas la peine d'en rajouter. Je reconnais ce que je lui ai fait mais je nie qu'il y a eu plus. C'est physiquement impossible.

QUESTION à Roland BLAUDY : Que reconnaissez-vous exactement ?
REPONSE de Roland BLAUDY : Je reconnais ce qu'on appelle des agressions sexuelles, c'est-à-dire lui avoir caressé le corps, m'être masturbé entre ses jambes parfois jusqu'à éjaculation. Ce qu'on appelle du tripotage. Il n'y a pas eu de fellation parce que je ne le demandais même pas à mes compagnes et pas de pénétrations ni vaginales ni anales.

QUESTION à Roland BLAUDY : Il faudrait imaginer que lorsque Karine a été entendue la première fois pour cette procédure on lui avait expliqué qu'il fallait dire ce qu'elle avait ressenti physiquement à savoir avoir eu mal et avoir eu envie de vomir. Croyez-vous Karine capable d'apprendre une telle leçon ?
REPONSE de Roland BLAUDY : Je ne le pensais pas mais maintenant j'ai un doute. C'est pas vrai. Je ne l'ai pas violée.

QUESTION à Roland BLAUDY : Peut-on imaginer que lors des caresses et des masturbations vous ayiez pu la pénétrer avec vos doigts ?
REPONSE de Roland BLAUDY : Je ne comprends pas si c'était le cas comment ça a pu être caché si longtemps et comment elle n'hurlait pas.

QUESTION à Roland BLAUDY : Vous ne répondez pas à la question, l'avez pénétrée avec vos doigts ?
REPONSE de Roland BLAUDY : Non.

QUESTION à Karine JAMBU : Peux-tu nous dire ce qui s'est passé avec ton père le 2 novembre 2011 chez ton oncle et ta tante [D92/2] ?
REPONSE de Karine JAMBU : C'est quand on est descendu de la voiture ?

QUESTION à Karine JAMBU : C'est quand tu les a vus a priori chez ta tante le 2 novembre 2011
REPONSE de Karine JAMBU : Il m'a dit qu'il allait me gifler.

QUESTION à Karine JAMBU : Pourquoi ?
REPONSE de Karine JAMBU : Par rapport à ce que j'avais dit sur Roland, que ça les empêchait de dormir et que je leur avais fait du mal.

QUESTION à Roland BLAUDY : L'enquêtrice de personnalité qui vous a rencontré en 1996 mentionne que votre "impuissance" pourrait être consécutive à la prise de conscience de l'inceste réel ou fantasmé vécu avec votre mère [BIII 26/11]. Comme je vous l'avais déjà dit la dernière fois, il serait peut être envisageable que votre "impuissance" ne se manifeste qu'en présence de femmes adultes avec lesquelles vous auriez, selon vos propres dires à l'enquêtrice, l'impression de faire l'amour avec votre mère. Qu'en pensez-vous ?
REPONSE de Roland BLAUDY : L'impuissance elle n'a pas toujours été là, ça a commencé en 1994-1995. J'ai peut être utilisé une métaphore, je ne me souviens pas avoir été empreint de ça. Je ne me rappelle pas ce genre de questionnement.

QUESTION à Roland BLAUDY : Le Docteur MAHE qui vous a examiné en janvier 2006 (BIII-15/5) indique que vous lui décrivez un "phénomène d'impuissance avec brusque interruption de l'érection". Il ne s'agit pas donc d'une impuissance totale qui vous empêche d'avoir des érections ?
REPONSE de Roland BLAUDY : Il s'agissait de ce qui se passait avec mes compagnes longtemps avant 2006, après j'étais impuissant.

QUESTION à Roland BLAUDY : Le dossier d'instruction comporte également à ce jour des expertises psychologiques et psychiatriques ordonnées dans les précédents dossiers. L'expertise du docteur MAHE (BIII15) semble corroborer mes interrogations (cf BIII15/6 : lorsqu'il déclare que votre sexualité serait différente avec les mineures). Je vous en donne lecture. Qu'avez-vous à dire ?
REPONSE de Roland BLAUDY : C'est peut être vrai que j'avais un désintérêt pour les femmes adultes. Je n'en étais pas moins impuissant.

QUESTION à Roland BLAUDY : Je vous relis les observations que vous adressiez au juge d'instruction de Meaux dans la précédente affaire vous concernant (BIII13). Vous lui indiquiez avoir peur de la justice et de la police depuis 1997, vivre comme un ermite, ne côtoyer que des hommes adultes, pas de couples, pas d'enfants... avec le recul, alors que l'on sait qu'avant votre incarcération vous étiez toujours proche des JAMBU et de Karine, que doit-on penser ?
REPONSE de Roland BLAUDY : C'est vrai que je vivais seul.

QUESTION à Roland BLAUDY : Là n'est pas la question, vous lui affirmez avec sincérité ne rien avoir fait depuis 1997. Que doit-on penser de votre "sincérité" aujourd'hui vis à vis de Karine ?
REPONSE de Roland BLAUDY : C'était dans le brouillard à cette époque là, ça a duré vingt ans. Ca ne fait pas si longtemps que j'ai compris réellement ce que j'avais fait. C'est grâce au psychologue. Avant j'accusais tout le monde d'avoir tort et j'étais le seul à avoir raison. Je ne me mettais pas à la place des victimes.

QUESTION à Roland BLAUDY : Etes-vous sûr de vous mettre à la place des victimes quand vous dites que votre fille Anaïs a été manipulée et que Karine est manipulée ?
REPONSE de Roland BLAUDY : Je n'ai pas prononcé le mot de "manipulation".

QUESTION à Roland BLAUDY : Quel est le mot approprié ?
REPONSE de Roland BLAUDY : "Suggérer".

QUESTION à Roland BLAUDY : Vous comprenez que de votre situation et au vu de vos antécédents il est difficile pour vous de trouver un échappatoire.
REPONSE de Roland BLAUDY : Oui je ne rêve pas, je me doute bien, avec mes condamnations... en tout cas pour la première fois j'ai réussi à dire ce qui était vrai et ce qui n'était pas vrai.

QUESTION à Karine JAMBU : Veux-tu rajouter quelque chose ?
REPONSE de Karine JAMBU : Non.

QUESTION à Roland BLAUDY : Souhaitez-vous dire quelque chose ?
REPONSE de Roland BLAUDY : Non.

Me JOSSE-TIRIAU à Roland BLAUDY : Karine a dit que vous faisiez boire ses parents pour pouvoir profiter d'elle, pouvez-vous dire comment ça se passait ?
REPONSE de Roland BLAUDY : Faire boire les JAMBU c'est difficile. M. JAMBU ne buvait pas. Il est arrivé que l'on trinque pour une fête. C'est injuste de dire ça de son père, c'est quelqu'un de solide, je n'aurais pas pu le faire boire contre sa volonté. Mme JAMBU ne buvait pas.

Me JOSSE-TIRIAU à Karine JAMBU : Karine peux-tu nous dire comment ça se passait ?
REPONSE de Karine JAMBU : Ben si, ils buvaient. Même que quand il est parti, ils boivent beaucoup. Ma mère boit beaucoup depuis, elle peut boire une bouteille de vin à elle toute seule.

Me JOSSE-TIRIAU à Roland BLAUDY : Puisque vous indiquez vous être masturbé entre lse jambes de Karine jusqu'à éjaculation, ce qui supposerait une érection, pourquoi pas dans la bouche de Karine ?
REPONSE de Roland BLAUDY : Il n'y a pas besoin d'érection pour éjaculer, je le sais bien c'est mon cas. Pour la fellation, je n'aime pas cette pratique, ça ne m'intéresse pas.

Me GUILLOTIN n'a pas de questions à poser.

Lecture faite, les parties persistent et signent avec nous et le greffier.

La perquisition qui est évoquée ici a eu lieu dans le studio qu'occupaient Blaudy et son frère dans la rue Saint Mélaine, au moment de son interpellation. Il y est venu quelques fois avec Karine pour la violer. Ses parents la laissaient partir avec lui l'après-midi. Ils n'ont effectivement jamais retrouvé de vibromasseur à cet endroit. Mais Karine a été abusée la majeure partie du temps chez ses parents à Chantepie. Malheureusement, il n'y a jamais eu de perquisitions à leur domicile.

Lorsque je lis cette confrontation, j'ai un flash. Je nous revois dans notre jardin un soir de juin 2010, le couple diabolique était là pour le dîner. Nous sommes en train de finir le repas que je leur ai encore servi. La Zézette est saoule comme d'habitude. On se retrouve toutes les deux, elle se met à me raconter les ébats de sa semaine dans les moindres détails : « Il me place le vibro devant et m'encule par-derrière et je crie de plaisir. » Bon appétit.

Je n'ai même pas osé le raconter à qui que ce soit tellement j'étais gênée.

Aujourd'hui ces paroles ont une autre dimension, je sais qu'il y avait bien cet instrument chez eux et que Karine n'a pas menti. Ils sont passés à côté de la vérité encore une fois et c'est regrettable.

Les jeunes

Les jours et les semaines passent, Karine suit sa scolarité et travaille beaucoup pour rattraper son retard. Depuis qu'elle est à plein temps chez nous, nous lui payons des cours particuliers coûteux. Elle finit sa quatrième, je suis très fière d'elle car elle revient de loin et elle s'accroche. Les rendez-vous avec la Justice pourraient lui faire perdre pied mais elle garde le cap.

Il nous faut évidemment encore se préparer aux confrontations futures et son lot de découvertes. Sans que je m'y attende, elle me reparle des jeunes du quartier qu'elle avait évoqués lorsqu'elle est arrivée chez nous. Elle me questionne : « Pourquoi la juge ne m'a pas interrogée sur les jeunes ? »

Je suis surprise, je ne vois pas le rapport avec la procédure :

« Pourquoi donc, ma puce ? La juge ne s'intéresse qu'aux éléments qui concernent les viols.

– Oui mais il y a les jeunes, Laurence.

– Quels jeunes Karine ? Qui sont ces jeunes ?

– Bah ceux qui m'ont fait comme Roland... »

Je suis obligée de m'asseoir. Le ciel me tombe une nouvelle fois sur la tête.

« Quoi comme Roland ?

– Ben ce que Roland me faisait faire avec son zizi quand il m'obligeait à lécher. »

Je ne veux pas croire ce qu'elle me dit. Non. Ça ne va pas recommencer. C'est impossible.

« Ils habitent où ceux-là ?

– À Chantepie, à côté de chez René et Anne-Marie mais je sais pas l'adresse. »

Elle me donne leur nom, ils sont trois. Je n'en demande pas plus sur le moment. J'ai besoin d'appréhender ce nouveau séisme. Je ne vais encore pas beaucoup dormir cette nuit-là. Elle m'avait évoqué ces jeunes il y a longtemps, je n'avais pas compris, ai-je seulement voulu comprendre ? J'aurais dû lui poser des questions. Mais qu'est-ce que tu as été conne, ma pauvre fille !

Je m'en veux terriblement, j'en suis malade.

Le lendemain matin, j'appelle la policière qui est chargée de l'enquête. Je lui fais état des nouvelles révélations de Karine. Elle en informe le magistrat.

À la suite de cela nous sommes auditionnées toutes les deux dix jours plus tard. Une plainte est déposée et une deuxième procédure est ouverte. C'est reparti.

Comme il s'agit de mineurs, c'est un autre magistrat qui est nommé.

En avril 2012, il demande un transport sur les lieux avec Karine et une nouvelle expertise médico-légale. Tout cela est rapide. Mais après plus rien. Nous sommes sans nouvelle de la Justice pendant plus de quinze mois. J'ai eu beau les appeler presque chaque mois pour les relancer, je m'entends dire à chaque fois qu'ils sont débordés et qu'il y a trop de dossiers. Je pense que j'ai dû finir par leur taper sur les nerfs mais tant pis, seule Karine compte, elle me donne l'énergie nécessaire pour ne rien lâcher.

L'avocate de Karine est souffrante et a du mal à suivre. En même temps Karine ne se sent pas tellement soutenue avec elle. Je contacte différentes associations de protection de l'enfance. Homayra Sellier, la présidente d'Innocence en Danger, me donne plusieurs noms. Je propose à Karine d'en rencontrer un. Elle accepte.

C'est ainsi que nous faisons la connaissance de Maître Anne-Claire Lejeune au mois de juillet. Son cabinet est à Paris, elle se déplace gentiment sur Rennes. C'est une belle femme brune, souriante, la trentaine. Le feeling passe tout de suite avec Karine. On la sent très investie dans la protection des enfants. Elle devient tout naturellement son avocate.

Le fichier ADELI

Je viens d'adhérer à une association de défense contre les administrations publiques, l'ADUA. J'ai besoin de raconter mon expérience épouvantable avec l'Aide Sociale à l'Enfance. Je sais qu'il y a un énorme problème avec cette administration, il y a trop d'enfants qui ne sont pas ou mal protégés par eux. Ils vont peut-être pouvoir m'aider à les mettre en difficulté.

C'est comme ça que va commencer ma gigantesque enquête. J'ai toujours en tête cet éducateur, Monsieur Bosser qui nous a fait tant de mal. Je commence à fouiner pour voir si cet individu nuisible est bien en règle. Il doit bien y avoir quelque chose sous le tapis le concernant. Il est trop malhonnête pour que tout soit propre.

C'est alors que je découvre ce fameux fichier ADELI. C'est un fichier qui récence tous les agents territoriaux, l'État l'a mis en place pour contrôler leurs diplômes. On y trouve les assistantes sociales et les psychologues, chargés des enquêtes sociales, ceux qui rédigent les fameux rapports après les enquêtes sociales dans les familles. Et ils ont l'obligation de s'y inscrire.

Il va être difficile de séparer le bon grain de l'ivraie mais je me lance. Je contacte le département d'Ille-et-Vilaine pour obtenir la liste de leurs travailleurs sociaux et je commence à la comparer avec le fichier national ADELI. Il y a des centaines de noms. Je tombe sur Bosser. Problème, il n'est pas répertorié en Ille-et-Vilaine mais dans un autre département. Il n'a pas dû effectuer son changement, ce n'est pas très grave mais ce n'est pas sérieux, il n'est pas en règle.

D'autres en revanche n'y figurent pas, notamment certains qui se sont occupés de Karine. Je suis stupéfaite, c'est un peu plus embarrassant pour cette belle administration.

Cela me motive pour faire la même vérification dans tous les départements. C'est un travail colossal qui dure tout l'été, j'y passe mes jours et mes nuits. Karine m'aide à cocher les noms, ça l'amuse. Je conclus qu'un tiers de ces travailleurs sociaux ne sont pas inscrits. Ont-ils leurs diplômes ? Ont-ils la qualification pour protéger des enfants en souffrance ?

C'est un véritable scandale et je viens de le découvrir. L'association ADUA est ravie de cette révélation qui pourrait invalider toutes les enquêtes menées par ces contrevenants.

Nous organisons une conférence de presse pour présenter ma trouvaille. Suite à cela, tous les départements se mettent immédiatement en règle. Ça en restera là, ils font profil bas, bien embarrassés. Mais je ne suis pas peu fière. Ce n'est que le début de ma détermination.

Cette année va être riche en belles rencontres. Grâce à l'ADUA, je me lie d'amitié avec Élisabeth, une autre adhérente. Elle devient un soutien de taille. C'est une belle personne, pleine de générosité, d'amour et d'optimisme. Elle me fait découvrir une nouvelle facette de moi. Je suis un vrai volcan, elle m'apprend à me canaliser et me donne la force d'aller au bout pour aller chercher le saint Graal : la preuve de la vérité.

J'en avais tellement besoin après toutes ces années de solitude. C'est aussi une personne très généreuse, qui me soutiendra financièrement quand j'en aurai besoin.

Nos élus

Les élections présidentielles sont passées, je recommence à écrire des courriers partout, président de la République, ministre de la Justice, secrétaire d'État et j'en passe. Il faut que ça bouge alors je change de ton. Pas de réponse.

Je recommence l'exercice avec l'aide précieuse de Xavier du CEDIF, le Comité pour la Défense de l'Individu et des Familles. S'ils ne m'ont pas entendue, je vais crier un peu plus fort.

Je pensais naïvement qu'un gouvernement socialiste aurait eu plus à cœur la protection de l'enfance. Quelle naïveté ! Les premières réponses sont extrêmement décevantes, carrément à côté de la plaque, c'est une terrible déconvenue pour moi !

En définitive, j'en déduis qu'il s'agit bien d'un problème de personnes et non de partis politiques. Je préfère un homme qui n'est pas d'accord, à un homme qui s'en fout. François Hollande n'a pas manifesté d'intérêt pour la cause des enfants. C'est d'ailleurs ce que me répond sa secrétaire de cabinet :

« Vous ne pensez pas quand même que le président va s'occuper de chaque enfant violé, il a autre chose à faire. »

Ah oui, quoi ? Qui y a-t-il de plus important que cela ? Les enfants sont notre espoir, notre futur, si nous ne leur donnons pas la protection qui leur est due, nous condamnons l'avenir de notre société.

Déçue par cette réponse inacceptable, je continue d'écrire. On me le reprochera souvent d'ailleurs : « Laurence arrête, tu te fatigues pour rien, laisse tomber. » Mais ne sont-ils pas élus par le peuple et pour le peuple ? Que nous reste-t-il à nous, les Sans-Dents et les Illettrés, quand les institutions déraillent, si ce n'est l'implication de nos élus ?

Je suis tellement en colère, j'en veux à la terre entière et je m'y inclus. Ce sentiment qui m'envahit est un sentiment d'échec. Tout ce qui devait la protéger... rien n'a fonctionné.

Anne-Marie

C'est bientôt la rentrée, Karine passe en 3e.

Les confrontations sont imminentes, elle va devoir faire face une nouvelle fois à ses géniteurs mais aussi au frère de Blaudy.

L'avocate de Karine, Anne-Claire Lejeune, l'emmène dîner ce soir pour la préparer à cette nouvelle épreuve. Je trouve cette initiative touchante. Elle le fera à la veille de chaque audition.

Nous avons rendez-vous avec elle place du Parlement à Rennes. Le temps est agréable, il fait beau en cette fin de journée. Ce sont les derniers jours des vacances. Nous sommes en avance.

« Tu veux aller quelque part, ma puce ? On a un peu de temps.

– J'ai faim ! » me répond-elle.

Avant chaque audition ou convocation, c'est toujours la même chose. Elle a faim. Pas forcément de nourriture, mais faim de tout, d'amour, d'attention, elle a besoin de se sentir remplie. C'est devenu des tocs, elle doit se remplir avec ce qui lui passe sous la main avant chaque épisode négatif.

Alors en rentrant, je prépare un panier. Il faut toujours veiller à partir de la maison avec des douceurs, des barres chocolatées, des sodas et des bonbons. Tout est prêt.

Le lendemain, dans la voiture qui nous conduit au tribunal, Karine me pose une question :

« Tu crois qu'Anne-Marie se sera lavée ?

– Je l'espère pour la juge ! Avec la chaleur ce serait mieux, mais on est en milieu de semaine donc normalement non. »

Je la fais sourire.

Une fois arrivées au tribunal, nous suivons le même procédé que la dernière fois. Nous attendons au même endroit. Anne-Claire Lejeune nous rejoint. Elle affiche son grand sourire apaisant. Elle est élégante avec ses jolies chaussures à talons aux semelles rouges. Ce sont des Louboutins. Mon rêve, que c'est élégant ! Nous échangeons sur la scolarité, les soins médicaux de Karine et je lui remets les documents nécessaires.

Les deux alcoolos débarquent. Karine regarde sa mère et la détaille de haut en bas. « Ben dis donc, collant résilles, short en cuir, talons aiguilles… »

Lui est en t-shirt et bermuda. Notons ce détail vestimentaire qui ne manquera pas de mobiliser toute mon attention, il a mis des tennis blanches avec des chaussettes montantes noires ! La classe.

L'avocate de Zézette arrive. Elle semble avoir oublié les bonnes manières, le bonjour est en option avec elle aussi. Karine la déteste.

D157/1
1/13

COUR D'APPEL
DE RENNES

TRIBUNAL DE GRANDE INSTANCE
DE RENNES

CABINET DE
Mme RAMIN
Juge d'Instruction

Pour copie certifiée conforme
Le Greffier

N° du Parquet : **09/31570**
N° de l'Instruction : **810/00019**

Procédure Criminelle

PROCÈS-VERBAL DE CONFRONTATION

Le 28 Août 2012, à 14h35,

Devant Nous, Sophie RAMIN, Juge d'Instruction au Tribunal de Grande Instance de RENNES, étant en notre Cabinet, assistée de Aurélie LE BAUD, Greffier d'instruction,

a comparu

Mme **Anne-Marie DALLA PORTA épouse JAMBU**, personne mise en examen en date du 28 Août 2012, assistée de **Maître Tardy-Joubert**, régulièrement convoquée par télécopie le 3 juillet 2012 ;

Nous avons procédé comme suit à la confrontation entre la personne mise en examen susnommée

et :

Mlle **Karine JAMBU**, Partie civile, en présence de **Me Anne-Claire LE JEUNE**, conseil de la partie civile régulièrement convoqué par télécopie avec récépissé le 02 août 2012, soit cinq jours ouvrables au plus tard avant la présente audition, et à la disposition de qui la procédure a été mise à tout moment et au plus tard quatre jours ouvrables avant la présente audition, est présente,

Les interrogatoires de monsieur et madame JAMBU ont été mis à disposition de l'avocate qui renonce de ce fait à toute nullité tirée de l'article 114 du code de procédure pénale ;

QUESTION à Karine JAMBU : D'après ton ancien avocat, c'est toi qui a demandé à être confronté avec ta mère. Que souhaitais tu lui dire ?
REPONSE de Karine JAMBU : Je préférerais répondre à des questions.

QUESTION à Karine JAMBU : Maintiens-tu que selon toi, monsieur BLAUDY faisait boire tes parents lorsqu'il vivait chez vous ?
REPONSE de Karine JAMBU : Oui.

QUESTION à Mme Anne-Marie DALLA PORTA épouse JAMBU : Qu'avez-vous à dire ?
RÉPONSE de Mme Anne-Marie DALLA PORTA épouse JAMBU : Je ne m'en souviens plus.

QUESTION à Karine JAMBU : Karine, tu as déclaré que tu es certaine que tes parents étaient au courant de ce qui se passait avec monsieur BLAUDY parce que lorsqu'il t'achetait des cadeaux il leur prenait aussi des cigarettes, de l'alcool ou de la nourriture. C'est bien cela ?
REPONSE de Karine JAMBU : Oui. A chaque fois, il donnait de l'argent à ma mère et elle partait.

QUESTION à Mme Anne-Marie DALLA PORTA épouse JAMBU : Qu'avez-vous à dire ?
RÉPONSE de Mme Anne-Marie DALLA PORTA épouse JAMBU : Je sais qu'il a donné de l'argent pour faire des courses mais c'est tout.

QUESTION à Mme Anne-Marie DALLA PORTA épouse JAMBU : C'était régulier ?
RÉPONSE de Mme Anne-Marie DALLA PORTA épouse JAMBU : Non.

QUESTION à Karine JAMBU : Devant moi la dernière fois, tu as maintenu que tu avais continué à subir des agressions sexuelles de monsieur BLAUDY après avoir été entendue par les gendarmes en 2005 et alors que tes parents t'avaient demandé de te taire. Tu en es toujours certaine ?
REPONSE de Karine JAMBU : Oui.

QUESTION à Anne-Marie DALLA PORTA : Il ressort de l'interrogatoire de Monsieur JAMBU que Karine lui aurait fait des déclarations sur le comportement de Monsieur BLAUDY alors qu'elle était âgée de 7 ans, que malgré cela, vous auriez, d'après vos précédentes déclarations, demandé à Karine de ne rien dire aux services de police. Karine affirme avoir été encore agressée après son audition en février 2005. Qu'avez-vous à dire, estimez-vous l'avoir protégée ?
RÉPONSE de Mme Anne-Marie DALLA PORTA épouse JAMBU : Non, j'ai mal protégé ma fille.

QUESTION à Mme Anne-Marie DALLA PORTA épouse JAMBU : Karine va plus loin lorsqu'elle exprime son ressenti, elle laisse entendre que vous saviez ce qui se passait et que vous avez volontairement laissé faire pour obtenir des contreparties...
RÉPONSE de Mme Anne-Marie DALLA PORTA épouse JAMBU : Je ne savais pas.

QUESTION à Karine JAMBU : Souhaites-tu rajouter quelque chose ?
RÉPONSE de Karine JAMBU : Oui, par rapport à l'argent. Quand Monsieur BLAUDY est parti en prison, elle s'était habituée à acheter ses cigarettes par cartouche. Une fois, elle m'a acheté un DVD pour pas que je le dise à mon père. Il l'a appris. Elle a fait une crise en disant que je mentais mais je me souviens du bureau de tabac.

SPONTANÉMENT Mme Anne-Marie DALLA PORTA épouse JAMBU : C'est faux.

SPONTANÉMENT Karine JAMBU : Vous pouvez demander à mon père, il le sait.

QUESTION à Karine JAMBU : Peux-tu parler des nouveaux faits que tu as dénoncés ?
RÉPONSE : C'était des jeunes du quartier qui traînaient en bas de l'immeuble, c'était après que Monsieur BLAUDY soit parti en prison.

QUESTION à Karine JAMBU: En avais-tu parlé à tes parents ?
RÉPONSE de Karine JAMBU : Non.

SPONTANÉMENT Mme Anne-Marie DALLA PORTA épouse JAMBU : On a été convoqués le 1er juin pour cette affaire.

QUESTION de Me LE JEUNE à Mme Anne-Marie DALLA PORTA épouse JAMBU : Pouvez-vous expliquer pour quelle raison, dans quel intérêt, vous avez demandé à Karine, par deux fois, de se taire ?
RÉPONSE de Mme Anne-Marie DALLA PORTA épouse JAMBU : Parce que j'avais peur, peur de retourner en prison pour ça.

QUESTION à Mme Anne-Marie DALLA PORTA épouse JAMBU: Cette peur était plus grave que l'intérêt de protéger votre fille ?
RÉPONSE de Mme Anne-Marie DALLA PORTA épouse JAMBU: J'ai mal protégé ma fille, c'est grave ce qui s'est passé. Je savais pas tout, elle aurait du nous en parler, je l'aurais mis dehors le BLAUDY et on aurait porté plainte.

QUESTION à Mme Anne-Marie DALLA PORTA épouse JAMBU: Karine dit pourtant qu'elle vous en avait parlé : qu'avez vous à dire ?
RÉPONSE de Mme Anne-Marie DALLA PORTA épouse JAMBU: Je dis que c'est mal, je ne me souviens pas de tout.

QUESTION de Me LE JEUNE à Mme Anne-Marie DALLA PORTA épouse JAMBU : Pourquoi Karine devait-elle aller dormir dans le canapé et laisser son lit à Jean-Louis BLAUDY ?
RÉPONSE de Mme Anne-Marie DALLA PORTA épouse JAMBU: C'est faux.

Me TARDY-JOUBERT n'a pas de questions.

Lecture faite, les parties persistent et signent avec nous et le greffier.

Chacun pourra se faire une idée précise de leur complicité à la lecture de ces deux procès-verbaux. Mais voici mon analyse.

Leur secret

Nous savons aujourd'hui que lorsque la porte de leur chambre restait ouverte la nuit, il était impossible de ne pas entendre quelqu'un marcher. D'autant qu'il a été confirmé que les parents laissaient leur porte de chambre ouverte au cas où Karine faisait des cauchemars. Ils étaient donc en état de veille.

Mais étonnamment, ils n'entendent jamais rien. Pourtant Blaudy est de bonne corpulence et avec le poids de Karine dans les bras, la légèreté de ses pas ne devait pas être celle d'un petit rat d'opéra.

Il existe cependant deux hypothèses qui pourraient justifier cette perte d'audition massive : l'alcool ou des médicaments pour dormir. En ce qui concerne l'alcool, vous perdez le sens de la réalité mais cela ne vous dédouane pas de votre responsabilité. Concernant la prise de médicaments d'Anne-Marie, éventuellement mélangée à de l'alcool, il est évident que ça ne lui permettait pas d'assurer une vigilance et de protéger la petite. Soit.

Toutefois, nous savons tous que la mégère est tellement accro à la cigarette qu'elle se lève chaque nuit pour fumer à la fenêtre du salon.

Même si elle n'avait pas entendu Blaudy ramener Karine, elle aurait pu aisément les voir dans le clic-clac, qui se trouvait dans le salon.

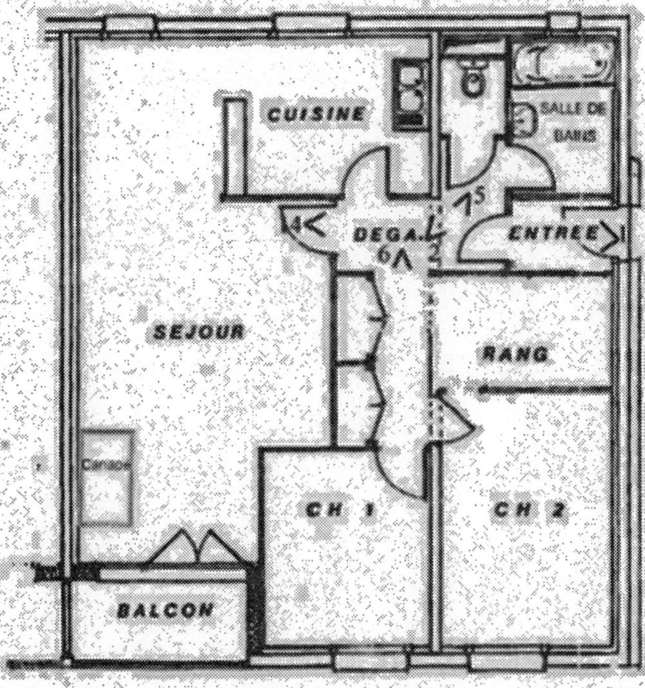

< angles de vues

Karine a longtemps expliqué à ses thérapeutes qu'elle se sentait observée par une femme en blanc pendant les épisodes de viols.

J'ai acquis la conviction que la complicité est manifeste.

Je vais même aller plus loin, je suis persuadée qu'un pacte a même scellé cette étrange perte de sens, à savoir l'ouïe et la vue.

Pour moi, chacun des protagonistes a évidemment des secrets qui ont servi à se couvrir mutuellement.

J'en tiens pour preuve un épisode qui a eu lieu en 2002.

Alors que René est à son travail un dimanche, Blaudy organise un repas avec deux collègues et son frère chez les Jambu. L'alcool a bien coulé, les esprits s'échauffent, et pas que les esprits. Anne-Marie est inspirée, elle propose à un certain Christian une partie de jambes en l'air tarifée. Ils partent faire leurs affaires dans la chambre parentale.

Le frère de Blaudy et l'autre acolyte quittent l'appartement pour une promenade et Blaudy reste avec Karine. Pas besoin de dessins pour savoir ce qu'il fait avec elle dans le salon.

Blaudy avait donc le moyen efficace de faire taire et obtenir ce qu'il voulait d'Anne-Marie après cela. Ils étaient évidemment liés par ce secret. Si René l'avait appris, il en aurait tué un.

Ce Christian sera entendu dans le cadre de l'arrestation de Blaudy en avril 2005 comme témoin de moralité si on peut dire...

À la sortie de cette confrontation, Karine me raconte que sa mère sentait tellement mauvais que la magistrate a demandé qu'on ouvre la fenêtre.

« Tu sais Laurence, elle a mis plusieurs couches d'autobronzant, son visage pèle à cause de toutes les couches. Elle a de la crasse dans le cou, même l'avocate avait envie de rire. »

Ce jour-là, Madame Ramin, la juge, nous annonce son départ. Il y aura donc un changement de juge. C'est la douche froide. Nous allons perdre gros. C'est terrible.

Cette transmission va rompre la direction prise par cette magistrate intègre. Elle traitait Karine avec tellement d'humanité.

J'ai peur de ce qui nous attend. L'avenir judiciaire de cette affaire est de nouveau incertain.

La rencontre

Le suivi de notre dossier par Maître Billaud, mon avocat, est insatisfaisant. Je l'avais senti dès que je l'avais vu, je ne m'étais pas trompée.

Je ne parviens pas à me sentir à l'aise. Je voudrais surtout garder la main sur la procédure et avancer en concertation avec notre conseil. Ce qui n'est pas le cas avec celui-ci.

Delphine Welter, la journaliste télé ne m'a pas oubliée. Elle a pris connaissance des détails de l'affaire, ça l'a captivée et touchée. Qui ne le serait pas ? Alors elle m'appelle régulièrement pour avoir de mes nouvelles et connaître l'avancée de la procédure. Elle aimerait faire un reportage mais ce n'est pas facile avec ce genre de sujets me dit-elle, « les viols et les crimes d'enfant sont trop anxiogènes ». Les chaînes de télévision peuvent aussi être frileuses lorsqu'il s'agit de remettre en cause l'administration et l'État. Elle ne désespère pas. Je lui confie que je cherche un nouveau conseil alors elle me parle d'un avocat à Aix-en-Provence qu'elle estime beaucoup et qu'elle trouve très investi dans ses dossiers. « C'est un gros bosseur, il décortique les dossiers comme personne et c'est quelqu'un de très humain, appelez-le. »

Je lui fais confiance et je contacte Maître Patrice Reviron. C'est un homme posé et doux que j'ai au bout du fil. Il est très attentif à mon histoire. Il pose quelques questions sur le dossier que je trouve pertinentes. Je lui envoie ce dont je dispose pour un avis.

Rapidement, il me demande de venir à Aix pour un rendez-vous. C'est un coût, les billets de train sont à trois-cents euros. Je ne les ai pas. Je les emprunte à mon fils.

Mon amie Titoune habite justement dans le coin. Elle me propose de me loger. C'est parfait. Sa gentillesse et son soutien me permettront de me ressourcer un peu.

Loïc ne s'intéresse pas à tout ça. Il me laisse gérer même s'il râle tout le temps : « Mais qu'est-ce que tu vas foutre à Aix-en-Provence ! T'as pas trouvé plus loin ? » Pas la peine de lui demander de venir au rendez-vous, ça le dépasse complètement.

Me voilà partie dans le Sud, seule. Cette rencontre va tout changer.

Il me reçoit dans son cabinet qui se situe dans le vieil Aix. Il est beaucoup plus jeune que Billaud. Je regarde sur son bureau, il n'y a pas de whisky. C'est un bon début.

Je lui raconte toute notre histoire. Je ne suis pas sûre qu'il me croit, je pense plutôt qu'il me prend pour une illuminée lui aussi. Il est sceptique, je le sens. Mais ce qu'a vécu Karine et ce que nous en savons à ce moment-là, lui font accepter le dossier.

En quittant son cabinet, je suis envahie par plusieurs sentiments. Je l'ai trouvé très professionnel et percutant mais je ne l'ai pas complètement convaincu. Je craque. Je marche dans les rues d'Aix, le froid me brûle les joues et je ne peux empêcher mes larmes de couler, je pleure comme une enfant durant tout le trajet jusque chez Titoune. Je tente enfin de me ressaisir comme je peux : « Il a accepté de nous représenter Loïc et moi, c'est l'essentiel. » Tout dans sa façon de parler, de s'adresser à moi avec respect me redonne confiance. Je me raccroche à ça.

Il va nous aider, c'est sûr.

Je pense que parfois il est nécessaire de savoir changer d'avocat. Il faut choisir quelqu'un en qui on a confiance et qui comprend que votre vérité est plus importante que celle de la Justice.

Engager un avocat d'un autre barreau vous laisse la charge de réaliser vous-même certains actes juridiques. Mais la procédure n'est-elle pas votre procédure, votre dossier ? Cela a du bon, et vous avez ainsi une vision plus claire des méandres de la Justice.

Je me sens enfin en symbiose avec notre conseil.

Peu à peu, il se familiarise avec le dossier, s'y investit pleinement ! Quinze années de non-sens, il faut un peu de temps pour les encaisser.

Maître Reviron me rassure beaucoup. C'est nouveau pour moi. Il répond à mes questions et m'explique progressivement les méthodes et les dédales de la Justice. J'apprends beaucoup avec lui.

Mais un avocat est très occupé, il a d'autres dossiers à gérer. Il ne peut donc répondre à toutes nos interrogations et Dieu sait que j'en ai tous les jours.

Je ne vis que pour cette procédure, du matin jusqu'au soir, délaissant souvent ma famille et surtout mon Tom-Tom qui est encore bien jeune.

Je veux pouvoir me débrouiller un peu seule, alors je décide d'acheter le Code de procédure pénale et le Code pénal. Et j'étudie.

Dans notre maison, une pièce est consacrée à cela, la table a disparu sous une montagne de documents, courriers et bouquins de justice. Personne n'a le droit d'y toucher.

Dès lors, lorsque nous recevons des ordonnances, je vérifie les significations et j'apprends encore et toujours. Nous commençons à entrevoir où nous voulons aller.

Je suis bien sûr convaincue que nous avons été victimes d'un énorme dysfonctionnement judiciaire. J'aimerais engager une procédure distincte contre, l'État pour faute lourde. C'est audacieux voire peut-être chimérique mais ça ne me fait pas peur.

Tout l'argent que nous arrivons à mettre de côté, je le dépense pour Karine, les frais médicaux, les cours particuliers, l'habillement, les courriers, les envois postaux, les photocopies, etc. Alors je dois me débrouiller toute seule pour ce dossier. Je commence à le constituer avec mes timides notions de droit et ma maigre expérience. J'ai une telle soif de justice !

Je me sens galvanisée par ces quelques personnes qui croient en moi, rencontrées récemment. Si bien que je décide également de saisir le défenseur des droits. Il doit absolument avoir ce dossier entre les mains. Tant que Karine ne sera pas reconnue victime et que ses bourreaux ne seront pas condamnés, jamais je ne m'arrêterai, quitte à y laisser ma santé.

Dans le même temps, je commence à recevoir des dossiers d'autres familles en souffrance, je les aide petit à petit comme je peux. Mon investissement pour la protection des enfants vient de prendre réellement forme.

Face à René

Karine doit être à présent confrontée à son père. Nous devons recommencer encore le même cirque.

Nous sommes au tribunal et nous attendons.

Le « docteur Ross » surgit. Il ne déroge pas à la règle. Il arrive en tenue négligée et il n'a pas un regard pour Karine.

La nouvelle juge d'instruction arrive, elle ne me salue pas. Ça commence bien avec elle.

D162/1
1-5

COUR D'APPEL
DE RENNES

TRIBUNAL DE GRANDE INSTANCE
DE RENNES

CABINET DE
Mme LIPIANSKY
Juge d'Instruction

Copie certifiée conforme
Le Juge d'Instruction

N° du Parquet : 09/31570
N° de l'Instruction : 810/00019

Procédure Criminelle

PROCÈS-VERBAL DE CONFRONTATION

Le 04 Décembre 2012, à 09h50 :

Devant Nous, Manon LIPIANSKY, Juge d'Instruction au Tribunal de Grande Instance de RENNES, étant en notre Cabinet,
Assistée de Aurélie LE BAUD, Greffier d'Instruction,

Mentionnons que l'interrogatoire fait l'objet d'un enregistrement audio-visuel conformément aux dispositions des articles 116-1 et D32-2 du Code de Procédure Pénale.

a comparu

M. **René JAMBU**, personne mise en examen en date du 28 Août 2012
Me Loïc WAROUX, conseil de la personne mise en examen régulièrement convoqué par télécopie avec récépissé le 15 Novembre 2012, soit cinq jours ouvrables au plus tard avant la présente audition, et à la disposition de qui la procédure a été mise à tout moment et au plus tard quatre jours ouvrables avant la présente audition, est présent

Nous avons procédé comme suit à la confrontation entre la personne mise en examen sus-nommée

et :

Mlle **Karine JAMBU**, Partie civile
Me Anne-Claire LE JEUNE, conseil de la partie civile régulièrement convoqué par télécopie avec récépissé le 15 Novembre 2012, soit cinq jours ouvrables au plus tard avant la présente audition, et à la disposition de qui la procédure a été mise à tout moment et au plus tard quatre jours ouvrables avant la présente audition, est présente

Jambu

1. Sur les faits de subordination de témoins

QUESTION à Karine JAMBU : Depuis quand vis-tu chez ta tante Laurence ?
RÉPONSE à Karine JAMBU : Depuis 4 ans et demi.

QUESTION à Karine JAMBU : Depuis que tu es chez ta tante Laurence, as-tu eu régulièrement tes parents au téléphone ?
RÉPONSE de Karine JAMBU : Ouais. Ça s'est arrêté depuis 2, 3 ans. Avant je les avais au téléphone toutes les semaines.

QUESTION à Karine JAMBU : Les as-tu vu souvent ?
RÉPONSE de Karine JAMBU : Tous les 15 jours. Depuis 2, 3 ans, je ne les vois plus. C'est mon choix.

QUESTION à Karine JAMBU : Tes parents ont-ils évoqué les faits de viol avec toi ?
RÉPONSE à Karine JAMBU : Non.

QUESTION à Karine JAMBU : Ton père, René JAMBU, t'a-t-il menacé pour que tu retires ta plainte ou que tu changes ta version ?
RÉPONSE de Karine JAMBU : Une fois il était venu à la maison, il a dit qu'il voulait me gifler.

QUESTION à Karine JAMBU : Au téléphone ou de vive voix ?
RÉPONSE de Karine JAMBU : De vive voix. Il me disait de pas le dire.

QUESTION à Karine JAMBU : Tu viens de me dire que vous n'aviez jamais évoqué ces faits-là: quand t'as t-il dit de ne pas le dire ?
RÉPONSE de Karine JAMBU : La première fois quand on est allé à la gendarmerie.

QUESTION à Karine JAMBU : En 2005 ou en 2009 ?
RÉPONSE de Karine JAMBU : En 2009.

QUESTION à Karine JAMBU : En quels termes ?
QUESTION de Karine JAMBU : Que je devais rien dire car ma mère, elle allait aller en prison.

QUESTION à Karine JAMBU : Que s'est-il passé le 2 novembre 2011 ?
RÉPONSE de Karine JAMBU : Il est arrivé chez Laurence et Loïc JAMBU, il a dit, quand il a frappé à la porte, qu'il voulait me gifler. Et il a poussé ma tante. Ma mère, elle était en train d'hurler derrière.

QUESTION à Karine JAMBU : Que disait-elle ?
RÉPONSE de Karine JAMBU : Que j'étais une menteuse.

QUESTION à Karine JAMBU : Confirmes-tu que ton père t'as dit qu'il allait te gifler par rapport à ce que tu avais dit sur Roland, que ça les empêchait de dormir et que tu leur avais fait du mal ? (D102)
RÉPONSE de Karine JAMBU : Oui.

QUESTION à Karine JAMBU : Et ta mère, t'a-t-elle menacé ?
RÉPONSE de Karine JAMBU : Elle m'a dit que j'étais une menteuse, que c'était pas vrai tout ce que j'avais dit.

QUESTION à René JAMBU : Qu'avez-vous à dire : l'avez-vous menacé ?
RÉPONSE de René JAMBU : Non. Ce jour-là, ma femme était pas là, elle avait une sciatique. Je suis allé voir les gendarmes car sa tante m'avait interdit de voir ma fille. Quand je suis passé voir les gendarmes, j'étais tout seul.

QUESTION à René JAMBU : C'est pas parce que vous êtes allé tout seul à la gendarmerie que vous êtes allé tout seul chez Laurence JAMBU ?
RÉPONSE de René JAMBU : J'étais tout seul chez ma belle-soeur.

QUESTION à René JAMBU : Lui avez-vous demandé de retirer sa plainte ou de changer sa version ?
RÉPONSE de René JAMBU : Non, ça aurait rien changé, elle a porté plainte c'est tout.

QUESTION à René JAMBU : Et votre femme, l'a-t-elle menacé ou lui a-t-elle demandé de changer sa version ?
RÉPONSE de René JAMBU : Non.

QUESTION à Karine JAMBU : Et en 2009, au moment de ton second dépôt de plainte : t'ont-ils demandé de retirer ta plainte ?
RÉPONSE de Karine JAMBU : Oui. Mon père avait fait un sketch, il me disait ce que je devais dire et ce que je ne devais pas dire. Devant la gendarmerie, il jouait au policier. Il me posait des questions, si je disais un truc que je devais pas dire, il me disait : "Non, tu dis pas ça, tu dis autre chose".

QUESTION à Karine JAMBU: Quoi par exemple ?
RÉPONSE de Karine JAMBU : Tout ce que me faisait Roland.

QUESTION à Karine JAMBU : T'ont-ils demandé de modifier ta version ?
RÉPONSE à Karine JAMBU : Oui. Ils me disaient que je devais rien dire sur tout ce qui concernait Roland.

QUESTION à Karine JAMBU : Existe-t-il des témoins de ces pressions, en 2009 et en 2011?
RÉPONSE à Karine JAMBU : Non. En 2009, devant la gendarmerie, il y avait ma mère. En 2011, il y avait ma tante, mon oncle et mon petit cousin, Thomas, il a 12 ans.

QUESTION à René JAMBU : En 2009, au moment du second dépôt de plainte, avez-vous fait pression sur votre fille pour qu'elle retire sa plainte ou change de version ?
RÉPONSE de René JAMBU : Non...non... non...

QUESTION à René JAMBU : Pourtant en 2005, vous lui aviez bien demandé de retirer sa plainte et de changer sa version ?
RÉPONSE à René JAMBU : Pourquoi je lui aurais demandé ça ? Ça n'a aucun effet de retirer une plainte. C'est pas vrai, je lui ai pas demandé de retirer sa plainte.

QUESTION à René JAMBU : Pourtant en 2005, elle avait bien changé sa version et il n'y avait pas eu de suites : vous savez très bien qu'on peut arrêter une plainte ?
RÉPONSE de René JAMBU : Non, je connais pas les lois.

QUESTION à Karine JAMBU : Ton père a-t-il déjà été violent avec toi à propos de cette plainte ? T'a-t-il déjà giflée ou frappée ?
RÉPONSE de Karine JAMBU : Non.

QUESTION à René JAMBU : Avez-vous déjà été violent avec votre fille à propos de cette plainte ?
RÉPONSE de René JAMBU : Non.

QUESTION à Karine JAMBU : Avais-tu peur de la réaction de ton père face à ton dépôt de plainte ?
RÉPONSE de Karine JAMBU : Oui.

QUESTION de Karine JAMBU : As-tu toujours peur aujourd'hui ?
RÉPONSE de Karine JAMBU : Un petit peu.

D162/4

QUESTION à Karine JAMBU : Est-ce important pour toi la réaction de tes parents ?
RÉPONSE de Karine JAMBU : Oui.

QUESTION à Karine JAMBU : Comment aurais-tu voulu qu'ils réagissent ?
RÉPONSE à Karine JAMBU : Qu'on me croit.

QUESTION à René JAMBU : Que pensez-vous aujourd'hui de votre réaction face à cette plainte ?
RÉPONSE de René JAMBU : Ma fille, quand elle a raconté ça, elle avait 12 ans. Je l'ai pas crue. Après, elle a porté plainte, voilà. Je l'ai jamais empêchée de porter plainte, ni de l'enlever.

QUESTION à René JAMBU : Et en 2005 ?
RÉPONSE de René JAMBU : C'est pareil, ce qu'elle disait, j'y ai pas cru, je lui ai dit : "Tu es une menteuse".

QUESTION à Karine JAMBU : Aujourd'hui vois-tu encore tes parents ?
RÉPONSE de Karine JAMBU : Non.

2. Sur les faits de viol reprochés à Roland BLAUDY

QUESTION à Karine JAMBU : Penses-tu que ton père était au courant des faits d'abus sexuels commis par Roland BLAUDY sur ta personne ?
RÉPONSE de Karine JAMBU : Oui.

QUESTION à Karine JAMBU : Qu'est-ce qui te fais dire qu'il était au courant ?
RÉPONSE à Karine JAMBU : Si il était pas au courant, pourquoi la première fois et la deuxième fois, il m'aurait dit de pas dire.

QUESTION à Karine JAMBU : Est-ce qu'à la maison, il a surpris quelque chose ?
RÉPONSE de Karine JAMBU : Non. Ma mère, une fois.

QUESTION à René JAMBU : Etiez-vous au courant ?
RÉPONSE de René JAMBU : Ben non. Si j'avais su, je l'aurais mis à la porte, je l'aurais pas gardé à la maison.

QUESTION à Karine JAMBU : Confirmes-tu que Roland BLAUDY a continué les abus après ta première plainte à la gendarmerie en 2005 ?
RÉPONSE de Karine JAMBU : Oui.

QUESTION à René JAMBU : Pourquoi n'avez-vous pas été plus vigilant après cette première plainte ? Pourquoi avoir continué à inviter Roland BLAUDY ?
RÉPONSE de René JAMBU : Monsieur BLAUDY était en prison.

Mentionnons que nous rappelons à Monsieur JAMBU que les abus sexuels sur sa fille se sont poursuivis après l a première plainte jusqu'à l'incarcération de Monsieur BLAUDY.

QUESTION à René JAMBU :Vous souvenez-vous combien de temps après la première plainte Monsieur BLAUDY a-t-il été incarcéré ?
RÉPONSE de René JAMBU : Non.

QUESTION à René JAMBU : Vous dites dans votre interrogatoire (D94) *"Karine allait souvent dans le clic-clac avec lui le matin"* : vous trouvez ça normal de laisser une enfant avec un adulte qui n'est pas de la famille dans le même lit ?
RÉPONSE de René JAMBU : Ils chahutaient, c'était un ami. Karine, elle aimait Roland pour chahuter. Je voyais pas de mal, ils chahutaient, Roland par là, Roland par ici.

QUESTION à René JAMBU : Avez-vous été payé par Roland BLAUDY pour abuser de votre fille ?
RÉPONSE de René JAMBU : Ben non quand même !

QUESTION : Avez-vous reçu des cadeaux de la part de Roland BLAUDY pour abuser de votre fille ?
RÉPONSE de René JAMBU : Ben non !

QUESTION à Karine JAMBU : Roland BLAUDY donnait-il de l'argent à tes parents ou leur offrait-il des cigarettes ?
RÉPONSE à Karine JAMBU : Il offrait des cigarettes à ma mère. Des fois, il faisait les courses, il achetait de la nourriture.

QUESTION à Karine JAMBU : Te faisait-il des cadeaux ?
RÉPONSE de Karine JAMBU : Oui.

QUESTION à Karine JAMBU : Quoi ?
RÉPONSE de Karine JAMBU : Des poupées, un aquarium, des bijoux.

QUESTION à Karine JAMBU : Tes parents savaient-ils que Roland BLAUDY te faisait des cadeaux ?
RÉPONSE de Karine JAMBU : Oui.

QUESTION de Karine JAMBU : Comment réagissaient-ils ?
RÉPONSE de René JAMBU : Je sais pas. Ben, ça les dérangeait pas plus que ça.

QUESTION à Karine JAMBU : Tes parents autorisaient-ils Roland BLAUDY à t'emmener en promenade ou à te garder ?
RÉPONSE de Karine JAMBU : Oui.

QUESTION à René JAMBU : Autorisiez-vous Roland BLAUDY à s'occuper de votre fille, à l'emmener en promenade ou la garder ?
RÉPONSE de René JAMBU : C'est arrivé, oui, pas longtemps, le temps de faire des courses. Je disais à Karine : " Tu veux venir avec nous ?", "Non, je veux rester avec Roland".On allait à Inter, ça durait un quart d'heure, une demi-heure, elle voulait toujours rester avec Roland.

QUESTION à Karine JAMBU : Est-ce exact ?
RÉPONSE de Karine JAMBU : C'est Roland qui me demandait de rester avec lui. Mes parents me disaient pas : "Reste-là !".

QUESTION à Karine JAMBU : C'est Roland qui demandait à tes parents de te garder ?
RÉPONSE de Karine JAMBU : Oui.

QUESTION : Pourquoi être resté en contact avec Roland BLAUDY après son incarcération?
RÉPONSE de René JAMBU : Je le croyais innocent, voilà. Il était en prison à cause de sa fille, à cause de ce qu'il avait fait. Quand j'ai su la vérité, j'ai coupé les ponts.

QUESTION à René JAMBU : Qu'est-ce qui vous a fait changer d'avis ?
RÉPONSE de René JAMBU : C'est la juge qui m'a dit qu'il reconnaissait des choses qu'il avait fait.

QUESTION à René JAMBU : Pourtant depuis 2005, votre fille elle vous dit ce qu'il avait fait ?
RÉPONSE de René JAMBU : Je la croyais pas, voilà.

QUESTION à René JAMBU : Lui avez-vous écrit ou envoyé des photographies en détention?
RÉPONSE à René JAMBU : Oui, une photo je crois, je m'en rappelle plus trop.

QUESTION à René JAMBU : Avez-vous demandé à Karine de lui écrire ?
RÉPONSE de René JAMBU : Non.

QUESTION à Karine JAMBU : Tes parents t'ont-ils demandé d'écrire ou d'envoyer des photographies à Roland BLAUDY quand il a été incarcéré ?
RÉPONSE de Karine JAMBU : Non.

QUESTION à René JAMBU : Confirmez-vous que vous avez hébergé Roland BLAUDY et son frère, Jean-Louis, en même temps (D94) ?
RÉPONSE de René JAMBU : Oui.

QUESTION à René JAMBU : Avant l'incarcération de Roland BLAUDY ?
RÉPONSE de René JAMBU : Oui.

QUESTION à René JAMBU : Fréquentez-vous toujours Jean-Louis BLAUDY ?
RÉPONSE de René JAMBU : Non. Je le vois plus.

QUESTION à René JAMBU : Avez-vous quelque chose à ajouter ?
RÉPONSE de René JAMBU : Non.

QUESTION à Karine JAMBU : As-tu quelque chose à ajouter ?
RÉPONSE de Karine JAMBU : Non.

QUESTION de Me LE JEUNE à René JAMBU : A propos du sketch du policier : dans vos premières auditions, vous n'étiez pas sûr qu'il ait eu lieu ou pas, comment aujourd'hui pouvez vous être si sûr qu'il n'ait pas eu lieu ?
RÉPONSE de René JAMBU : Non, parce que j'ai réfléchi, j'ai cherché dans ma mémoire, je ne me rappelle pas avoir fait ça.

QUESTION de Me LE JEUNE à René JAMBU : Votre femme s'en souvient parfaitement: est-ce qu'elle ment là -dessus ?
RÉPONSE de René JAMBU : Je suis pas à sa place. J'en sais rien.

QUESTION de Me LE JEUNE à René JAMBU : Quand vous avez hébergé Roland BLAUDY, connaissiez-vous son passé de pédophile ?
RÉPONSE de René JAMBU : Non.

QUESTION de Me LE JEUNE à René JAMBU : Votre épouse dit que c'est vous qui lui avez dit que Monsieur BLAUDY avait un passé judiciaire ?
RÉPONSE de René JAMBU : Monsieur BLAUDY m'avait dit qu'il avait été accusé d'inceste sur une fille consentante et qu'il avait été puni injustement.

QUESTION à René JAMBU : A quel moment, au début de votre rencontre ?
RÉPONSE de René JAMBU : Au milieu des années.

QUESTION de Me LE JEUNE à René JAMBU : Malgré ces éléments, les révélations de votre fille à 12 ans et le faits que vous la voyez avec lui dans un clic-clac : ça ne vous a pas alerté ?
RÉPONSE de René JAMBU : Non

D162/7

QUESTION de Me WAROUX à Karine JAMBU : Devant les policiers, lors de vos auditions (D16), vous avez affirmé que votre père ne vous avait jamais demandé de ne rien dire : pourquoi avoir changé d'avis ?
RÉPONSE de Karine JAMBU : J'avais peur .

QUESTION de Me WAROUX à Karine JAMBU : De quoi ?
RÉPONSE de Karine JAMBU : De mon père.

QUESTION de Me WAROUX à Karine JAMBU : Vous n'aviez pas peur de votre mère ?
RÉPONSE de Karine JAMBU : Moins.

Lecture faite, les parties persistent et signent avec nous et le greffier.

Manon Lipiansky

Karine sort de la confrontation. Je m'attendais à ce que la nouvelle juge, Madame Lipiansky vienne me rencontrer par courtoisie. Je m'attendais également à ce qu'elle vienne aussi me débrieffer de cette audition, comme la délicate Madame Ramin avait l'habitude de le faire. Ce ne fut pas le cas.

Karine me raconte que la magistrate a parlé de moi. « Elle t'accuse d'avoir fait un faux en écriture, Laurence.

– Pardon ? Qu'est-ce que c'est que cette histoire encore ? »

En fait, je découvre qu'elle fait référence à une copie d'acte que j'ai envoyée au tribunal. Elle pense que c'est moi qui ai falsifié un document de mon ancien avocat ! Comme si j'allais m'amuser à faire cela, c'est du délire ! C'est évidemment totalement faux. Je comprends mieux son attitude.

Maître Billaud leur confirmera d'ailleurs par courrier que je n'ai rien falsifié et que le document est authentique. Mais le mal est fait.

Voilà comment a commencé notre collaboration avec cette personne de la Justice. Ayant ainsi fait connaissance avec cette dame, je n'ai plus le moindre doute sur ses intentions.

Cela exprime clairement le fonctionnement de cette juridiction à mon égard. Je suis « la sorcière » (oui, c'est comme ça qu'ils me nomment chez eux), qu'il faut abattre par tous les moyens, y compris avec des accusations sans preuve. Il n'est pas inepte de penser que cela n'augure rien de sain et c'est extrêmement préoccupant venant d'une magistrate.

Je sais à présent que Manon Lipiansky est mon ennemie et par ricochet celle de la petite.

La violence de cet échange laisse des traces, notamment sur Karine. Pendant plusieurs mois elle angoisse dès qu'elle voit une voiture de la gendarmerie passer.

Coup de collier

Karine a encore du mal à l'école mais peu à peu elle refait surface. Elle y met tout son cœur et continue de progresser. La mémoire qui lui a tant fait défaut lui revient doucement. Elle étudie tous les jours, dimanches et vacances compris. Je ne laisse rien passer. Elle doit me maudire. Mes enfants sont extrêmement présents et lui consacrent leur temps libre.

La bonne volonté de quelques professeurs l'aide aussi à rattraper son retard. Le midi, ils s'en occupent à tour de rôle et lui font travailler les matières où elle est en difficulté. Cela fonctionne peu à peu.

Quand l'éducation nationale vient en aide, elle le fait avec conviction. Karine bénéficie aussi d'une AVS (auxiliaire de vie scolaire) qui l'accompagne et lui rédige ses cours.

C'est une chance pour tous ces enfants en grandes difficultés de pouvoir être aidés de cette manière. Tout cela a un coût, certes, mais grâce à cela ils peuvent se projeter dans un avenir meilleur.

KARINE

Je n'en peux plus. Laurence m'étouffe. Leçons, devoirs, copier, écrire, elle ne pense qu'à ça. J'en ai marre, elle me casse les pieds tout le temps, me fait réciter, compter, elle se rend même pas compte que je n'en peux plus. Je voudrais toujours dormir. Heureusement, je fais du cheval toute l'année avec Tom, j'aime bien. En plus Loïc et Laurence nous payent des stages d'équitation même pendant les vacances. Une semaine à chaque fois, c'est top ! Ça dure toute la journée. Et puis j'ai toujours mes chats, je les retrouve sur mon lit. En principe j'en ai trois, toujours les mêmes. Je m'endors mieux avec eux, je pense tout le temps à eux. Elisa dort au-dessus de ma tête. Laurence ne dit jamais rien, pourtant parfois ils salissent les draps. Alors elle me dit de les changer. C'est normal ici de changer les draps. Chez moi c'était une fois par mois et encore pas toujours. J'aime bien mettre des draps tout propres, ils sentent bon la lessive. Souvent on les étend dans le jardin et Laurence dit : « Quand les draps ont séché au soleil, ils sentent bon le soleil. » C'est vrai, elle a raison, quand on se couche dans les draps propres, on dort mieux.

Laurence a toujours plein de linge, on se change tous les jours. On entend tout le temps les machines tourner. Je me rappelle que lorsque je vivais chez René et Anne-Marie, quand j'allais à l'école parfois il y avait des filles qui disaient que je sentais mauvais. Je ne comprenais pas. Aujourd'hui, je comprends. Ma mère, pour ne pas laver le linge elle attendait que René parte au travail, elle ouvrait la panière de linge sale, elle le repliait et le rangeait dans les armoires. Le soir elle disait à René : « J'ai beaucoup travaillé aujourd'hui ! »

Tout ce qui est normal ici, c'était le contraire chez René et Anne-Marie. Pour les courses Laurence ou Loïc me dit toujours : « Tu veux quelque chose, ou tu as besoin de quelque chose et je dis oui et ils vont me le chercher. »

Le dimanche tout le monde vient manger. On est souvent très nombreux. Et en plus il y a les copines ou les copains, j'ai l'impression que c'est toujours la fête.

Après on joue aux cartes et on fait des crêpes ou des gaufres. Mes cousines et mes cousins, c'est comme si c'était mes frères et sœurs.

J'ai l'impression enfin de vivre. Mais ce que je n'aime pas c'est quand ils me demandent mon cahier de texte. Ils veulent tout vérifier, ça je déteste. En plus parfois, ils me font recommencer. Surtout Louis, il déchire mes pages et dit recommence, il se prend pour qui ? Je voudrais lui répondre. Des fois je pleure, mais il dit « tu dois recommencer ». Je ne sais pas pourquoi il me fait ça, je m'en fous de l'école, moi ! De toute façon, René il disait que j'étais bête. C'est sans doute vrai.

LAURENCE

Je parle de temps en temps avec Karine de son avenir. Elle commence pour la première fois à se projeter dans un métier. Elle veut s'occuper d'animaux. Je m'en doutais car elle veut toujours venir avec moi chez le vétérinaire. Elle a encore un peu de temps, il faut déjà qu'elle arrive à avoir son brevet et son bac.

Comme je dispose des premiers éléments de l'enquête, je les relis souvent.

C'est une véritable souffrance pour moi. Je revois cette petite fille si fragile lorsque nous avions les repas de famille, effacée, le regard si triste et détaché de son corps. Dire que je n'ai pas réussi à protéger ce petit ange, c'est quelque chose qui me prend aux tripes encore aujourd'hui.

Quand nous avons récupéré Karine en 2009, elle ne savait pas lire, à peine écrire et à peine compter. Tout ce travail et tout cet acharnement qu'il a fallu mettre en place pour la porter et pour que sa vie ait un sens.

Je commence à surprendre des sourires et je l'entends rire. Elle est encore plus belle. Le premier éclat de rire n'est arrivé qu'en 2013. Cela faisait quatre ans qu'elle vivait chez nous.

Qui peut dire aujourd'hui ce qu'elle serait devenue si elle était restée avec ces deux tortionnaires ? Patrice Reviron, notre avocat, me répond souvent qu'elle ne serait plus en vie.

L'offensive

Depuis que Karine libère sa parole plus facilement, elle nous raconte beaucoup plus de choses sur le comportement de son père. Je lui demande :

« Pourquoi maintenant ?

– C'était mon père je pensais que c'était normal, mais je sais qu'aujourd'hui grâce à vous ça ne l'est pas. »

Après avoir longuement attendu que Karine se décide, nous déposons plainte le 27 mai 2013 contre René Jambu pour agressions sexuelles sur Karine

De nombreuses demandes sont faites par nos conseils pour être auditionnés par la magistrate. Nous ne l'avons jamais été jusqu'à présent alors que nous recevons des révélations de la petite depuis des années.

Qui plus est, nous possédons des renseignements qui seraient utiles à une bonne administration de ce dossier par la Justice.

Nous recevons à chaque fois un refus catégorique. Circulez, il n'y a rien à voir. Cette décision est aberrante. Personne ne comprend.

Mon sentiment est que l'on cherche à nous entraver. Ils n'ont pas conscience qu'avec toutes les fautes commises dans ce dossier, cette éviction me donne encore plus de rage de justice. Je ne vais pas les ménager, il est temps de les réveiller.

Je commence donc à envoyer une lettre recommandée tous les mois au sujet de la procédure intentée contre les jeunes. Jusqu'à présent, les auteurs n'ont toujours pas été inquiétés, j'en ai assez. Chaque mois, le commissaire divisionnaire du commissariat reçoit une demande à propos du suivi de la procédure.

Je dois attendre seize mois pour que les auteurs soient enfin mis en garde à vue. Dans la foulée, une confrontation avec Karine est organisée. Il s'agira de la pire que la petite vivra depuis que la machine judiciaire s'est mise en route.

Tout d'abord, on lui refuse son conseil, Anne-Claire Lejeune. On lui impose une avocate commise d'office. Elle ne connaît ni Karine ni son passé. Cette femme est complètement passive. Durant la confrontation, un des jeunes est odieux avec la petite, en plus de nier totalement les faits. L'avocate ne bronche pas. Ce sont les enquêteurs qui interviennent pour défendre la victime.

Ils sont tous les trois déférés devant un juge d'instruction et mis en examen pour viols en réunion le lendemain.

Après cette violence, Karine reste prostrée deux jours entiers sans manger. Nous devons la forcer à boire. Une de nos filles vient nous aider à la changer et lui faire prendre une douche. Elle se couvre beaucoup trop pour la saison, elle n'arrive pas à se réchauffer. Ce mois de juillet 2013 est pourtant chaud.

Elle ne reparlera que quelques jours plus tard mais le reste de l'été sera difficile.

Parallèlement, je porte plainte contre les services sociaux pour leurs faux rapports, dont celui qui m'a inventé une sœur : je vise trois personnes du CDAS dont évidemment Bosser.

La plainte est rapidement classée sans suite. Le contraire m'aurait étonnée. Qu'importe, je fais appel et je me replonge dans la procédure contre l'État pour faute lourde.

J'ai besoin de rassembler tous les documents de l'assistance éducative depuis 1998. Au bout de dix-huit mois, un seul dossier est retrouvé, celui de 2009. Un an et demi pour aller chercher un dossier traité dans le même tribunal. Ça me dépasse mais c'est la réalité. Le dossier de l'année 2009 ne suffit pas à constituer la faute lourde, les pires dysfonctionnements sont antérieurs à cette année. Ça doit bien les arranger. Il va falloir que je m'acharne pour obtenir le reste, cela mettra encore quelques années.

En feuilletant ce dossier, je découvre tout de même de nombreux signalements que j'ignorais. Je n'étais pas la seule à tirer la sonnette d'alarme. Il y a également toutes les mesures d'accompagnement de la famille et les décisions aberrantes de maintien au domicile de ses parents.

La plainte concernant le père de Karine est elle aussi classée sans suite.

Le procureur, Madame Péquiniot, juge que les faits ne sont pas avérés.

Ces coups ne me mettent pas au tapis, je repars aussitôt à l'offensive.

Nous nous portons donc partie civile car il est marqué noir sur blanc à plusieurs reprises dans le dossier d'assistance éducative que le comportement des parents est incestueux.

Je ne sais pas ce que vaut le corps d'un enfant pour eux mais je compte bien leur expliquer un jour.

En fin d'année, notre cadette nous annonce son mariage pour le mois de mai 2014. C'est une très bonne nouvelle, car cette année s'annonce difficile. Les procédures traînent, nous n'avons que les retours des expertises psy, rien d'autre. Une certaine lassitude m'envahit, je suis épuisée.

« Savons-nous protéger nos enfants ? »

La journaliste, Delphine Welter, va me redonner un coup de boost. Elle m'annonce une grande nouvelle. Elle vient d'avoir l'accord pour un documentaire d'investigation sur la protection de l'enfance, dans lequel elle pourra révéler notre histoire. Nous sommes ravis. Cela va changer les choses. Elle me dit que ce sera pour le magazine *Spécial Investigation* sur Canal +. Elle m'explique qu'elle aura une grande liberté d'enquête et qu'elle va pouvoir mettre chaque protagoniste de l'affaire face à sa faute. Elle veut nous interviewer. J'en parle à Karine, elle est d'accord. Je lui demande si elle veut apparaître floutée ou à visage découvert. « Si c'est pour aider les autres enfants qui n'osent pas raconter la maltraitance et les viols, je veux bien qu'on voie mon visage », précise-t-elle.

Elle vient faire ses prises dès le mois de février. Ça se passe dans notre maison. Je suis gênée de la recevoir chez moi car certaines pièces ont besoin d'être rénovées. Je dépense tout notre argent dans les procédures au lieu de refaire la chambre de Karine ou encore le salon.

Ils arrivent à trois, un caméraman et un ingénieur du son. Ils me mettent à l'aise. Karine est interviewée dans sa chambre, j'espère qu'on ne va trop voir les murs délabrés. Je les invite pour le déjeuner, ils l'ont bien mérité.

J'ai préparé une de mes spécialités, le rôti de veau aux patates au beurre. C'est un plat que nous faisait ma grand-mère, il fait toujours des heureux. Delphine se régale, elle me parle encore aujourd'hui de mes fameuses patates.

Ils partent contents des interviews mais aussi émus de ce qu'ils ont pu entendre. Ça me rassure.

Delphine va avoir maille à partir avec certaines personnes du CDAS et du tribunal. Je ne suis pas surprise, tout le monde va essayer de sauver sa peau. Mais les éléments qu'elle recueille devraient faire parler de l'affaire. Elle harcèle tout le monde, même les parents. D'ailleurs elle a même réussi à discuter longuement avec ces deux cloches, elle les a interrogés et filmés. Ils insultent leur fille et lui confient ne pas vraiment croire aux viols de Karine par Blaudy. On va pouvoir se rendre compte de leur véritable nature. J'ai hâte de le visionner.

Six mois plus tard, le reportage *Savons-nous protéger nos enfants ?* est terminé. La diffusion est prévue le 23 juin.

Homayra Sellier, la présidente d'Innocence en Danger, organise avec Delphine une projection du film. Homayra est toujours motivée, elle se bat tellement pour les enfants. C'est une leçon pour chacun d'entre nous. Elle a invité de nombreuses personnes de la protection de l'enfance et d'autres associations comme Enfance et Partage et Enfance-Majuscule. Patrice Reviron fait également le déplacement d'Aix-en-Provence.

Je trouve que le documentaire est bien mais trop court, j'en aurais voulu un peu plus. Il y avait tant de choses encore à raconter sur notre histoire, mais Delphine ne pouvait pas faire plus d'une heure de reportage, alors pas facile. Je retiens que personne ne se remet en cause, ça m'exaspère, ça montre le véritable visage de toutes ces administrations. L'Aide Sociale à l'Enfance d'Ille-et-Vilaine, la Justice de Rennes ainsi que les parents en prennent pour leur grade. Ça me sera utile pour la suite. D'ailleurs ma parole ne sera plus remise en cause après ce passage en télé. J'ai le sentiment que mon combat est enfin crédible et reconnu.

Un débat suit la projection. Il est enflammé, le sentiment de révolte est palpable. Les invités sont choqués par notre histoire. Ils ne savent pas que je suis dans la salle. J'écoute attentivement.

À la suite de cela, les trois associations prennent la décision de se porter partie civile dans le dossier de Karine. C'est inespéré ! Je ne vais plus être seule. Et ce n'est pas fini. Anne-Marie Clément, la présidente d'Enfance Majuscule me propose également de créer un comité pour la protection de l'enfance en Bretagne. La décision est vite prise, sans doute trop vite, mais je l'accepte. Depuis plusieurs années, je m'efforce d'aider beaucoup d'enfants mais là je vais pouvoir avoir une assise et un statut officiel. Je vais m'investir complètement. Je souhaite œuvrer pour que la parole de l'enfant soit davantage écoutée. Quand je vois la manière dont Karine a été malmenée pendant les auditions et les confrontations, je suis consternée. Je n'arrive pas à comprendre le manque d'humanité : le manque de bienveillance de tous ces auxiliaires de justice et surtout leur manque de compassion. L'enfant doit être mieux pris en compte, son intérêt doit primer tout le reste. Tant de personnes agissent sous le poids de leurs egos, elles s'usent à mener des guerres contre les mauvaises personnes. Cela ne peut plus continuer, les enfants doivent être reconnus, respectés et crus !

Timing judiciaire

Depuis des années, j'ai pris l'habitude d'envoyer aux magistrats l'agenda de Karine pour qu'ils en tiennent compte. Je fais une liste sur plusieurs mois en incluant les voyages scolaires, les vacances, les dates d'examens et les divers événements auxquels elle doit se rendre. J'anticipe pour ne pas avoir à reporter les rendez-vous avec la Justice. J'estime que c'est une preuve de respect pour ces magistrats.

Force est de constater que cette vision des choses n'est pas partagée et que le respect n'est visiblement qu'à sens unique. Karine est convoquée par le juge Abiven le jour de son départ pour le Maroc. Elle doit effectuer quatre semaines de bénévolat dans une association de réinsertion d'anciens mineurs prostitués. Or il s'agit d'un stage qui s'intègre dans son cursus scolaire. Son conseil demande immédiatement un report, il est refusé. Ce n'est qu'après avoir fourni un document officiel qu'ils acceptent.

Mais le pire je crois que c'est la convocation pendant les épreuves du bac de français. La veille d'un oral… Ils ont osé ! De quoi vous mettre dans de bonnes dispositions. Ils ont toujours eu le sens du bon timing. Encore une preuve que l'intérêt et le bien-être de l'enfant ne priment pas.

Revers

La procédure contre Blaudy arrive à son terme, sans avoir pu obtenir la mise en cause des parents pour complicité de viol. Jusqu'à présent, la Justice de Rennes nous a refusé cette évidence.

Pourtant Karine y tient énormément, j'ai l'impression que c'est même plus important que la mise en examen de Blaudy. Pour elle, ce sont eux qui ont permis les viols. Ils les ont facilités car ce pédophile les arrosait de cadeaux et surtout ils ne pouvaient rien ignorer. Alors pourquoi ne devraient-ils pas être poursuivis ? En France, c'est la complicité active qui doit être démontrée, c'est-à-dire la preuve directe. Peu importe, je me dois donc de faire appel de cette décision, pour la petite.

Nous sommes convoqués en 2015 devant la chambre d'instruction, malheureusement, n'ayant pas le droit de participer, nous ne faisons qu'office de figurants. L'avocat général salue les avocats mais pas nous. Nous ne sommes rien.

Notre avocat, Patrice Reviron, me regarde, il ne dit rien mais son regard semble s'excuser de ce dédain explicite. Que l'on ne me dise pas bonjour ne me gêne pas, mais il y a une victime ici, c'est une gamine qui est présente tout le temps, en souffrance et digne. Quel camouflet ! Je dirais même quelle goujaterie !

Une procédure appartient avant tout aux victimes, ne leur en déplaise. Le ministère public est censé représenter le peuple. Les droits des accusés progressent régulièrement, sans doute à juste titre, mais les parties civiles sont laissées pour compte.

L'audience est terminée, les avocats ne le sentent pas. Ils n'ont pas l'impression d'avoir été entendus. L'inverse m'aurait désorientée.

En septembre, notre cadette met au monde une petite fille. Leur troisième enfant. C'est un beau bébé, elle ressemble tellement à ses frères.

Je suis une nouvelle fois comblée. Ces moments de bonheur familiaux apaisent ma frustration et rendent les attentes de ces décisions moins pénibles.

Celle de l'appel pour la complicité tombe enfin. Il est sans surprise. C'est encore un refus. Nous avons perdu une bataille mais pas la guerre. Qu'à cela ne tienne, nous irons en cassation à Paris, cela permettra de fuir la Justice de Rennes.

2 mars 2016 : Cour de cassation

Patrice ne souhaite pas que l'on prenne un autre avocat pour la cour de cassation. Il nous aide à faire un mémoire nécessaire pour saisir cette haute juridiction. Nous n'avons que dix jours pour le déposer. Le neuvième jour, il m'envoie la dernière mouture, elle est fabuleuse, tout y est.

Le dossier est enfin entre les mains de la cour de cassation. Je mise tous mes espoirs sur ces éminents magistrats. Une audience est finalement fixée. Pour suivre l'avancée de notre procédure, le greffe me donne des codes d'accès sur un site Internet. C'est génial, cela devrait être étendu à toutes les audiences, qu'elles soient civiles ou pénales.

Nous décidons, Karine et moi, d'y assister. Ce voyage à Paris aura un coût mais tant pis. Ce n'est pas courant qu'une victime soit présente à ce genre d'audience. Arrivée au palais de Justice de Paris, je suis incroyablement surprise de l'accueil qui nous est réservé. Ces fonctionnaires de justice nous reçoivent avec considération. Nous n'avons pas été habituées à cela à Rennes.

Karine tente de comprendre l'organigramme de la Justice, ce n'est pas facile pour elle. Il est vrai que pour une enfant ou même pour la majeure partie des plaignants, tout ce système est très nébuleux. Je m'efforce à chaque fois de lui expliquer simplement les choses pour la préparer. Je regrette que les victimes ne soient pas mieux encadrées par des professionnels pour comprendre cette écrasante machine.

« Il paraît que très peu de gens gagnent, pourquoi ? » me demande-t-elle.

« Il faut qu'il y ait eu un manquement au droit et uniquement. La cour de cassation ne traite jamais les dossiers au fond. »

L'audience est prévue à 14 heures.

Après le contrôle de nos papiers, la greffière nous fait attendre. Delphine, la journaliste, nous rejoint. Elle a tenu à être avec nous, à titre personnel.

Le rapporteur, un homme rassurant et prévenant, vient nous chercher. Il nous précise que nous ne pourrons pas intervenir pendant les débats.

Nous rentrons dans une immense pièce, appelée chambre criminelle.

La magnificence de cette salle pleine de dorures m'impressionne. Une vingtaine de magistrats en robe rouge et cols d'hermine parcourent la salle devant de longs pupitres en bois.

Nous prenons place sur un banc. Il règne un silence très solennel. À l'opposé de la salle, le président de la chambre s'installe dans un beau fauteuil. On se croirait revenu au temps de la royauté. J'observe avec intérêt le regard de ces magistrats vers Karine, il est comme doit l'être un regard de magistrat sur une partie civile, c'est-à-dire respectueux.

Le rapporteur fait état du dossier et souligne les points importants. Pendant la lecture, les femmes baissent la tête. Plus personne ne nous regarde, seul le président croise mon regard, il est concentré. Karine tient sa tête bien droite, elle encaisse une nouvelle fois, impassible, le résumé dramatique de sa vie.

Mes yeux sont humides, mais pas les siens. Quelques hochements de têtes, puis c'est le tour de l'avocat général qui clôture cette audience avec un réquisitoire rapide.

La date du délibéré est annoncée. Nous pouvons disposer. Je lance un dernier regard à cette salle historique et je les remercie.

Sans doute, ne sont-ils pas habitués aux remerciements, je le devine dans leurs regards. La grande porte en bois foncé se referme. La greffière nous raccompagne et nous indique qu'elle nous communiquera le résultat par téléphone le 16 mars. Je suis à nouveau étonnée de cette simplicité et de cette considération.

KARINE

Laurence a voulu que je vienne. Je n'avais pas envie au départ, encore une audience... mais j'étais finalement contente de venir. Je ne savais pas que les gens de la justice pouvaient me regarder dans les yeux, me rassurer, me considérer. Je n'avais jamais rencontré des gens comme ça sauf une fois, pas longtemps avec la juge Ramin. Et puis la salle était trop belle. Tout était beau, même les gens. Quand on est entré dans la salle d'audience, j'ai serré fort la main de Laurence. Elle a eu raison de me dire de venir. Il y a de nombreuses femmes, beaucoup de magistrats me regardent, ils me regardent comme je suis. J'ai dix-huit ans, je replonge dans les années que je voudrais tellement ne pas avoir vécues. Hier j'avais encore envie de mourir mais pas aujourd'hui, dans cette salle je suis debout !

J'ai du mal à respirer quand le rapporteur lit le dossier au début. Je regarde Laurence, elle pleure. Je serre sa main, je dois lui faire mal car je vois du sang quand je la retire.

Elle frotte sa main, je lui ai encore rentré les ongles dans la peau. Elle me sourit. Et puis, Je regarde les fresques au mur au fond de la salle. Je suis venue demander justice. Je sais que René et Anne-Marie ont toujours su. Je sais que Blaudy leur a donné de l'argent, il les abreuvait. Les cigarettes, enfin plutôt les cartouches qu'elle cachait dans la chambre, je les ai vues. Les provisions aussi et ces moments où elle me laissait seule avec lui. Il me disait de faire vite, mais elle savait car elle mettait deux heures à revenir alors qu'en quinze minutes ses achats étaient faits. Nous étions à cinq minutes du tabac-presse.

Quand je pense qu'ils n'ont jamais été mis en garde à vue. Les policiers ont fait des photos de l'appartement en les prévenant à l'avance. S'ils avaient perquisitionné, ils auraient trouvé les menottes, les films pornos, les sextoys et sans doute les photos... celles que les deux tarés prenaient d'eux et de moi.

Ils jouent les débiles pour mieux abuser des autres.

Lou

LAURENCE

À chaque fois que je sors d'une audience, je repense à cette petite fille assassinée. À tous ces coups de couteau portés par Anne-Marie et à son absence de regrets. Cette petite est avec nous. Ce combat, c'est aussi pour elle. Nous n'arrivons pas à savoir si elle est inhumée quelque part. Karine doit le savoir, c'est son histoire.

En rentrant à la maison, je reprends mes recherches. Nous avons la date théorique du décès. Je contacte la mairie située dans le Val d'Oise. Une personne très gentille m'informe que c'est à Karine de faire la demande car je ne suis pas de la famille. Karine est dubitative : « Fais-moi le mail et je l'enverrai mais tu crois qu'elle va vraiment chercher ? » Si on ne le fait pas, on ne saura jamais !

Une semaine plus tard, cette dame me rappelle. « J'ai trouvé quelque chose, un bébé de sexe féminin a été inhumé sous x, à la date le 28 décembre 1985 », me dit-elle.

« Ah bon elle n'est pas nommée ?! Vous avez le numéro de tombe ?

– Oui, elle est avec Monsieur Dalla Porta.

– Pardon ?

– Oui, elle est avec Monsieur Dalla Porta.

– Ce n'est pas possible, elle ne peut pas être avec un de ses bourreaux !

– Il semble que si, Madame. Je me suis renseignée auprès de ma collègue qui était là à cette époque, elle m'a raconté un peu l'histoire. J'ai vérifié plusieurs fois, on a regardé à plusieurs, il n'y a pas d'erreur. »

Je la remercie beaucoup, cette fonctionnaire de l'état civil d'Ennery qui nous permet enfin de savoir où repose cette petite puce. Mais cette information me fait mal. Elle n'a pas de prénom. Elle est inhumée sans bénédiction, sans une prière. Il faut au moins lui trouver un prénom pour la faire exister pleinement. J'en parle à Karine, elle est évidemment d'accord et se met à la recherche d'un prénom pour sa grande sœur.

Lou voit une deuxième fois le jour. Elle l'a fait renaître. Ça sera Lou pour toujours.

Aberration

Nous recevons dans les semaines qui suivent une convocation pour une nouvelle confrontation avec les trois jeunes. Nous ne sommes pas vraiment enchantés de voir qu'une fois encore, les fins « psychologues » que sont les juges de la cour d'appel de Rennes lui font subir trois confrontations dans le même après-midi. Le problème, c'est qu'ils n'avaient pas encore dégainé la totalité de leur perversité. Le lendemain nous recevons une nouvelle convocation pour une audition concernant le père. Je m'étouffe lorsque je lis la date. Elle aura lieu juste après celles des trois jeunes. Mais quelle excellente idée ! Quatre confrontations dans le même après-midi... Ces gens-là dégoulinent de malfaisance.

Nous envoyons trois lettres recommandées pour signaler cette aberration. Ils font la sourde oreille. Le conseil de Karine s'oppose à la confrontation avec son père. Comment peut-on se reconditionner en passant d'une procédure à une autre ?

Elle demande également une assistance psychologique qui est tout naturellement refusée. Nous sommes alors obligés de leur apprendre le code de procédure pénale puisque ce droit y est inscrit noir sur blanc. Nous finissons par obtenir gain de cause sur ce point-là.

Mais le magistrat décide de reporter les quatre confrontations à un autre jour. Il a dû vraisemblablement consulter le planning de Karine que je leur avais envoyé. Sa méchanceté n'a pas de limite, la petite est finalement convoquée le 21 mars 2015, la veille d'une épreuve écrite du bac. Ça ne s'invente pas.

Victoire

L'attente de la décision de la cour de cassation me provoque quelques angoisses. Je dors mal et je suis constamment oppressée. Et puis le 16 mars 2016 arrive. Ce matin, je me lève les yeux rivés sur la pendule. La greffière avait dit 14 heures, alors je vaque à mes occupations, j'essaie d'avancer mais cette matinée va durer une éternité.

Notre aînée attend son troisième enfant, elle passe son échographie à 11 heures. Je surveille la pendule. Il est 10 h 30 quand je reçois un SMS de Karine : « Alors tu sais ? » Elle est dans la dernière ligne droite du bac et y pense beaucoup bien évidemment. Que de chemin parcouru. Cette petite fille qui n'avait pas d'espérance scolaire en 2009 passe son bac en 2016. Elle a dépassé nos espoirs les plus fous. Je crois à sa réussite même si ce n'est pas évident pour elle.

À 11 h 30 ma fille appelle, tout va bien, le bébé est bien positionné. La naissance est prévue pour début septembre. Je vérifie encore une fois la pendule de la cuisine. Ces satanées aiguilles n'avancent pas. Le temps est suspendu.

Je vais étendre le linge, mon téléphone dans la main. Vingt minutes plus tard, je prépare la cheminée pour ce soir. Ça y est ! Il est enfin 14 heures. J'ai tellement froid en cette journée de printemps.

Je ne téléphone pas tout de suite, je laisse passer cinq minutes. Allez courage, on y va ! Mince, c'est occupé. Je recommence quelques instants plus tard, encore occupé.

Je tente un autre numéro et je finis par avoir le service.

« Vous étiez à l'audience » ?

– Oui.

– Ne quittez pas, je reviens. »

Je patiente. Elle revient :

« Cassation !

– Euh... Je m'excuse, je ne comprends pas.

– Vous avez gagné, Madame. C'est renvoyé à Bordeaux. »

Je n'en crois pas mes oreilles. On a gagné la première étape ! Je flotte littéralement.

Je les remercie pour leur immense gentillesse et leur professionnalisme. Je l'aurais fait même si nous avions perdu.

Karine est en cours, je lui envoie un SMS :

« On a gagné !

– T'es sûre ?

– Oui, je suis sûre.

– T'es vraiment sûre ?

– Oui, j'en suis sûre.

– Merci, merci ! Mille bisous et maintenant ?

– On s'appelle ce soir. »

Puis je reçois un SMS de Patrice : « Je suis en audience, on a gagné, en route pour Bordeaux. » Anne-Claire, l'avocate de Karine m'appelle ensuite : « C'est super ! Quel combat ! C'est fantastique, Laurence ! »

Oui c'est fantastique, ces magistrats nous ont rendu un début de justice mais il va falloir passer la dernière étape, celle de la cour d'appel de Bordeaux. C'est là-bas que tout va se décider, ce sont les magistrats bordelais qui décideront ou pas de la mise en examen des parents pour complicité. J'espère que nous aurons la même écoute qu'à Paris. En attendant, Karine doit affronter une nouvelle épreuve, celles des quatre confrontations.

Chantage

Le 21 mars est déjà là. J'accompagne Karine au tribunal. Nous retrouvons l'avocate de Karine vers 13 heures. Les magistrats rentrent de déjeuner et Monsieur Abiven, un des juges, passe devant nous. Casquette gavroche sur la tête, c'est un vrai dandy. Nos regards se croisent mais ne déclenchent pas de bonjour. Je n'en attendais pas tant de sa part. Il m'a habituée à l'impolitesse et à l'absence de galanterie depuis le début. Être magistrat ne veut pas dire qu'on a appris les bonnes manières.

Karine est exsangue et en sueur. Ce moment est abominable pour elle. Nous montons à l'étage de l'instruction, je suis accompagnée par une proche.

La greffière du magistrat vient nous chercher sans un mot ni regard, avec toute l'amabilité et la grâce qui la caractérisent. On a toujours l'impression qu'elle souffre de nous voir.

À l'image du juge qu'elle assiste. La psychologue arrive, puis le glaçant Monsieur Abiven lâche un bonjour forcé du bout des lèvres.

Les deux avocats des trois jeunes viennent nous serrer la main. Cela peut paraître surprenant mais Patrice m'a expliqué que c'est une marque de respect entre parties. Alors depuis j'accepte ces poignées de mains.

Je comprends qu'il y a un moment avant le combat où l'on se salue, comme dans les arènes romaines, lorsque les gladiateurs s'apprêtent à combattre et lancent avant de mourir : « Avé César, ceux qui vont mourir te saluent. »

Manon Lipiansky, l'autre juge, surgit dans le couloir de l'instruction, elle ne m'a pas encore vue. J'entends : « Elle est là, l'autre ? » *L'autre.*

La greffière de Monsieur Abiven sort, probablement un peu gênée et lui répond en me regardant :

« Oui, Madame Jambu est arrivée. Elle est là. »

Voilà comment cette charmante juge Lipiansky parle de moi. Je suis une simple bouseuse de partie civile. Elle vient de me donner un éclairage sur la manière dont elle traite les dossiers en instruction, à l'image de son élégante rhétorique.

Elle a réussi à provoquer en moi un sentiment de haine. Je n'arrive pas à le maîtriser, je me mords l'intérieur de la joue jusqu'à ce que la douleur devienne insupportable. Le goût du sang est présent dans ma bouche. Je dois être plus intelligente que cette femme ignoble, je trouve la force de lui dire : « Bonjour, Madame Lipiansky. »

Elle part dans son bureau, le visage marqué par son air condescendant.

Nous ne la reverrons pas de l'après-midi. Bon débarras. S'il y a bien une personne qui n'a pas sa place à ce poste, c'est elle. Ce n'est pas cela la magistrature. Son comparse n'est malheureusement guère mieux. Nous avons touché le gros lot avec ces deux despotes.

La première confrontation dure deux heures. Pendant ce temps, les deux autres jeunes passent et repassent devant nous. Ils se parlent et rigolent. Pourtant ils sont sous contrôle judiciaire et ont donc interdiction de rentrer en contact. Mais tout le monde s'en fout.

Karine sort, elle est toute rouge et flageole. Elle cherche de quoi boire et se restaurer. Elle veut tout arrêter et partir. J'essaye de la raisonner, mais elle est en état de choc.

Alors nous faisons quelques exercices de respiration. J'applique les conseils d'Élisabeth sur la gestion des émotions.

Le magistrat vient la chercher pour la deuxième confrontation, elle se retrouve cette fois confrontée en même temps aux deux autres jeunes, afin de réduire le temps d'audition.

Elle ressort à 17 heures, dans un état de nerfs indescriptible. Elle est véritablement incapable d'enchaîner la dernière audition pour son père.

L'avocate en informe le magistrat. Cinq minutes plus tard, il déboule dans le couloir et se met à hurler sur elle, mais elle lui tient tête. Il en vient à s'étouffer de colère, j'entends avec horreur :

« Si vous ne faites pas cette audition, je vous préviens, je rends un non-lieu ! »

Karine lui répond : « Ah bon, vous me menacez ? » Puis, elle se met à pleurer.

Je suis abasourdie.

C'en est trop. Il faut mettre un terme à ce jeu malsain et ce pitoyable acharnement. Je prends la décision de tout arrêter, il n'y aura pas d'autre audition. Je l'extrais au plus vite de ce tribunal.

Karine est prostrée toute la soirée. Le lendemain, elle passe l'épreuve du bac. Il faut à tout prix qu'elle se concentre sur ses épreuves.

Après son examen, elle est dans un état second pendant plusieurs jours. Elle va très mal et elle se met à écrire cette lettre :

Monsieur le Juge,

Votre Greffe m'a adressé trois convocations consécutives, à savoir deux confrontations le 21 mars dont la première avec Monsieur D. puis la seconde avec Messieurs S. et B. et enfin la dernière portant sur l'audition de la procédure pour agression sexuelle contre Monsieur René Jambu, mon père biologique.

Immédiatement, mon conseil vous a fait part de la difficulté pour moi d'être confrontée à mes agresseurs, s'appuyant sur l'expertise judiciaire que vous avez ordonnée.

Immédiatement, mon conseil vous a également fait part du fait que le lendemain, j'étais en période d'examens très importants pour le baccalauréat que je passe actuellement.

Mon conseil a évoqué également la difficulté de changer de procédure et a proposé, afin de ne pas refuser de changer l'ordre de passage, d'aménager cette journée.

J'ai dû essuyer un refus formel de votre part !

Sachant pertinemment qu'il m'était impossible de subir autant d'auditions, mon conseil vous a précisé que je ne pouvais accepter la totalité des convocations.

- Le 21 mars, je me suis présentée à 13 h 30 à cette convocation.
- J'ai eu un premier entretien avec Madame R., mandatée par l'Institut Médico-légal.
- J'ai eu ma confrontation avec Monsieur D. à 14 h 45 qui a duré 1 heure.
- Puis debriefing.

Je n'avais plus la force pour assurer la nouvelle confrontation, mais grâce aux encouragements de ma mère adoptive et d'une proche de la famille, j'ai pu me recentrer et accepter cette nouvelle confrontation.

Il était alors 16 h 30.

- Cette audition a duré 3/4 heure puis, à nouveau debriefing avec la psychologue.

Il était alors plus de 17 heures et j'étais présente depuis 4 heures, épuisée !!! Je me sentais considérée comme une « accusée » alors que je suis victime depuis ma tendre enfance.

Je vous ai dit que je ne pouvais pas assurer l'audition (ce dont vous aviez été prévenu depuis plusieurs jours) et vous m'avez dit (je cite) : « Je ne vous reconvoquerai pas... je vais prononcer un non-lieu... »

Vous ne m'avez laissé aucun choix Monsieur le Juge !

Sachant que j'étais allée au-delà du supportable... j'ai refusé !

J'étais épuisée, vidée, mentalement, moralement, psychiquement ! Au bord du gouffre... Je le réitère, je suis victime !!

Ayant bien sûr des éléments à apporter pour la procédure contre mon père, je vais donc, en accord avec mon conseil, procéder à une audition libre que je vous adresserai dans les jours qui suivent.

Je ne comprends pas le traitement qui m'est réservé au sein de l'instruction du Tribunal de Rennes.

J'ai toujours accepté les expertises, les confrontations, deux expertises médico-légales...

J'ai l'impression d'être moins bien traitée que les « mis en examen »...

Ma demande ? juste une modification de passage... on me la refuse.

Je suis épuisée de ce combat où je n'ai fait que subir toujours et toujours...

Je n'ai pas eu d'enfance ni d'adolescence. La vie ne m'a pas épargnée et j'ai subi depuis ma plus tendre enfance la violence sexuelle d'adultes et d'adolescents, et encore et toujours je me bats... Je dois me battre encore et encore... Aujourd'hui j'ai 19 ans et ce cri vient du plus profond de mon être... Écoutez ma souffrance !!!

Les procédures durent depuis 2009 et alors que je réussis tous mes examens malgré cette vie de torture, je me sens punie de vouloir vivre comme toute personne qui se respecte et je pense de tout mon être qu'il est intolérable de me traiter ainsi.

Oui !!! C'est un cri de détresse, une envie de hurler cette douleur au fond de moi, pourquoi moi ? Pourquoi je dois encore subir ? Pourquoi ce refus ?? pourquoi je n'existe pas ?? Pourquoi on n'écoute pas ma détresse, mon ressenti ? Pourquoi ?

Je veux tout simplement qu'on m'écoute, je veux simplement exister !

Je souhaite vivement, Monsieur le Juge, que vous portiez toute votre attention sur ce courrier qui n'est nullement adressé par rancœur, seulement par une jeune fille de 19 ans qui a le droit d'expression, le droit d'être écoutée, le droit d'être comprise, le droit d'exister.

Je vous prie de croire, Monsieur le Juge, à l'expression de mes salutations distinguées.

Copie pour information à Monsieur le Président du TGI de Rennes.

Karine Jambu

Il s'avère que le magistrat a mis ses menaces à exécution. Un non-lieu est rendu sans avoir été instruit. Nous avons bien évidemment fait appel de cette décision affligeante. On ne demande pas au magistrat de jouer les humanistes, mais traiter les victimes avec respect me semble être une obligation.

Bachelière

Le jour du résultat du bac, Karine est muette, elle ne semble pas vraiment croire à une bonne nouvelle. Nous savons pourtant qu'elle a tout donné.

Les résultats tombent à 18 heures. Elle l'a eu ! Avec en plus une mention AB.

C'est extraordinaire, quel chemin a-t-elle parcouru ! Elle va avoir dix-neuf ans et depuis sept ans nous nous acharnons à lui rendre justice.

Le bac en poche, elle peut partir à Lorient poursuivre ses études.

Aussi étonnant que cela puisse paraître, elle veut devenir travailleur social. Elle me dit souvent qu'elle veut aider les enfants et leur assurer la protection qu'on ne lui a pas donnée. Tout un symbole.

Nous lui avons trouvé un logement et nous organisons son déménagement pour la rentrée. J'appréhende un peu, mais l'oiseau doit quitter le nid, il faut l'accepter.

Je me remets sur le dossier de la faute lourde tout l'été. C'est l'avocat Grégory Thuan qui s'occupe de cette procédure. C'est un travail conséquent, il faut faire tellement de recherches que je m'épuise. Mais en septembre, nous sommes prêts.

Mes proches me disent que je suis folle : « Personne ne gagne contre l'État ! » Loïc râle, il me reproche de dépenser l'argent dont on aurait besoin pour nos quatorze fenêtres. C'est vrai, depuis 2009 on doit entreprendre ce gros chantier pour les remplacer. On gaspille beaucoup d'énergie par ma faute. Mais pour cette procédure, c'est maintenant ou jamais, après on sera hors délai.

Toutes nos économies sont épuisées, demander justice coûte si cher. Si je fais tout cela, ce n'est pas seulement pour Karine. C'est aussi pour ces autres enfants qui sont oubliés, les oubliés de la République. Et puis pour toutes ces familles qui abandonnent à bout de souffle, ceux qui se suicident par solitude dans ce combat.

Il faut le dire haut et fort en France nous ne protégeons pas assez les enfants des violences sexuelles et des violences familiales. Je pense à tous ces dossiers qui me viennent des quatre coins de France, mes petits Morgan, Raphaël, Clara, Aéla, Gabriel… toutes ces petites victimes que l'on ne veut pas entendre ou qui n'osent pas parler.

Nous attendons toujours la date de l'audience à Bordeaux pour la complicité des parents. Le temps passe et j'ai l'impression que l'on nous a oubliés.

Je guette le facteur comme si j'attendais le messie. Cette attente m'empêche de vivre normalement.

Une nouvelle intervention chirurgicale sur l'autre talon d'Achille m'immobilise à nouveau. J'en profite pour me replonger dans le Code pénal. Je m'assois devant le feu une bonne partie de la journée et je lis et relis les auditions, en écoutant en boucle *La mamma morta* de Maria Callas. J'aime tellement la puissance de cette chanson, elle me porte, m'inspire, me redonne la force nécessaire de continuer cette bataille sans fin, malgré cette cruelle solitude.

Adoption

Depuis que Karine a dix-huit ans, elle ne peut plus être couverte par notre sécurité sociale. Nous sommes confrontés au problème récurrent des remboursements. Elle a donc le choix entre demander à ses parents géniteurs de la reprendre sur leur sécu ou prendre la CMU. Mais elle ne sera plus couverte par notre mutuelle dans les deux cas. Je cherche à tout prix une solution. C'est finalement un contrôleur de la CPAM qui me la donne.

« Madame, je ne vois qu'une solution, c'est l'adoption simple. »

C'est une excellente idée. L'adoption ne peut se faire qu'avec l'accord de Karine mais aussi celui de tous nos enfants.

Tout le monde est partant, elle fait partie intégrante de notre famille, mes enfants la considèrent comme leur sœur et nous ne faisons aucune différence.

Quelques mois plus tard, le service du parquet civil valide l'adoption de Karine. C'est notre fille désormais, pour toujours.

Bordeaux

Le messie de la Poste dépose enfin la convocation tant attendue. Ce sera pour le mois de décembre.

Je préviens aussitôt mon amie Élisabeth qui souhaite nous accompagner en voiture. Ça me fait chaud au cœur qu'elle vienne, je me sentirai moins seule, elle trouve toujours les mots qu'il faut pour m'apaiser.

Nous réservons un appartement sur Airbnb. Connaissant mes faibles moyens, c'est Élisabeth qui règle la location. Cette femme n'est que bonté.

Le 8 décembre, nous récupérons Patrice Reviron à l'aéroport de Mérignac, puis nous rejoignons Anne-Claire Lejeune à la cour d'appel de Bordeaux. Karine et moi sommes autorisées à assister à l'audience et chose étonnante, l'avocat général s'avance vers nous et échange quelques mots avec Karine.

Le débat est de qualité, j'entrevois la possibilité qu'ils retiennent la complicité des parents. Je comprends que si la complicité passive est acquise, le droit pénal français ne peut retenir que la complicité active et c'est là toute la différence. Il faut donc avoir la preuve irréfragable que les mis en cause ont participé ou aidé les auteurs.

L'audience se termine et nous sommes partagés à 50/50.

Nous quittons le tribunal, Karine part déjeuner avec son conseil.

Élisabeth et moi restons avec Patrice dans le centre-ville, il souhaite nous faire découvrir ses souvenirs d'enfance et notamment sa madeleine de Proust.

Il ressort de cette jolie boutique Baillardan, avec une boîte pour Élisabeth et une pour moi. Quelle délicate attention. Peu d'avocats sont aussi attentionnés. C'est comme ça que je découvre les fameux cannelés de Bordeaux.

Nous revenons sur Rennes le lendemain.

Le délibéré sera rendu le 9 février 2017.

Faux en écriture

À mon retour, je suis convoquée par ce cher Monsieur Abiven pour ma plainte contre Bosser et les deux autres fonctionnaires de l'Aide Sociale à l'Enfance.

Une convocation en chasse une autre, je me suis habituée à cette écrasante routine. Cette plainte concerne leurs rapports mensongers et notamment celui qui évoque la sœur qu'ils m'avaient inventée pour me salir un peu plus. Pour moi, les preuves sont évidentes mais visiblement pas pour ces individus à l'ego maladif.

Maître Thuan, qui me représente pour la faute lourde contre l'État, m'assiste. Nous sommes confiants parce que les éléments matériels sont irréfutables pour prouver les faux en écriture.

Ma sœur les aurait appelés à plusieurs reprises, je rappelle que je n'ai jamais eu de sœur. Si cela n'est pas un faux, je ne sais pas ce que c'est.

Le juge est bien sûr d'une rigidité affolante et comme d'habitude impoli. Ses questions sont orientées de manière à me déstabiliser. Je m'y étais préparée. En revanche, j'avais moins anticipé le fait qu'il soit discourtois avec mon avocat. Je m'adresse à Maître Thuan pour montrer au magistrat que je ne suis pas dupe.

« Ce n'est pas dirigé contre vous, Maître, c'est contre moi et uniquement contre moi ! Je suis désolée pour cette situation. »

Mon intervention le met tellement en rogne qu'il n'arrive plus à se contrôler une nouvelle fois. Il se déchaîne, déversant ses paroles fielleuses. Il est tellement grotesque que la situation me provoque un fou rire. J'entraîne même la greffière et l'avocat dans cette partie de rigolade. Que je plains cet homme, il doit être terriblement malheureux dans sa vie personnelle pour avoir un comportement aussi lamentable envers des victimes.

Au moment de signer le procès-verbal, je remarque que la retranscription de mes déclarations n'est pas exacte. Je la fais donc reprendre. Méfiance.

La fin de l'audience est actée et sans illusion nous comprenons que le non-lieu sera rendu tôt ou tard. Nous avons demandé des confrontations mais nous savons que nous ne les obtiendrons pas et que l'instruction ne sera qu'un mirage.

En partant, Maître Thuan me confie qu'il n'a jamais été traité comme cela de toute sa carrière. Je n'en doute pas un seul instant. Il mesure l'ampleur de la haine que ces personnes me vouent à Rennes, je suis la femme à annihiler.

Ici, nous goûtons au pire de la magistrature, j'en ai bien conscience et je suis assez intelligente pour ne pas tous les mettre dans le même sac.

Au lieu de m'abattre, cela me galvanise et je reprends goût au combat. Je ne lâcherai rien. Merci, Monsieur Abiven !

Coup dur

Le 9 février, nous apprenons que la cour d'appel de Bordeaux rejette notre demande pour la complicité des parents. En lisant l'arrêt, on sent que les magistrats ont bien vu le problème mais ils sont restés sur la ligne de la complicité active.

Nous tentons une nouvelle cassation qui sera aussi rejetée en juin 2017.

C'est fini, René et Anne Marie Jambu ne seront jamais poursuivis pour leur complicité. Ils sont lavés de cette accusation à tout jamais aux yeux de la Justice.

Rappelons qu'au début de la procédure, ils étaient poursuivis pour omission volontaire de déclarer un crime, mais cette poursuite n'a pas tenu à cause de la prescription.

En fait, ce qui est aberrant, c'est que si vous êtes coupable de ne pas déclarer un crime, vous savez nécessairement qu'il y a crime. Et si vous savez que votre fille se fait violer, il est évident pour mon avocat et moi-même qu'il y a complicité. Mais pas pour la Justice.

Miroir

Dans les jours qui suivent cette immense déception, mon corps me lâche à nouveau. La fibromyalgie me cloue sur place. La douleur me paralyse, je n'arrive plus à avancer, au sens propre comme au sens figuré. Le désarroi me submerge et c'est alors que les affres de mon enfance ressurgissent.

Je pense aux coups reçus, à cette souffrance indéfinissable. Lorsque j'étais enfant, je rêvais qu'un ange venait me chercher la nuit pour m'envoler avec lui. Nous volions ensemble au-dessus des immeubles, mes vêtements flottaient. Nous allions dans un parc et nous nous enivrions des odeurs de barbe à papa et de croustillons. Je ne sais pourquoi cela revêt tant d'importance mais aujourd'hui encore mes enfants me gâtent avec des croustillons. Pour certains le luxe c'est de manger du caviar, moi c'est les croustillons !

Les coups, je les reçois encore à travers mes souvenirs. Mon père me frappe tellement sur le visage et sur la tête. J'ai même l'œil au beurre noir une fois, ce qui fait sortir ma grand-mère de ses gonds. J'ai tellement mal que je crois mourir, ma tête bourdonne, je finis par m'endormir assommée par la violence des coups portés.

À quatorze ans, il me tape si fort sur le nez que ma cloison nasale est déviée. Je suis gênée pour respirer alors je dois me faire opérer à vingt-trois ans.

Toute ma famille le regarde passivement me frapper, sans broncher. Ma mère n'intervient jamais, j'aurais tant espéré qu'elle vienne à mon secours. Ma souffrance ne rencontre que son ignorance.

Qu'est-ce qui fait qu'on ne dit rien ? La peur ? L'habitude ? Cette question n'a toujours pas de réponse.

Lorsque nous emménageons à Chantepie, je suis reléguée au garage. J'ai une chambre au sous-sol, mais j'ai interdiction de monter à l'étage, où se trouvent les pièces de vie. Pour mes besoins, je dispose d'un seau hygiénique que je dois vider en présence de ma mère uniquement et je n'ai jamais le droit à une douche, je dois m'accommoder d'une bassine d'eau pour faire la toilette. C'est mon enfance. C'est normal.

Et puis il y a ces vacances à Saint-Victoret, près de Marignane. La pension de famille est tenue par la sœur de mon père, avec son mari. Nous logeons au deuxième étage de l'hôtel La Bastide. Pour y accéder, je dois passer devant la fameuse chambre de Diego. C'est le meilleur client de ma tante, la soixantaine, un peu dégarni, il travaille dans les travaux publics. Il fait partie de la famille, on le voit à chaque repas.

Il paraît avenant et gentil, enfin je le pensais.

Lorsque je suis passée ce jour-là devant cette porte, il l'a subitement ouverte : « Tu veux voir des photos d'oiseaux ? J'ai aussi des bonbons. » Et je suis rentrée. J'avais neuf ans.

C'était moi le petit oiseau, j'étais sa proie.

Il m'a enlevé ma culotte et m'a jetée sur le lit la tête dans la couverture. Je l'ai sentie dans mon dos... Je ne comprenais pas ce qu'il m'arrivait, il me tenait le crâne, je n'arrivais plus à respirer. Il s'est enfoncé dans mon derrière et il a fait des va-et-vient rapides, j'ai eu si mal. Je sentais sa bouche humide dans mon cou, son souffle tiède, puis il est ressorti. J'ai senti du liquide dans mon dos, il a tout essuyé et m'a dit de remonter mon slip et de me taire.

Je me rappelle cette odeur de Pento qu'il se mettait dans les cheveux, mais aussi sur le sexe pour faciliter le passage. C'est arrivé des dizaines de fois.

Cet animal répugnant m'attendait, me guettait. Je prenais des précautions pourtant, mais il arrivait toujours à ses fins.

Les deux années suivantes j'ai eu droit au même traitement. Mon père me terrorisait et Diego disait que si mon père le savait, il me tuerait. Le pire, c'est que je le croyais. Je voulais vivre malgré tout. Pour acheter mon silence, il offrait des glaces à mes cousines, mon frère et moi.

Est-ce que quelqu'un a vu ? Oui, sûrement. Il me touchait souvent les jambes quand je débarrassais les couverts. Ma grand-mère ne l'aimait pas, elle trouvait qu'il ne se comportait pas bien. Elle faisait en sorte de le tenir éloigné de moi. Lorsqu'il cherchait à se frotter contre moi, elle m'envoyait faire quelque chose.

Il payait moins cher que les autres pensionnaires car il faisait lui-même le ménage de cette chambre sans fenêtre.

Il sentait la sueur, cette odeur je la sens encore. Depuis, les odeurs de sueur me font trembler. Je n'arrive pas à fermer les volets car je dois voir les fenêtres et je ne prends pas le métro, je cherche la lumière constamment.

Malgré toutes ces violences, j'étais une bonne élève, j'ai même eu le prix d'excellence et sauté une classe. Mais j'ai fini par m'ennuyer et ne plus aimer l'école.

Les espoirs d'une meilleure vie renaissent lorsque je rencontre Loïc. C'est un amour passionné, partagé. Ces quarante années passées ensemble ont la saveur de l'estime et du respect.

De mes onze à vingt-huit ans je vais enterrer les viols. Mon cerveau va faire en sorte que je ne m'en rappelle plus. Et puis en 1988, à la suite du dernier accouchement, je ne suis pas bien, j'ai des nausées et plus de règles. Le médecin pense à une grossesse extra-utérine alors il pratique un toucher rectal. Je suis littéralement en état de choc. Le médecin est devenu Diego, je me retrouve dans cette chambre sans fenêtre.

Incohérente, je suis hospitalisé durant deux jours puis je plonge dans une dépression qui va me tenir éloignée des miens pendant six mois. Je suis un véritable zombie incapable de penser.

C'était hier, tout défile dans ma tête à nouveau.

Non-lieu général

En juin, nous recevons un non-lieu partiel pour la procédure des trois jeunes, deux sur les trois mineurs seront jugés. C'est incompréhensible. Ce qui est terrible c'est que l'on donne du crédit au seul mineur qui nie les faits.

Ce réquisitoire est celui de ce Monsieur Abiven. Il avait dit que si ça ne tenait qu'à lui il ne les aurait pas mis en examen le 5 juillet 2013.

Ce non-lieu se rajoute à celui des agressions sexuelles du père.

Quelques jours plus tard, je reçois aussi la relaxe des trois protagonistes de l'Aide Sociale à l'Enfance, pour leurs rapports bidons. Étonnant, non ?

Je fais évidemment appel de ces décisions.

Ce n'est pas juste et surtout ce n'est pas cela la justice. Les coupables identifiés ne sont pas poursuivis afin de conforter les institutions. On continue avec les mêmes, en toute impunité. C'est à se poser mille questions sur cette Justice qui protège tant certaines personnes nuisibles de nos administrations. Il faudra qu'un jour ces magistrats rendent des comptes devant les plus hautes autorités pour le mal qu'ils alimentent. Et je compte bien avoir ce plaisir avec la procédure pour la faute lourde.

Je ne sais pas s'il y a un lien de cause à effet mais début septembre des problèmes de santé se manifestent. Je suis obligée de subir une colectomie. Le chirurgien m'enlève une partie de mon colon. J'accuse le coup. Cette intervention me cloue dans mon fauteuil devant le feu de cheminée plusieurs semaines. Je suis lasse de voir combien la maladie peut nous terrasser et nous mettre à plat. Mais il faut se secouer, les prochains mois sont décisifs, le procès d'assises concernant Blaudy arrive à grand pas.

Préparation

Les dates tombent. Le procès se déroulera du 3 au 6 juillet 2018. Nous commençons à nous préparer psychologiquement, ça fait tellement longtemps que l'on attend ce moment.

Karine réfléchit de plus en plus à la manière dont elle va aborder cette audience, sachant qu'aucun des trois accusés n'a avoué.

Nous souhaitons un débat public et digne. Public parce que la vérité doit être entendue par tout le monde. Les médias nous approchent et nous répondons favorablement.

Notre dernier fils se prépare aux épreuves du bac, il voudrait faire une école de cinéma. Pas facile, car il n'existe pas de bourses pour ces écoles très coûteuses. Notre situation financière est toujours aussi tendue et le montant de notre retraite est incertain du fait des réformes annoncées. Mais il semble motivé alors nous lui disons de passer les épreuves d'inscription et que nous verrons ensuite.

Nous sommes déjà en juin. Il faut faire la liste des témoins qui vont venir s'exprimer à la barre. Seule la reconnaissance du statut de victime nous importe.

Karine commence à stresser. Les cauchemars recommencent massivement. La souffrance endurée depuis des années redouble d'intensité, mais bizarrement ce n'est pas le fait de revoir ses bourreaux qui l'angoisse.

« J'ai toujours dit la vérité ! » est sa phrase leitmotiv.

Depuis des mois, je sais qu'il va falloir marquer des points et je souhaite une dernière expertise. J'aimerais qu'un spécialiste puisse expliquer les séquelles des viols qu'elle a subis. Je pense alors à un proctologue. Karine est confrontée à des souffrances au quotidien, que nous avons du mal à soulager et je sens que cette expertise pourrait donner du poids à son témoignage au procès. Elle l'accepte.

Nous organisons ce rendez-vous la semaine qui précède les assises. Je culpabilise de devoir lui imposer encore un acte médical de ce genre, j'ai honte d'agir ainsi, je ne suis pas sûre qu'elle en comprenne vraiment les enjeux.

Le compte rendu est malheureusement ce que je craignais. Elle présente des lésions sans doute définitives. Nous faisons suivre les conclusions à la Cour.

Le mercredi 27 juin, nous partons visiter la salle des assises au Parlement de Bretagne. La greffière est particulièrement attentive à Karine et ses explications la rassurent. Elle prend le temps de rester un moment avec nous. Je sais combien elle est débordée, je chéris ce moment précieux qui est tellement loin de ce qu'on nous a fait vivre ici jusqu'à présent.

En sortant de cette visite, nous faisons les magasins. Il y a quatre jours de procès, il faut penser à des tenues légères mais pratiques pour elle.

Nous donnons un sens aux habits que l'on choisit. Ils seront noirs et blancs. Ma puce est immaculée, le noir ça sera pour eux et le blanc la symbolisera.

Le samedi c'est l'anniversaire de notre cadette. Les enfants se rejoignent en ville et dînent ensemble pour fêter ça. Karine est là avec un jeune homme qu'elle vient de rencontrer. Un étudiant qui fait une école d'ingénieur.

Nous nous réunissons tous ce dimanche. C'est un doux moment de plénitude rythmé par les cris et les rires des petits-enfants. Je me remplis de leurs odeurs, des câlins. Personne n'aborde le sujet, comme si nous étions suspendus au-dessus d'un torrent bouillonnant mais que nous n'entendions rien.

Ce soir-là, le sommeil ne vient pas. Tous les moments de la procédure reviennent. Ai-je oublié quelque chose ? Et si nous avions dit cela ? Comment va-t-elle témoigner ? Aura-t-elle la force de tout dire ? Pourra-t-on supporter toutes les questions ?

Veille du procès

Ce lundi matin, nous avons organisé la journée de manière à ne pas trop y penser. Coiffeur pour Karine et moi le matin. Nous déjeunons ensuite avec Patrice pour les dernières recommandations.

Le soir, nous dînons dehors, il fait chaud. La table est au milieu des rosiers, la brise du soir nous berce. Personne n'est pressé de débarrasser, pourtant il faut se coucher. Je m'assois sur le lit de Karine, elle est collée à son chat.

« Comment tu te sens ?

– Bien, je vais pouvoir tout dire et c'est fini ! Mais tu penses qu'il va être condamné s'il n'a pas avoué ?

– Non mais son passé ne plaide pas en sa faveur et tu as toujours dit la vérité. Tu as les expertises plus la dernière qui précise à quel point tu es mutilée.

– Tu as peur de les voir ?

– Non, cela ne me fait rien, ils ne sont rien pour moi, rien.

– Et Blaudy ?

– Je n'ai pas peur de lui. »

KARINE

Ça y est, demain c'est le procès.

Laurence a fait attention à tous mes vêtements, mes chaussures, tout est prêt pour les quatre jours. Elle a prévu des barres de céréales et à boire. Elle pense toujours à tout. J'aimerais bien emmener mon chat, Élisa, avec moi.

Demain, une dernière fois, je vais devoir expliquer. Je vais revoir le Blaudy et les deux gueux. Qu'est-ce que je fais s'ils viennent vers moi ? J'espère que Loïc va me protéger, j'ai quand même peur de sa réaction. Il ne dit jamais rien Loïc, mais quand il est en colère, il est en colère. Comment il va faire quand il va comprendre ce que son frère m'a fait ?

Et Laurence, si les magistrats s'en prennent encore à elle... J'espère qu'elle ne va pas m'en vouloir, je les aime tellement. Si après s'ils ne m'aiment plus et si mes frères et sœurs ne m'aiment plus, je pense encore que j'aurais mieux fait de mourir...

Je sais que pour eux, ce qui compte c'est moi. Mais après est-ce que tout sera comme avant ?

Assises

MARDI 3 JUILLET

Comme tous les matins, je me réveille à 6 heures. Je prépare le petit déjeuner, Loïc me rejoint en silence. Il ne supporte pas que l'on parle le matin et moi je déteste le silence. Mais ce matin-là, j'apprécie ce calme.

Je vérifie tout à nouveau, mon sac, les gourmandises pour Karine. Tout est bon. Je suis toujours en avance aux rendez-vous. Ce matin encore plus. J'ai été élevée par mon grand-père chef aiguilleur à la SNCF, en ce temps-là, pas de retard, l'heure était sacrée, cela a dû déteindre sur moi.

« À quelle heure partons-nous, Loïc ?

– 8 heures, c'est bon ! Il y a moins de monde, c'est les vacances, les lycées et les collèges ont terminé les cours », me répond-il, sûr de lui.

Il faut quand même trouver à se garer.

L'horloge égrène les minutes. Avant de réveiller Karine, je vais voir mon Tom-Tom. Il vient de passer les épreuves du bac. Il dort profondément alors je lui écris un mot « Bon courage, si tu as besoin de moi tu envoies un SMS ».

Il ne vient pas avec nous, je préfère le préserver. Puis je réveille Karine :

« Tu as dormi ?

– Oui mais que depuis une heure, avant j'avais chaud et soif et après plus sommeil !

– Tu veux quoi pour le petit déj ?

– Du café, un yaourt et du jus d'orange. »

J'ai froid. Pourtant le soleil perce déjà. Pendant que Karine se prépare, je m'assois près des rosiers en fleurs, la rosée du matin s'estompe doucement, le soleil m'effleure et réchauffe mon visage.

C'est l'heure. Comme d'habitude Loïc cire ses chaussures. Il sent bon le parfum, il porte toujours le même, Hermès.

En rejoignant la « quatre voies », nous sommes bloqués dans un bouchon. Il ne manquait plus que ça. Purée, pas ce matin ! Nous sommes partis une heure avant pour faire quinze kilomètres.

Les minutes défilent, le stress monte. J'appelle Patrice pour le prévenir.

Nous arrivons finalement devant le parlement. Vite, on se dépêche, l'audience va commencer, si elle commence sans nous, ça ne fait pas sérieux.

On passe les contrôles, un en bas et un autre en haut. Portique de sécurité, ouverture des sacs, présentation des convocations, mon Dieu que c'est long.

Loïc n'est pas habitué, il découvre l'univers de la Justice. J'aperçois des journalistes, il y a même des caméras. Delphine Welter est là aussi.

Nos amis nous attendent près des bancs en bois, à l'extérieur de la salle d'audience. Rien n'a encore commencé, je suis soulagée mais mon cœur bat à cent à l'heure.

René et Anne-Marie sont là, juste devant nous.

Élisabeth vient vers moi, elle me serre fort dans ses bras. Les larmes montent, nous n'avons pas besoin de parler. Elle a traversé mes nombreuses phases de colère et de désespoir et elle est encore là, fidèle au poste, pour partager ce moment que j'attends depuis tellement longtemps.

Elle se retourne vers Loïc et lui souhaite bon courage et puis regarde la petite : « Ma Karinette est prête ? » C'est ainsi qu'elle l'appelle. Elle l'embrasse et lui susurre quelque chose.

Nous rentrons dans cette salle de la cour d'assises. La greffière vérifie nos pièces d'identité et nous rejoignons les bancs de la partie civile. Karine m'oblige à prendre la place la plus visible, elle se réfugie entre Loïc et moi. Je suis impatiente de voir l'avocat général, nous pensons que c'est ce Stéphane Cantero qui pourrait endosser ce rôle. Celui qui a ignoré les signalements les plus graves en 2003.

Ce serait un comble et sacrément culotté de sa part. Mais l'audace de ces gens qui m'ont salie pendant des années ne me surprend plus.

Je vois un homme avec sa robe rouge et col d'hermine se diriger vers la place de l'avocat général, ce n'est pas lui. Quel énorme soulagement ! Il descend de l'estrade et vient saluer Karine, puis il se présente à nous : « Je suis Monsieur Touret de Coucy, l'avocat général. » En plus d'être bien élevé, il a beaucoup de prestance.

L'avocat de Blaudy en fait de même. Loïc trouve cela bizarre, Patrice lui explique que c'est normal.

Je dis bonjour à Maître Constantino, l'avocat d'Enfance et Partage puis à Murielle, Guérin, l'avocate de notre fédération.

Anne-Claire Lejeune est là, jolie, souriante et réconfortante pour Karine. Elle change de place et s'assoit derrière elle.

La greffière nous explique le déroulement des journées d'audience.

La sonnette retentit, tout le monde se lève. Le président et ses deux assesseures pénètrent dans la salle. Blaudy rentre dans le box des accusés. Il n'a pas changé.

Le président se présente mais je n'écoute pas, je fixe Blaudy, dire qu'il n'a jamais voulu avouer tous ses actes dégueulasses. Lui aussi me regarde un instant, je le vois ensuite regarder ses deux amis dans le box d'à côté, le couple diabolique. Ils sont à la bonne place tous les trois.

La salle est comble. Les jurés sont choisis, ils prennent place et s'installent. L'audience commence.

Le président fait un résumé du dossier pour présenter l'affaire. C'est assez long, il s'adresse à Blaudy : « Monsieur, levez-vous, s'il vous plaît. » Il lui énonce son état civil et lui demande de confirmer. « Lieu de vie : prison de Caen. Quelle sera votre position sur les faits ? »

Sans que personne s'y attende, il lâche : « Coupable. »

Coupable ?! C'est un coup de tonnerre ! Il poursuit : « Je reconnais tous les faits, tout ce qu'a dit Karine, enfin Mademoiselle Jambu, c'est vrai. »

Le président lui demande de confirmer ses aveux. Je serre la main de Karine très fort. Elle se rapproche de moi. Loïc se raidit.

« Oui je reconnais les faits.

– Vous avez nié tout le temps de la procédure, vous vous rendez compte pour la victime ? » lui rétorque le président.

Mes yeux ne peuvent se détacher de ce monstre. Il est d'un calme olympien. On a l'impression qu'il est soulagé par ses aveux. Son regard bleu me transperce. Je regarde son avocat Maître Mayzaud, ce Monsieur a l'air satisfait, peut-être un peu fier que son client ait réussi à dire ces mots si difficiles.

Je me sens tout d'un coup épuisée. La tension que j'éprouvais me tenait debout, elle vient de s'envoler. Je n'arrive pas à retenir mes larmes, j'embrasse doucement Karine.

« Le plus dur est fait, ma puce. »

Sans laisser transparaître une quelconque émotion, elle me répond : « Merci ! Merci ! Je suis victime, enfin ! » Puis elle regarde son avocate qui lui serre la main avec douceur.

Tout le monde est soulagé pour Karine, c'était inespéré.

Nous avions tellement peur qu'elle soit prise à partie lors des interrogatoires. Avec ses aveux, il vient de lui enlever une énorme souffrance. Pour cela, je l'en remercie.

KARINE

Ça y est, je n'ai pas menti, jamais. Enfin, il reconnaît ce qu'il m'a fait. Je serre la main de Laurence trop fort. On entend Loïc respirer, il manque d'air et soupire beaucoup. Je sais qu'il souffre, il est raide et il n'arrête pas de changer ses jambes de place, il les croise et décroise.

Laurence avait peur pour lui, moi aussi. Je l'aime mon oncle, il est devenu mon papa. Je suis bien entre eux deux, personne ne va me faire du mal ! C'est fini. Je pense à tout ce que l'on m'a obligée à vivre, les confrontations, les auditions, les expertises encore et encore. En 2013, la juge Lipiansky avait demandé une troisième expertise médico-légale. Elle demandait la datation de ma défloration. Je ne voulais pas la faire, je voulais que ce soit une femme, eh bien elle avait refusé. Elle nous détestait, elle me détestait. Heureusement, Laurence avait dit non, trop c'est trop. Je n'avais pas fait cette expertise mais elle nous l'avait fait payer ensuite. Je ne veux plus voir tous ces gens malveillants. C'est fini.

Le regard du président est souvent dans notre direction. Il faut dire que placés comme nous le sommes dans cette salle des assises, c'est obligatoire.

Je regarde les jurés et enfin l'avocat général. Lui aussi semble impassible, il glisse de temps en temps un regard à Karine et suit ses gestes.

On nous prévient que quatre témoins sur les douze demandés seront absents. En même temps quand on prévient les gens deux ou trois semaines avant la date, en période d'été, c'est un peu logique.

Patrice insiste pour que l'on fasse venir quand même deux témoins, la policière qui m'avait interrogée et la responsable de l'Aide Sociale à l'Enfance.

Monsieur Digne, le président, acquiesce. Ce dernier se focalise à présent sur René et Anne-Marie. C'est à leur tour. Vont-ils rendre honneur à leur honnêteté légendaire ? Je m'attends à un spectacle de haute voltige avec eux. Nous n'allons pas être déçus.

Ils nient tout. Elle a le culot d'affirmer qu'elle n'était pas présente le jour où ils ont menacé Karine chez nous, et que j'ai reçu la claque. Quel énorme mensonge ! Heureusement que nous avons fait citer des témoins de la scène. Ça donne le ton.

Et voilà le numéro de claquettes qui commence. Elle prend la voix d'une débile profonde : « J'ai rencontré René l'amour de ma vie, ça a été le coup de foudre, on voulait un enfant... » Presque le conte de fées. Je rigole intérieurement. Quand on connaît sa vie dissolue, son passé de prostituée, le meurtre de la sœur de Karine. Cette bourrelle ne m'attendrira pas.

Le président leur pose des questions. Il est droit, la barbe légèrement grisonnante, le regard vif, très concentré. Les deux femmes autour du président regardent aussi Karine et prennent beaucoup de notes.

Les avocats posent quelques questions et c'est déjà terminé pour cette première matinée. Il est midi.

KARINE

Je les ai tous vus, René et Anne-Marie heureusement qu'ils ne sont plus mes parents, quelles taches tous les deux. C'est mardi, alors je sais qu'ils ne sont pas lavés. Blaudy c'est une merde, il m'a souri ! Comme il faisait, lorsque j'étais à sa merci.

LAURENCE

Élisabeth nous entraîne dans une petite rue pour déjeuner. Nous sommes rejoints par les avocats et des bénévoles de l'association. Les discussions sont animées. Loïc parle de son frère, il souffre. Il ne veut pas y croire : « Ce n'est pas possible tout ça, je suis abasourdi. C'est mon frère mais c'est une ordure. » Comme je le pressentais, il va prendre ce procès en pleine figure.

Karine a faim comme à chaque audience. Elle se remplit.

Je regarde Élisabeth qui discute avec Loïc et Delphine. Je lui prends la main discrètement. Je sais ce qu'elle a fait pour venir à ce procès. On vient de lui découvrir un problème de santé, elle a repoussé une lourde intervention chirurgicale pour être auprès de nous. Son geste est vénérable.

Il fait chaud. Après le déjeuner, je m'assois sur un banc de pierre dans ce petit parc devant le parlement. Le soleil est haut et darde ses rayons sur mon visage. Je ferme les yeux, j'ai six ans. Mon frère a quelques mois et ma grand-mère qui habite à côté du parlement nous garde. Je joue avec une amie et je suis heureuse. Le temps est aussi chaud qu'aujourd'hui. Un bonheur immense m'envahit quand je repense à ces petits moments délicieux.

D'un coup un vent glacial me ramène à la réalité. Je cherche désespérément des joies que Karine aurait pu vivre. Peut-être avec la poupée dont elle parle si souvent ? Les Noëls passés ensemble ? Je ne sais pas.

Il faut repartir, l'audience reprend bientôt. Je retrouve les autres, on monte cet escalier en pierre, si majestueux. Le bruit de nos sandales résonne.

Les avocats des parties adverses passent devant nous et cherchent leurs clients, les Thénardier.

Les jurés se tiennent loin de nous. Karine me donne un coup de coude en regardant Anne-Marie. Elle est devant nous, je ne comprends pas ce qu'elle essaye de me faire comprendre.

« Elle s'est pissé dessus ! » se gausse-t-elle. Je baisse les yeux et je remarque une grande auréole au niveau du haut de l'entrecuisse. Sa jupe en jean est remontée assez haut, elle a des taches orange sur les jambes à cause de l'autobronzant. René est trempé de sueur, on peut aussi visualiser des traces au milieu de son dos, sur son t-shirt grenat. Il prend un mouchoir foncé, qui a dû être blanc un jour, et s'éponge le front. Je savoure ce spectacle affligeant. Élisabeth me regarde et nous partons dans un fou rire incontrôlable.

Nous regagnons nos places. L'audience débute par le témoignage de l'officier de police judiciaire, puis c'est au tour de l'expert du service de médecine légale.

Peu de questions, ils prennent congé. En contre-interrogatoire le président demande aux accusés de répondre les uns après les autres. C'est assez curieux. Blaudy protège les parents, « non ils ne savaient pas ce que je faisais à leur fille ». Il avait été honnête depuis le début et il se remet à mentir.

Les failles sont là. Les avocats de la partie civile sont très virulents, ils ne les lâchent pas. Maître Constantino, habitué de ces bourreaux d'enfants, se jette dans la mêlée. Sa voix grave porte dans l'assistance. Il revient à la charge contre le René, le malmène encore et encore et finit par le déstabiliser. Ce dernier répond à ses questions en bégayant.

Patrice, lui, se charge de Blaudy. Avec beaucoup de finesse, Il parvient à lui extirper de nouvelles révélations. D'une voix atone, il reconnaît finalement la consommation d'alcool.

Quant à Anne-Claire Lejeune, elle attaque la mère. L'avocat général n'est pas en reste. Cette foire d'empoigne est un délice. C'est un moment que nous avons tellement fantasmé. Je flotte entre le Bien et le Mal. C'est fantastique de contempler des personnes qui ont l'ambition d'obtenir la vérité. Cette vérité que l'on nous a volée depuis toujours.

Monsieur Digne est un peu rigide, mais il tient son audience d'une main de maître. Depuis la cour de cassation et Bordeaux, je n'avais pas eu l'occasion de revoir un si bon technicien du droit. C'est un puriste avec une parfaite connaissance du dossier.

Karine doit bientôt témoigner à la barre. C'est un moment que je redoute. Tout le monde attend ce témoignage capital. J'espère qu'elle va tenir bon et qu'elle ne va pas faire de malaise.

Ma montre affiche 18 heures. Le président propose finalement de reporter le témoignage de Karine au lendemain. Elle se retourne vers son avocate, avec son air boudeur. « Non c'est maintenant, je veux y aller, je suis prête, toute la journée j'y ai pensé ! »

Le président consent. Il comprend sans doute l'état d'esprit de Karine. Il va d'ailleurs le commenter : « Quel courage et quelle leçon pour tous ! »

La voilà qui s'avance à la barre, déterminée. Elle est debout, droite comme un I et regarde la cour. Elle commence à parler de son calvaire, relate les faits concernant Blaudy, avec un peu de retenue. On peut ressentir toute la souffrance de cette petite fille de cinq ans, imaginer les sévices sexuels qu'elle va subir pendant des années. Elle raconte l'argent que Blaudy donnait au couple pour qu'ils achètent de l'alcool et des paquets de cigarettes, pendant qu'il lui faisait « des choses ».

Elle aborde la maltraitance effective de ces bêtes immondes. Les coups, les insultes, les manques de tout.

Monsieur Digne se lance dans une série de questions. Karine raconte alors une scène dont elle n'avait jamais parlé. Je retiens ma respiration.

« J'avais cinq ou six ans, un jour que ma mère m'avait mise dehors. Il faisait froid, je suis revenue pour aller aux toilettes mais elle n'a pas voulu m'ouvrir. Je suis repartie et je me suis fait pipi dessus. J'ai dû rester dehors jusqu'à ce que je sèche car elle m'aurait massacrée. »

Karine vacille, ses mots deviennent plus lents. Elle se touche le front. La greffière et l'huissier sentent qu'elle va tomber, ils cherchent une chaise. J'avais peur que ce moment arrive.

Loïc est livide, il se précipite et rattrape Karine qui est en train de glisser doucement. L'huissier la fait asseoir. Je me suis levée et me tiens derrière elle. Elle a les yeux ouverts, mais elle ne nous entend plus. Comme durant ces nuits où elle venait vérifier que j'étais en vie. On va lui chercher un sucre avec de la menthe. Le président ordonne une suspension de séance.

Nous restons dans la salle, Loïc la tient, elle n'a plus de force, elle est vidée. Nous l'allongeons par terre. La greffière revient avec de l'eau fraîche. Il faut cinq bonnes minutes pour qu'elle revienne parmi nous, son regard s'accroche à nouveau au nôtre.

L'audience reprend au bout de quelques minutes. Le président reprend ses questions puis c'est au tour de Monsieur l'Avocat Général. Il a une voix claire et posée. « Karine, pouvez-vous estimer le nombre de fois que Roland Blaudy vous a fait les choses ?

– Beaucoup de fois

– Beaucoup trop en effet », reprend-il.

Le président lui demande si elle a fini sa déposition. Nouvelle bombe.

« Si ! J'ai encore des choses à dire. Il faut que je le dise. Anne-Marie m'a obligée à plusieurs reprises à me déshabiller devant René. Il fallait qu'il me touche les seins pour voir s'ils poussaient et cela les faisait rire. Vous appelez cela des parents ? Vous vous rendez compte, elle me faisait me déshabiller et lui me tripotait. Ce n'est pas des parents ça, non ce ne sont pas des parents. » Le ton de sa voix exprime une souffrance inimaginable.

Le président la regarde, un silence de plomb s'abat sur la salle. Je regarde Loïc, son visage est marqué pour la première fois. Il me regarde, ses yeux sont humides.

Le Président suspend l'audience. La sonnette retendit, la journée est terminée.

Tout le monde quitte la salle. Il est 20 h 30. Élisabeth est assez loin de son studio alors nous la raccompagnons en voiture.

Nous arrivons chez nous une heure plus tard. Je propose des pâtes pour le diner. Loïc est mal, très mal. Il regarde Karine et craque : « Je te demande pardon, je te le jure je n'avais pas compris tout ça, Laurence me le disait mais je n'arrivais pas à le croire. Je ne t'aurais jamais laissée, jamais. Je suis désolé. » Puis il s'avance vers moi :

« Je suis désolée, je n'ai pas compris, tu me l'avais dit mais je pouvais pas le croire, Dieu qu'elle a souffert ! »

Nous pleurons tous. C'est un moment d'une rare intensité. Il a enfin compris.

Tom-Tom est à la maison, il nous regarde un peu dépassé : « Je vais préparer à manger, allez vous détendre. » Mon autre fils s'entretient ensuite longuement avec son père dans le jardin.

Le dîner avalé, nous allons nous coucher. La nuit sera courte.

KARINE

J'ai tout dit, enfin brièvement, mais j'ai dit. L'avocat général est gentil, il a pris la peine de me connaître, de me parler et de m'expliquer pour les peines. Je le savais, Laurence m'avait expliqué. Anne-Claire aussi, mais c'est bien. Je suis heureuse ce soir, j'ai fait face sans haine, même avec les deux zozos en face.

Comment on a pu me laisser vivre avec eux, comment ? Qui a pu décider d'une telle chose ? Le président l'a dit, oui il y a dans ce dossier des interrogations terribles à se poser.

Loïc souffre. Ce soir, il est décomposé. Laurence me serre souvent la main ou m'embrasse, pourquoi ce n'était pas eux mes parents quand je suis née ?

Pourquoi ?

4 Juillet 2018

KARINE

Nous nous levons de bonne heure. Laurence n'est pas très bien, je la vois prendre des cachets, elle souffre du dos. Mais elle me sourit, j'aime ce sourire, elle est là, elle est présente pour moi.

LAURENCE

Je n'ai pas beaucoup dormi, j'ai froid.

Il y aura de nombreux témoignages aujourd'hui. Je vais être encore visée, je vais probablement m'en prendre plein la figure. Et pourtant, c'est tout le contraire qui va se produire.

Nous arrivons au tribunal un peu en avance ce matin. Élisabeth est là. Notre embrassade me réconforte. Les journalistes nous sollicitent et nous répondons à leur question. Delphine filme aussi, elle essaye de vendre un nouveau reportage avec le suivi du procès.

Puis je vois arriver la Zézette et son René Clooney. Je n'y crois pas. Il a la même tenue qu'hier, le même t-shirt et son sac en plastique blanc en guise de sac à main. Il contient sans aucun doute le même mouchoir et la gourde en fer d'armée de Loïc qu'il a gardée depuis trente ans.

Quant à Madame, elle est engoncée dans un legging léopard et un haut en coton bleu. Ils passent tous les deux devant nous, sans nous regarder. Ils n'ont aucun regard pour leur fille. Ils ne cherchent même pas à parler à celle qu'ils nomment leur « fille » devant la cour. Quand j'y pense, cette femme a mis au monde deux enfants, un qu'elle a massacré et l'autre qu'elle a fait massacrer.

Ils rentrent dans la salle et sont rejoints par leurs avocats.

Les avocats des parties civiles sont en grande conversation. Je donne à Patrice Reviron le jugement d'adoption de Karine et aussi une copie de l'appel du non-lieu des agressions sexuelles du père. Il les distribue à toutes les parties.

Loïc n'est pas là. Nous nous sommes mis d'accord pour qu'il ne vienne pas aujourd'hui et demain. Ça lui serait trop difficile d'écouter les paroles nauséabondes de son frère sans intervenir.

La matinée est consacrée aux accusés. Dans l'après-midi, les enfants de Blaudy témoignent avec courage. Ils ne voient plus leur père, il leur a aussi fait subir tant de choses atroces. Ils finissent par s'adresser directement à Karine pour lui souhaiter bon courage.

Puis, la responsable de l'Aide Sociale à l'Enfance vient donner des éléments du dossier par visioconférence. Sans grande conviction, elle défend évidemment les effectifs dont elle avait la charge.

L'ancien directeur du pôle Enfance du département, Monsieur Laroche, est à son tour questionné par le président. Il reconnaît, assez courageusement je dois dire, l'échec du suivi, tout en accusant à demi-mot la Justice de ne pas avoir pris les bonnes décisions. On sent chez cet homme une vraie remise en question qui contraste avec tous ces anciens collègues.

Les témoins défilent et leurs déclarations font froid dans le dos. Une travailleuse familiale, appelée TISF, vient donner des éléments terribles sur les parents. Elle parle de l'absence de prise en compte de ses rapports. On comprend que ces personnes qui intervenaient chez eux avaient averti du danger, tout du moins celle-ci.

Un voisin du couple vient décrire l'alcoolisme régulier, les cris de Karine, son isolement, la violence à laquelle elle était confrontée au quotidien. Il décrit les soirées pendant lesquelles la petiote, âgée de cinq ans, était dehors, complètement livrée à elle-même. Tout était presque normal, tant c'était monnaie courante.

Un autre vient raconter que son fils a été témoin d'une scène affolante au cours de laquelle Karine a eu des gestes ultra sexualisés, ils avaient tous deux le même âge, six ans. À l'époque, le gamin est traumatisé et confie cet épisode à ses parents, ils comprennent évidemment que la petite est victime de violences sexuelles. Il s'agit du signalement de 2003, le pire signalement, ignoré par le substitut du procureur Stéphane Cantero.

Le René est à présent interrogé par Monsieur Touret de Coucy. Il revient sur la tentative de suicide de Karine.

« J'aurais préféré qu'elle aille à la DDASS plutôt qu'elle reste chez Laurence, lui dit-il.

– Vous auriez donc préféré que votre fille soit morte ? suggère l'avocat général.

– J'aurais préféré qu'elle aille à la DDASS.

– Vous auriez donc préféré que votre fille soit morte ? hurle Monsieur Touret de Coucy.

– Oui, j'aurais préféré », ose-t-il lui répondre devant une audience médusée.

René Jambu aurait donc préféré voir sa fille morte plutôt que de la voir chez nous. On entend les gens commenter derrière nous.

C'est au tour de Madame Briand, la directrice d'école, de passer à la barre. Je suis contente de la revoir.

Elle raconte en détail comment malgré un signalement grave on lui demande de rendre Karine à ses parents. Comment les travailleurs sociaux de Cesson lui reprochent d'avoir fait un signalement trop rapidement et comment ils ont tenté de la faire culpabiliser. Elle décrit cette scène où René Jambu menace sa fille d'une volée en la récupérant. Madame Briand évoque les mots de la petite, sa souffrance, ses difficultés scolaires importantes. Son témoignage est vraiment capital. Cette femme est une belle personne, heureusement qu'elle a été là. C'est grâce à elle que le dossier a évolué.

D'autres témoignages suivent, le dernier de la journée est celui du frère d'Anne-Marie. Ce que l'on retient c'est qu'Anne-Marie a aussi menti sur les présumés viols de sa jeunesse. Le bébé qu'elle a tué et que Karine a baptisé Lou, n'était pas issu d'un viol. Cette femme ment comme elle respire.

Cette longue et éprouvante journée est terminée.

En rentrant, Loïc est là, il nous attend depuis qu'il a fini sa journée de travail. Nous lui faisons le résumé. Nos enfants seront là demain pour les deux derniers jours. Karine est contente, elle sera entourée. Il fallait qu'ils témoignent pour pouvoir assister aux audiences ensuite.

Demain c'est une grosse journée, ça sera à mon tour de témoigner.

Je suis dans mon lit, je tente de trouver le sommeil. Encore deux jours à tenir. Je repense à un épisode intéressant et un tantinet incongru qui s'est produit au cours de la journée. Lors d'une suspension d'audience, j'aperçois ce fameux Stéphane Cantero. Mais qu'est-ce qu'il vient faire ici celui-là ? Il n'a pas honte ! Il déambule incognito. Il doit certainement venir prendre la température. Je le regarde, déconcertée. Je fais remarquer sa présence à Patrice. J'aimerais lui dire droit dans les yeux : « Alors je suis toujours la méchante ? La belle-sœur illuminée, Monsieur le procureur ? Et la petite fille que vous avez abandonnée à ses bourreaux, celle qui a vécu un calvaire en partie par votre faute, vous avez envie de lui présenter vos excuses ? »

Cet homme est passé à côté de moi sans même me dire bonjour. Pas un mot à Karine, non plus. Il est venu comme s'il faisait une balade de routine, puis est reparti. Dieu soit loué, l'avocat général qui représente le ministère public aujourd'hui est à mille lieues de cette médiocre justice. Quand je raconte ça à Delphine, qui l'avait mis face à « ses erreurs » dans le reportage, elle n'arrive pas à le croire, « quel culot ! » me lance-t-elle. À l'époque, il avait eu du mal à lui répondre, il avait botté en touche, tu m'étonnes !

Un autre moment me revient à l'esprit, lorsque le président interroge René sur sa stérilité.

« Êtes-vous stérile ?

– Oui, avant Karine.

– Expliquez-moi, demande Monsieur Digne.

– Je n'arrivais pas à avoir un enfant, ben j'ai fait des tests, ils ont dit que j'étais stérile. Je suis allé voir un magnétiseur et hop on a fait Karine dans la voiture en rentrant. »

Des rires se font entendre.

« Et depuis vous n'avez pas eu d'autres enfants ? questionne Monsieur Digne,

– Je suis redevenu stérile », révèle René.

Je ne peux contenir un fou rire. Je regarde Karine qui sait depuis longtemps que René est stérile. Comment peut-on croire le contraire et ne pas comprendre qu'il n'est le père de personne ? Tout le monde s'en rend compte dans la salle.

Je me pince le nez, mais je suis tellement secouée par le fou rire que je suis obligée de quitter les lieux un instant.

KARINE

Cette deuxième journée s'est bien passée.

Laurence avait mis une belle robe à petit pois avec des petites franges. Toute la journée, j'ai tripoté les franges. J'en ai abîmé quatre qui se sont détachées. Elle m'a dit d'arrêter, mais cela m'a calmée.

Après le témoignage de sa sœur par vidéo, Blaudy a reconnu avoir agressé seize enfants sexuellement, y compris moi. Sa sœur a même dit qu'il l'avait violée plein de fois quand ils étaient jeunes. Il a menti quand il a dit qu'il ne prenait pas de viagra, moi je me rappelle qu'il prenait des cachets bleus parfois avant de se coucher. Il disait que c'était pour sa tension. Et après, il me faisait les choses.

Ils ont encore évoqué la lettre de signalement soi-disant anonyme de Laurence, mais quand on signe, c'est pas anonyme. Enfin bref... mais quand j'ai entendu les experts psy parler de mes bourreaux, je ne peux m'empêcher de croire que c'était de la grande comédie. Elle joue la simplette mais le meilleur moment c'est quand mon frère et ma sœur ont témoigné. Ils ont confirmé qu'elle était bien là quand il a mis une claque à Laurence ! Je les regardais ces deux menteurs, je le sais, je les connais, ils ont compris qu'ils étaient pris à leur propre piège. Leurs avocats se sont retournés et avaient l'air un peu désemparés.

Oui bien sûr elle était là, elle hurlait sur moi et Loïc. Leur tête a changé, quel délice de les voir se faire ramasser.

Christine, la sœur de Loïc et René, est venue témoigner, pas un regard pour moi, pas un mot, pas un geste. Cette famille protège l'inceste et surtout eux aussi ils ont menti quand ils disent qu'ils ne connaissaient pas Blaudy.

Ma grand-mère invitait souvent René, Anne-Marie et Blaudy, on mangeait chez elle. Elle est même venue réveillonner, je lui avais dit que le Monsieur me faisait des choses, elle m'avait mis un coup de torchon et elle m'avait dit « Tais-toi ». Tous savaient. Laurence n'arrêtait pas de leur dire et à chaque fois ils disaient qu'elle faisait que des histoires. Je sais moi qu'elle m'a sauvée.

En 2010 et 2011, je l'avais appelée Christine, je voulais les voir et jouer avec mes cousins. Elle m'avait envoyé promener. Méchante femme. J'avais aussi appelé mon autre tante, Marie-Jocelyne, elle m'avait dit qu'elle ne voulait plus entendre parler de moi, « on ne veut plus te voir », elle disait. En plus, elles avaient menti aux services sociaux pour pas que Laurence me garde, quelles grosses menteuses. Toutes les deux sont assistantes maternelles, c'est incroyable qu'on leur confie des enfants. Je sais aujourd'hui que la famille de René est une famille de lâches, à part Loïc.

L'autre débile qui dit qu'il aurait préféré que sa fille soit morte. Longtemps j'ai voulu croire qu'il m'aimait plus qu'elle. Longtemps je l'ai protégé. Je ne voulais pas dire tout ce qu'il m'avait fait. Et là, j'ai compris que les deux se valent.

Ce sont deux ordures, en fait. Ils ne sont rien pour moi. Je n'arrive pas à me rappeler le moment où j'ai cessé d'avoir des sentiments pour eux. Ils sont coupables de mon calvaire, de ce que Blaudy m'a fait, de ce que les jeunes m'ont fait, parce qu'elle me laissait dehors toute seule, toute la journée. Je veux qu'ils soient condamnés, je m'en fous de la peine mais je veux qu'ils soient coupables. Je les déteste plus que Blaudy.

JEUDI 5 JUILLET

Cette journée va être consacrée à la personnalité de Karine. Elle finira par mon témoignage. J'attends ce moment depuis tellement longtemps. Je décide de mettre une robe qui se porte avec une longue veste. Je l'ai achetée chez un couturier belge, elle est très colorée. Comme je suis ronde, j'ai choisi une robe déstructurée alors elle me va bien. Je n'ai pas l'habitude de dépenser beaucoup d'argent pour m'habiller mais j'ai acheté cette tenue en 2014, pour le jour où je serais amenée à témoigner à ces assises.

Mes enfants vont encore dire que je suis flashy, tant pis, j'ai besoin d'être moi et d'être à l'aise.

Quand Karine m'aperçoit, elle sourit : « Ben aujourd'hui, ça va déménager ! » Ce n'est pas impossible effectivement.

Nous arrivons au tribunal. Les deux cas sociaux sont là, habillés comme la veille.

L'audience débute par le témoignage de Monsieur Paranthoine, le psychologue. Le silence dans la salle se fait pesant. Plus il déroule l'expertise de Karine, plus les visages se décomposent. Je regarde le président et l'avocat général, c'est la consternation.

L'expert précise qu'il n'a jamais vu une telle morbidité chez une enfant de toute sa carrière. Le traumatisme est majeur.

Il ne cache pas son opinion défavorable concernant les services sociaux qui n'ont pas tenu compte de son rapport. N'oublions pas qu'après cela Karine avait tenté de se pendre.

Notre fille aînée a eu le droit de s'asseoir à coté de Karine qui refuse toujours d'être en bout de banc. Elle pleure en entendant le psychologue. Je suis submergée à mon tour par l'émotion. Nous sommes passées si près du drame.

La salle d'audience est pleine à craquer, je glisse un regard à mes enfants au fond de la salle.

Les avocats des parties civiles insistent sur les conséquences d'un tel traumatisme, les avocats des accusés n'ont pas de questions. C'est la suspension.

Et là qui je vois de nouveau passer sa tête dans la salle ? Cantero !

Je passe au plus près de lui, je le regarde droit dans les yeux et j'ose.

« Bonjour, Monsieur Cantero.

– Bonjour », me répond-il sans un autre mot, même pas une minuscule excuse sortie de sa petite conscience. Rien. Sait-il seulement qui je suis...

Après la suspension, le président reprend les questions aux accusés.

Les réponses farfelues de René et Anne-Marie marquent le pas vers leur culpabilité.

Nous nous retrouvons pour le repas dans la rue Saint-Georges avec Élisabeth, les enfants et des amis. C'est une longue tablée. Personne ne prend la parole, nous sommes tous encore sonnés par les paroles de l'expert. Delphine nous a rejoints. Elle évoque les articles de presse concernant l'affaire, il y en a beaucoup. La journaliste du *Parisien*, Louise Colcombet a écrit de très beaux articles, ceux de Salomé Legrand d'Europe 1 sont pertinents aussi.

Elles sont là au procès, leurs comptes rendus sont fidèles. Toute la presse nous soutient, c'est très appréciable.

La souffrance des personnes qui nous entourent est palpable. Personne ne pouvait imaginer autant d'horreurs. Nos enfants commencent à réaliser le long calvaire de leur sœur d'adoption.

L'amour qu'ils ont en commun se voit par les gestes et les mots. Ils savent aussi qu'ils m'ont laissée bien seule pour me battre contre tous et sauver Karine.

KARINE

Lorsque j'ai entendu parler Monsieur Paranthoine, je sais que ce qu'il dit est la réalité mais je voudrais être loin de tout cela. Je ne comprends pas pourquoi malgré ce qu'il avait écrit on a voulu me faire mal, me faire souffrir encore et encore. Moi je voulais juste rester chez Laurence et Loïc et les services de l'Aide Sociale à l'Enfance ont tout fait pour me faire souffrir. Personne d'autre n'aurait fait ce que mon oncle et ma tante ont fait pour moi. J'ai tellement eu envie de mourir. Pourquoi vivre pour être malheureux ?

LAURENCE

L'audience reprend avec le témoignage du fameux docteur Ortega. On va vivre encore un grand moment, un des plus fous de ce procès d'assises. Il s'agit du médecin traitant qui a établi deux certificats médicaux attestant que Karine allait très bien alors qu'elle se faisait violer. Il ne l'a jamais auscultée, c'est une certitude. Il apparaît très nerveux à la barre. Il est tout de suite sur la défensive. Anne-Claire, l'avocate de Karine, commence :

« Vous avez indiqué sur votre signalement de 2005 que Karine n'avait pas de retard scolaire.
– Oui, en effet
– Mais elle avait redoublé son CP.
– J'ai marqué ce que me rapportaient les parents.
– Vous ne vérifiez pas avant d'écrire ? »

L'individu est tellement sûr de lui, qu'il hausse les épaules.

« Vous êtes le médecin traitant, c'est bien vous qui faites les ordonnances d'orthophonie ?
– Oui, mais je ne me rappelle pas cela.
– Ce sont des difficultés d'apprentissage, non ?
– Oui mais comme je vous l'ai dit, je ne me rappelle pas.
– Pourtant elle avait un suivi important à raison de deux séances par semaine. »

Il ne se gêne pas pour afficher son soutien aux parents. Je n'en reviens pas. Patrice Reviron reprend la main :

« Monsieur, vous avez fait deux certificats médicaux indiquant que l'enfant ne présentait aucune lésion anale et Karine indique que vous ne l'avez pas examinée. Les lésions trouvées par la médecine légale démontrent le contraire.
– Si je l'ai marqué, c'est que c'est vrai ! La pauvre Karine ne se rappelle pas mais je l'ai examinée !
– Donc en présence de son père ?
– Sans doute.
– Pouvez-vous nous indiquer comment vous avez procédé ?
– Bah je fais comme tout médecin, je dis aux femmes de s'installer sur la table d'auscultation, je leur dis d'écarter les cuisses et je les examine », rétorque-t-il avec défiance et arrogance.

La salle d'audience entière est choquée par le ton de ces paroles. Le président fait son premier rappel à l'ordre pour calmer les esprits.

Patrice conclut :

« En l'occurrence il ne s'agissait pas d'une femme mais d'une petite fille entre cinq et sept ans. Je crois que nous avons tous compris, pas d'autres questions. »

Il se rassoit. C'est étonnant et troublant de défendre à ce point des parents maltraitants. Cet homme n'a aucune compassion pour Karine. Il ne pense qu'à sauver sa peau.

Ce médecin n'a jamais été poursuivi pour les deux certificats que j'estime être des certificats de complaisance. S'il avait examiné Karine, les viols auraient cessé. Si on veut être plus modérée : s'il l'a examinée, il n'a pas vu les lésions. Dans les deux cas, il y a faute. Je n'ai jamais compris pourquoi cet homme n'a pas dû rendre des comptes.

Quand je le vois, je repense à ma belle-mère. Il était son médecin traitant. Il n'a pas brillé par ses compétences non plus à ce moment-là... Je nous revois dans la chambre au CHU, elle est sur son lit de mort et je repense aux jours qui nous ont conduits à sa mort.

Elle avait attrapé une gastro-entérite, du moins c'est ce que son médecin de famille avait diagnostiqué.

Elle se vidait, même avec son traitement. Alors ma fille avait fini par la faire hospitaliser, mais il était déjà trop tard. L'hôpital avait trouvé un germe mortel dans ses intestins.

KARINE

Quel menteur ! Jamais il ne m'a ausculté avant de faire les certificats. Mon père lui a dit qu'il était accusé d'inceste et l'autre lui a fait un papier. René n'a d'ailleurs pas payé la visite. Il était tellement radin que je m'en rappelle. Comment il peut les défendre des ordures pareilles. Lui aussi est coupable car il ne m'a pas protégée. Pourtant il a prêté serment, il a juré d'aider et de porter assistance et pour moi il n'a rien fait. Au contraire, avec ses certificats médicaux, il m'a rendue à mes bourreaux.

LAURENCE

Après un autre témoignage, c'est déjà la suspension.

J'échange avec l'avocat général. Je suis nerveuse, ça va être mon tour.

J'embrasse Karine avant de rentrer dans la salle. Je me demande à quelle sauce je vais être mangée. Patrice m'encourage : « Comme d'habitude, dites la vérité et dites comment vous avez vécu tout cela. »

L'audience reprend. Le président Monsieur Digne me fait signe, c'est à moi.

Je jette un dernier coup d'œil à mes proches au fond de la salle. Je m'approche de la barre. Le regard vif et puissant du président m'apaise curieusement. Je me lance et je refais l'historique de notre histoire, de mon combat et de ma puissante solitude. J'aborde les mauvais moments que la juridiction m'a fait passer mais je cite les moments uniques que nous avons vécus à la cour de cassation et à la cour d'appel de Bordeaux. Je ne l'évoque pas mais je pense à Madame Ramin, une juge de la même stature que celui qui me fait face, le meilleur de la magistrature ! J'ai de l'émotion dans la voix mais je ne craque pas.

Mon témoignage se termine. Le président m'interroge. Je suis décontenancée car je m'attendais à des questions me décrédibilisant, il n'en est rien. Au contraire, elles permettent d'affiner mon témoignage.

J'entends un reniflement que je reconnaitrais entre mille, celui de mon fils, il est au fond de la salle. Il pleure à chaudes larmes. Cela me déconcentre.

Je concède avec honnêteté mes failles, mais je dis et redis mon engagement, ma foi qui m'a guidée tout au long de ce processus.

Je suis à la barre depuis une heure et Monsieur Touret de Coucy, l'avocat général, se lève pour prendre la parole. Il va prononcer ces merveilleux mots que je n'oublierai jamais :

« J'ai beaucoup d'estime pour vous Madame, je pense que la Justice a manqué de clairvoyance au moment du signalement de 2003... le classement sans suite... » Ai-je bien entendu ? Puis il reprend d'une voix sanglotante :

« Nous avons des questions à nous poser au niveau de nos responsabilités professionnelles. »

Ces paroles sont tellement inattendues. Je suis là depuis tellement longtemps pour Karine, je voudrais exprimer ce que je ressens mais rien ne sort. Je le regarde debout derrière son pupitre, les yeux embués. Il vient de s'adresser à moi avec tant de respect.

Je suis là dans cette salle d'assises, je jette un coup d'œil à Patrice, il me sourit gentiment. Tout le monde pleure, derrière moi. Mon cœur bat très vite, merci, merci ! C'est une délivrance. Je suis enfin lavée de toute cette boue infâme.

Il admet les défaillances et cela vaut de l'or. Je suis enfin une personne bienveillante pour Karine. Oui, je l'ai sauvée et on a fini par le reconnaître.

Pas de questions des parties civiles et pas de questions de l'avocat de Blaudy.

L'avocate de la Zézette ne me pose qu'une question sans intérêt. Puis, l'avocat de son prince charmant prend la parole pour décrire la souffrance de ce père qui ne voit plus sa fille. La moutarde me monte au nez. Quelle indécence, je vais craquer. Il ne faut pas…

« Vous vous rendez compte la douleur de ce père qui apprend que sa fille a été adoptée ?! »

Je lui fiche à la figure :

« Vous appelez ça un père, vous ?! Est-ce que vous vous rendez compte, il a appris que sa fille n'était plus sa fille ! Vous appelez ça un père vous ?! Il ne l'a sans doute jamais été. »

Il reprend :

« Vous dites des choses, vous affirmez, mais vous n'avez pas de preuves, on n'a jamais vu cela dans un dossier, faire des faux en écritures ! (Il évoque le document de mon avocat que Lipiansky m'avait accusé d'avoir falsifié, à tort.)

Je lui réponds :

« Oui, on n'a jamais vu cela, des accusations d'une juge d'instruction sans preuve. Oui on n'a jamais vu cela, pas plus qu'on n'a jamais vu des commentaires d'un avocat oubliant le secret professionnel, non poursuivi, c'est sûr on n'a jamais vu cela ! »

Et il recommence :

« Je vous demande d'imaginer la peine de ce père. »

Et d'une voix plus forte, je lui réponds encore une fois :

« Vous appelez ça un père ?! Pour moi c'est une ordure ! »

Ce seront mes derniers mots et les siens aussi.

KARINE

Je ne pensais pas que Laurence avait autant souffert. Elle m'a tellement aimée, depuis que je suis petite, elle a toujours été là. J'aime cette femme qui est devant moi.

Elle porte sa robe qu'elle affectionne tant. Elle ne la porte que rarement, pourtant elle aime les couleurs. C'est ma mère ! Je n'arrive pas à l'appeler maman, je l'ai toujours appelée Laurence mais c'est ma maman de cœur.

LAURENCE

Demain, c'est la dernière journée. Elle sera consacrée aux plaidoiries. J'ai hâte de découvrir celles de nos avocats. Je les sens confiants.

Les accusés se tiennent debout, ils nous regardent. Nous n'avons pas obtenu la complicité mais je suis convaincue que les magistrats présents dans cette salle l'ont comprise. Elle est tellement évidente. L'audience est levée. Karine me regarde et m'embrasse en me prenant dans ses bras. Nous savons que tout vient de basculer. Je ne serai plus la « mégère » mais bien Laurence Brunet-Jambu qui a sauvé une enfant de la barbarie de ses géniteurs et des agresseurs qui ont violé son enfance.

Mon fils nous rejoint et me serre dans ses bras très fort. Ses yeux sont rouges comme ceux de son compagnon. « Maman je suis tellement fier de toi, je suis désolé de ne pas t'avoir assez soutenu, tellement désolé. J'ai pleuré tout le long mais le pire c'est quand l'avocat général a parlé, oh maman j'aurais voulu l'enregistrer ! »

Ses mots me font du bien. Je voudrais leur dire des choses mais je n'y arrive pas. L'effort est énorme pour ne pas craquer.

Patrice arrive : « C'est super Laurence, on reconnaît enfin que vous avez sauvé Karine, nous on le savait maintenant tous le savent. » Et puis c'est Maître Constantino :

« J'ai rarement vécu des moments aussi intenses dans ma vie d'avocat, une seule autre fois, c'est super quelle reconnaissance ! »

Élisabeth nous rejoint :

« Oh ma Laurence ! Quel moment magique ! Inouï, purée si j'avais pensé vivre ça, quel basculement ! »

Les membres de l'association Enfance et Partage viennent et la présidente du comité de Rennes m'embrasse en me disant :

« Décidément, avec vous on vit de grands moments. »

Le couple diabolique prend le chemin de la sortie. La Zézette et son René Clooney se font apostropher par une personne inconnue. J'entends « salope », puis « gros porc ». Tiens, un autre moment de vérité... Ils se dépêchent de sortir, lui toujours avec son petit sac en plastique dans la main gauche et sa femme dans la main droite.

J'ai proposé à mon fils de venir dîner. Karine commande des pizzas en ligne. Demain, c'est le résultat du bac pour Tom-Tom. Il nous attend à la maison. Il a suivi un peu la journée grâce aux SMS qu'on lui a envoyés.

Loïc rentre lui aussi, notre fils lui fait le résumé de la journée et lui raconte le moment capital de mon témoignage.

Nous dînons plus détendus ce soir-là. Nous avons tout donné et je suis sereine pour demain. La nuit est apaisée.

Dès potron-minet, je regarde ma montre. Il est 5 heures, la nature s'éveille doucement. On entend le souffle du vent dans les arbres, les bruissements du jasmin qui recouvre la clôture de grillage, l'odeur qui s'en dégage arrive à mes narines. Le jour se lève et avec lui le soleil. Je repense à la journée d'hier, aux différents moments des trois jours qui viennent de s'écouler.

Ce soir nous aurons le verdict et une page va se tourner pour Karine et pour nous aussi. Je pense à Patrice qui nous a si bien accompagnés, guidés et défendus. J'ai tellement appris avec lui. Cela me permet d'aider de nombreux enfants qui vivent la même chose que notre fille.

C'est un moment de plénitude. Je me lève, j'envoie un SMS à Élisabeth. Elle me répond alors je l'appelle. Nous échangeons longuement.

Puis je réveille la maisonnée. Loïc vient avec nous aujourd'hui.

6 Juillet 2018

Dernier jour

En arrivant au tribunal, les avocats sont tous concentrés. Ils sont complètement focalisés sur leur plaidoirie.

Le couple maudit arrive, ils sont juste devant moi au portique de contrôle. Monsieur a enfin changé son t-shirt, mais pas les socquettes, identifiables à la tache sur le talon. Je regarde les pieds de Madame, elle a mis du vernis rouge vif. Il y a du bouillon noir entre les doigts de pied. Elle parle avec les agents du contrôle, elle est en verve la gourgandine ! Ils s'installent sur le banc des accusés. Anne-Claire Lejeune va ouvrir le bal ce matin. Elle arrive en baskets, s'assoit sur le banc en bois, met sa robe d'avocate et sort ses jolis escarpins noirs Louboutin. Ça lui fait de jolies jambes. Elle est enfin prête pour rentrer dans l'arène.

Tout le monde prend place, l'audience reprend.

Anne-Claire commence, elle nous emmène une dernière fois sur le long calvaire de Karine. On la sent par moments prise par l'émotion. Karine et elle se connaissent depuis sept ans maintenant. Elle parle des séquelles et des traumatismes. Sa plaidoirie est forte, elle demande justice pour Karine.

KARINE

Anne-Claire parle pour moi, elle sait ce que je ressens. Elle parle de moi avec justesse. Avant que les assises ne commencent, Laurence m'a dit lundi : « Lève la tête Karine, regarde-les, ne baisse pas les yeux. Toi tu as été salie, ils t'ont abandonnée, ils t'ont laissée vivre un calvaire. Regarde-les bien tous les trois, la victime c'est toi. »

Elle a raison. Je regarde les jurés et souvent le président. Parfois, il regarde les accusés. Pendant qu'Anne-Claire parle je suis son regard, il me regarde, il paraît si froid, si détaché et puis de temps en temps il a un rictus et là je sais qu'il n'est pas si froid. Son regard devient plus doux. Parfois j'ai l'impression qu'il va me transpercer mais non, il se fixe à nouveau sur les accusés. Je les regarde aussi. J'ai espéré une demande de pardon, des excuses pour tout le mal que mes géniteurs m'ont fait. Ils n'ont fait que s'apitoyer sur leur sort, sur leur malheur d'être accusés. Mais rien sur ce que j'ai subi. Ils sont centrés sur eux deux, je n'ai jamais existé pour eux. Je n'ai jamais été vraiment leur fille. Je les emmerdais parce que je leur coûtais du fric. Ils préféraient le chat qui coûtait moins cher.

LAURENCE

Patrice s'avance, c'est à lui. Il nous représente Loïc et moi.

Nos deux mains, entrelacées, reposent sur les cuisses de Karine, qui est entre nous deux.

Notre avocat nous entraîne sur le combat et sur le couple que nous formons. Puis il cite un poème sur les amandiers, il nous emmène dans ce qu'il y a de plus beau. Il compare Karine à la fleur de l'amandier pure et blanche. La vie de Karine est comme un tapis de fleurs. Le tapis formé par la neige dans l'hiver glacial représente le calvaire qu'elle a subi. Pour finir, il demande qu'on lui donne son printemps car la fleur de l'amandier est la seule fleur qui fleurit à la sortie de l'hiver.

Que c'est poétique ! Cette métaphore est sublime, c'est si élégamment dit. Sa plaidoirie est à son image, un mélange de sensibilité, de sagesse et d'ingéniosité.

C'est la pause.

Nous remercions vivement Patrice et Anne-Claire. Je surveille mon téléphone car mon Tom-Tom doit me donner les résultats du bac.

L'avocat général parle un peu avec Loïc. Ce dernier lui dit à quel point il souhaite la condamnation de son frère pour tout ce qu'il a fait à Karine. « Quel gâchis », lui dit-il.

Loïc a tellement souffert d'être le mouton noir des Jambu. Mon combat l'a séparé de de sa famille qui a toujours soutenu le couple maudit. Mais aujourd'hui, je le sais, il en est fier. Il est heureux d'être ce mouton noir. Le chemin a été long et douloureux mais il va pouvoir savourer la fierté de ne pas leur ressembler.

Reprise de l'audience

Ce sont les avocats des associations qui prennent la parole. Ils démontrent à quel point les institutions ont été défaillantes. Ils pointent le côté macabre de la situation et dénoncent la complicité de toutes les instances.

C'est déjà l'heure du réquisitoire. L'avocat général demande la condamnation des trois accusés. Il requiert vingt-cinq à trente ans pour Blaudy, un an avec sursis pour la mère et deux ans avec sursis pour le père. Ce n'est pas beaucoup, mais la peine maximale que la loi prévoit pour subordination de témoins est de trois ans.

Je respire enfin calmement. Je ne me suis pas plainte mais les douleurs étaient fortes ce matin. J'ai pris des médicaments, ça m'a un peu soulagée mais mes gestes sont lourds et la douleur redevient violente.

C'est la pause de midi. Nous déjeunons tous ensemble. Élisabeth est à côté de moi. Je regarde Karine, elle a faim, je sais qu'elle est stressée. C'est vendredi, jour de la galette en Bretagne. Nous sommes au moins une douzaine à table. Karine engloutit son assiette, elle se remplit pour fuir les événements qui vont arriver.

« Tu vas bien, Karine ?

– Je ne sais pas, tu crois que je suis mauvaise ? Je vais être tellement heureuse s'ils sont condamnés.

– Non, répond à ma place Élisabeth, ce n'est pas toi qui les condamnes, c'est la Justice. Karine, toi tu n'as fait que décrire les faits, les juges ils font en fonction de la loi. Ils ont commis ce qui était interdit alors il faut répondre des actes c'est ainsi. »

Karine sourit. Elle demande si elle peut prendre un dessert, j'acquiesce et elle commande un chocolat liégeois.

Moi, je n'ai pas faim. Il fait tellement chaud. Tout le monde est silencieux.

Nous retournons au tribunal. La salle est encore pleine à craquer.

L'avocat de Blaudy, Maître Mayzaud commence. Il fait une plaidoirie assez digne. Il demande une condamnation limitée car son client est déjà en prison. Cet avocat a fait preuve de beaucoup de compassion envers Karine. Je sais qu'il a aidé pour les aveux de son client. C'est le seul des avocats de la défense qui venait nous dire bonjour.

Puis vient l'avocat de René. La plaidoirie est insupportable pour Karine et pour la première fois depuis le début du procès, elle se fait entendre. Elle commente ouvertement, très agacée. Le président la rappelle à l'ordre. Elle quitte la salle comme une furie. Ma Karine vient de montrer à tout le monde qu'elle existe enfin.

Je cours après elle dans la salle des pas perdus. Elle est furieuse :

« Tu te rends compte, il ment pour le défendre, c'est des mensonges ce qu'il dit ! René il m'a fait tout ce que j'ai dit, il a toujours su ce que Blaudy faisait, je les hais tous ! »

Ma fille nous rejoint. Elle emmène Karine respirer dehors, elle a du mal à reprendre son souffle, elle est rouge de colère.

Au même moment, mon téléphone vibre. C'est un message de Tom-Tom. Il doit aller au rattrapage. Je suis confiante, ça devrait le faire, je suis rassurée.

Je regagne la salle mais je reste en retrait. C'est le tour de l'avocate de la Zézette. Sa plaidoirie est brouillonne et peu convaincante. Mais est-elle vraiment convaincue ?

C'est terminé. Le président met fin à l'audience Il quitte la salle avec les jurés, il est 17 heures. Les avocats discutent entre eux. Je demande à Patrice si je peux aller parler avec Maître Mayzaud, il m'y invite. Je traverse la salle et je lui dis en lui tendant la main :

« Je vous remercie pour tout, pour la manière dont vous vous êtes adressé à Karine, merci pour votre plaidoirie et d'avoir rappelé les faits et les aveux de votre client.

Merci, Madame, ça me touche, j'ai fait de mon mieux, il ne faut pas oublier les victimes. »

Nos avocats supposent que le verdict tombera vers 21 heures. Nous déambulons une dernière fois rue

Saint-Georges. Les enfants sont partis ailleurs, ils ont emmené Karine avec eux. Patrice est avec nous. Nous nous arrêtons boire un verre en terrasse. Il commande comme d'habitude un diabolo-menthe et nous refaisons les assises. Il est content et me dit combien les audiences ont été correctes, bien menées et constructives. Il a un grand regret, la cour d'appel de Bordeaux et la complicité des parents rejetée. Moi aussi. Nous avons été à deux doigts de réussir.

Le temps passe, Loïc propose que l'on mange rapidement. Élisabeth et moi sommes prises d'un fou rire lorsque l'on repense à la Zézette parlant de son soi-disant « grand amour de sa vie ». Cela sonnait faux comme une bonne vieille séquence *d'Amour Gloire et Beauté*. Quelle comédienne celle-là !

L'heure passe, il est 20 h 30. Patrice me fait signe, c'est le moment tant attendu. Il faut regagner la cour d'assises. J'appelle Karine, nous rentrons tous ensemble. Beaucoup de gens sont restés pour écouter le verdict.

Nous nous installons sans un mot. Les jurés et le président accompagnés des assesseures rentrent. Le silence est assourdissant. Nous attendions ce moment depuis trop longtemps. Le voilà enfin.

Monsieur Digne prend la parole :

« Accusés, levez-vous. »

– Monsieur Roland Blaudy, à la question : "êtes-vous coupable de", la réponse est "oui". Je n'entends que oui, mes oreilles bourdonnent, je suis dans le brouillard. Karine me serre la main si fort que mes doigts me font mal. Ils sont tous reconnus coupables ! Enfin ! »

l'article 362 du code de procédure pénale, sont les suivants :

- la gravité des faits perpétrés par l'accusée, qui a fait pression et menacé sa propre fille pour qu'elle ne révèle pas les abus sexuels dont elle avait été victime, puis afin qu'elle rétracte ces accusations ;

- son absence de prise de conscience ;

- l'importance du préjudice subi par la victime en relation avec cette défaillance maternelle ;

- les conclusions des expertises psychiatriques du Docteur Patrick BROSSAULT et du Docteur Jean-Pierre LECLERCQ qui retiennent que le discernement de l'accusée ou le contrôle de ses actes était altéré au moment des faits ;

- son absence de condamnation pénale par le passé ;

- la prise en compte du retard mental léger/moyen qu'elle présente et de son parcours de vie dont il résulte des carences éducatives et affectives patentes ;

- les conclusions du Docteur Jean-Pierre LECLERCQ selon lesquelles il serait opportun de la soumettre à des « soins énergiques » de nature à lui faire prendre conscience de la gravité des faits pour lesquels elle est condamnée et à diminuer le risque potentiel de récidive.

Vu la déclaration de la Cour et du Jury, rendue sur les questions posées par Monsieur le Président,

Considérant qu'il résulte de la déclaration de la Cour et du Jury réunis et à la majorité de six voix au moins que :

- **Roland BLAUDY** est coupable :

* d'avoir à CHANTEPIE (35), RENNES (35), entre le 1er janvier 2002 et le 12 avril 2005, par violence, contrainte, menace ou surprise, commis des actes de pénétration sexuelle sur la personne de Karine JAMBU, avec cette circonstance que les faits ont été commis sur une mineure de 15 ans ;

et ce en état de récidive légale pour avoir déjà été condamné définitivement par jugement du tribunal correctionnel de MEAUX en date du 13 mai 1997, pour attentat à la pudeur commis sur un mineur de quinze ans par ascendant ou personne ayant autorité, soit pour un délit puni de dix ans d'emprisonnement par la loi ;

* d'avoir à CHANTEPIE (35), RENNES (35), entre le 1er janvier 2002 et le 12 avril 2005, par violence, contrainte, menace ou surprise, commis des atteintes sexuelles exemptes d'actes de pénétration sur la personne de Karine JAMBU, avec cette circonstance que les faits ont été commis sur une mineure de 15 ans ;

cr by

et ce en état de récidive légale pour avoir déjà été condamné définitivement par jugement du tribunal correctionnel de MEAUX en date du 13 mai 1997, pour attentat à la pudeur commis sur un mineur de quinze ans par ascendant ou personne ayant autorité, soit pour un délit puni de dix ans d'emprisonnement par la loi ;

- **René JAMBU** est coupable d'avoir à CHANTEPIE (35), RENNES (35), ORGERES (35), entre le 1er juin 2009 et le 30 juin 2009 et entre le 1er octobre 2011 et le 30 novembre 2011, au cours d'une procédure ou en vue d'une demande ou défense en justice, usé de promesses, offres, présents, pressions, menaces, voies de fait, manoeuvres ou artifices afin de déterminer Karine JAMBU soit à faire ou délivrer une déposition, une déclaration ou une attestation mensongère, soit à s'abstenir de faire ou délivrer une déposition, une déclaration ou une attestation ;

- **Anne Marie DALLA PORTA épouse JAMBU** a, à CHANTEPIE (35), RENNES (35), ORGERES (35), entre le 1er juin 2009 et le 30 juin 2009 et entre le 1er octobre 2011 et le 30 novembre 2011, au cours d'une procédure ou en vue d'une demande ou défense en justice, usé de promesses, offres, présents, pressions, menaces, voies de fait, manoeuvres ou artifices afin de déterminer Karine JAMBU soit à faire ou délivrer une déposition, une déclaration ou une attestation mensongère, soit à s'abstenir de faire ou délivrer une déposition, une déclaration ou une attestation ;

Considérant qu'il résulte de la déclaration de la Cour et du Jury réunis et à la majorité de six voix au moins qu'Anne-Marie DALLA PORTA épouse JAMBU était atteinte, au moment des faits, d'un trouble psychique ou neuropsychique ayant altéré son discernement ou entravé le contrôle de ses actes ;

Considérant que les faits déclarés établis par la Cour et le Jury réunis constituent le crime de :

- RECIDIVE DE VIOL COMMIS SUR UN MINEUR DE 15 ANS, prévu par les articles 121-3 al. 1, 132-8, 222-24 2°, 222-23 AL. 1 du Code Pénal et réprimé par les articles 222-24 AL. 1, 222-44, 222-45, 222-47 AL. 1, 222-48, 222-48-1, 132-8 du Code Pénal ;

et les délits de :

- RECIDIVE D'AGRESSION SEXUELLE IMPOSEE A UN MINEUR DE 15 ANS, prévu par les articles 121-3 al.1, 132-9, 222-29 1°, 222-22 du Code Pénal et réprimé par les articles 222-29 AL. 1, 222-44, 222-45, 222-47 AL. 1, 222-48-1, 132-9 du Code Pénal ;

- SUBORNATION DE TEMOIN, prévu par l'article 434-15 du Code Prénal et réprimé par les articles 434-15, 434-44 AL. 1, AL. 4 du Code Pénal;

Vu ces articles ainsi que les articles 131-1, 131-3, 131-4, 132-40 à 132-46, 132-45, 131-36-1 à 131-36-8 du Code Pénal ;

Faisant application desdits articles dont il a été donné lecture par Monsieur le Président :

- Condamne, à la majorité absolue, l'accusé, **Roland BLAUDY**, à la peine de TRENTE (30) ANS de réclusion criminelle ;

- Porte, par décision spéciale, à la majorité absolue, la durée de la période de sûreté aux deux-tiers de cette peine ;

- Ordonne, à la majorité absolue des voix, que le condamné sera soumis à un suivi socio-judiciaire d'une durée de QUINZE (15) ANS, comportant une injonction de soins et les obligations de réparer en tout ou partie, en fonction de ses facultés contributives, les dommages causés par l'infraction, même en l'absence de décision sur l'action civile et ne pas exercer une activité impliquant un contact habituel avec des mineurs, et fixent, à la même majorité, à SEPT (7) ANS, la durée maximum de l'emprisonnement encouru en cas d'inobservation des obligations qui lui sont imposées ;

- Ordonne la confusion de ces peines avec la peine de dix-huit ans de réclusion criminelle et la peine de suivi socio-judiciaire pendant une durée de dix ans, fixant à cinq ans maximum la durée de l'emprisonnement encouru en cas d'inobservation de ce suivi, prononcée par la cour d'assises de la Seine-et-Marne en date du 28 février 2007 ;

Aussitôt, le Président a donné au condamné l'avertissement prévu à l'article 131-36-1 al.4 du Code Pénal,

Condamne **René JAMBU**, à la majorité absolue, à la peine de TROIS (3) ANS d'emprisonnement dont DEUX (2) ANS et SIX (6) MOIS avec sursis assorti d'une mise à l'épreuve pendant DEUX (2) ANS comportant l'obligation de réparer en tout ou partie, en fonction de ses facultés contributives les dommages causés par l'infraction même en l'absence de décision sur l'action civile,

Aussitôt, le Président a donné au condamné l'avertissement prévu à l'article 132-40 du Code Pénal,

Condamne **Anne-Marie JAMBU née DALLA PORTA**, à la majorité absolue, à la peine de DEUX (2) ANS d'emprisonnement avec sursis assorti d'une mise à l'épreuve pendant DEUX (2) ANS comportant les obligations de réparer en tout ou partie, en fonction de ses facultés contributives les dommages causés par l'infraction même en l'absence de décision sur l'action civile et de se soumettre à des mesures d'examen

CF FJ

médical, de traitement ou de soins même sous le régime de l'hospitalisation,

Aussitôt, le Président a donné au condamné l'avertissement prévu à l'article 132-40 du Code Pénal,

La Cour constate, à la diligence du Ministère Public, l'inscription de **Roland BLAUDY** sur le fichier judiciaire national automatisé des auteurs d'infractions sexuelles (FIJAIS), en application des articles 706-47, 706-53-1 à 706-53-12 du code de procédure pénale,

Monsieur le Président a alors indiqué, qu'en application de l'article 367 deuxième alinéa du Code de Procédure Pénale modifié par la loi du 17 mai 2011 stipulant que "l'arrêt de la cour d'assises vaut titre de détention", un extrait de la présente décision sera immédiatement transmis au Centre Pénitentiaire aux fins d'écrou ;

La présente décision est assujettie à un droit fixe de procédure de 527 € dont est redevable chacun des accusés ;

Ordonne que le présent arrêt sera exécuté à la diligence de Monsieur le Procureur Général près la Cour d'Appel de RENNES,

Monsieur le Président a avisé individuellement **BLAUDY Roland, JAMBU Anne-Marie née DALLA PORTA** et **JAMBU René** qu'ils disposaient de dix jours pour interjeter appel contre l'arrêt qui vient d'être prononcé, que passé ce délai ils n'y seraient plus recevables et qu'en cas d'appel, le Premier Président de la Cour d'Appel de RENNES ou éventuellement la Chambre Criminelle de la Cour de Cassation désignera une autre Cour d'Assises chargée de réexaminer l'affaire ;

Prononcé au Palais de Justice de RENNES le six Juillet deux mil dix huit.

Avec l'assistance de **Madame Claudine PERRIER**, Greffier,

En présence de **Monsieur François TOURET-DE-COUCY**, Avocat Général, désigné par Monsieur le Procureur Général près la Cour d'Appel de RENNES occupant le siège du MINISTÈRE PUBLIC,

Où siègeaient :

Monsieur Frédéric DIGNE, Conseiller à la Cour d'Appel de RENNES, **PRESIDENT,**

Désigné par Ordonnance de Monsieur le Premier Président de la Cour

Blaudy a pris trente ans, une peine plus lourde que celle demandée dans le réquisitoire, c'est incroyable. Il en est de même pour le couple maudit. Anne-Marie est condamnée à deux ans avec sursis et mise à l'épreuve, René à trois ans d'emprisonnement dont deux ans et six mois, également assortis du sursis avec mise à l'épreuve. Lui qui n'a jamais fait un jour de prison devra voir un juge d'application des peines pour faire aménager les six mois fermes qui viennent de lui être infligés.

Le président lit les condamnations puis s'adresse aux jurés, les remercie et les libère.

Après une courte audience sur les demandes civiles, les magistrats se retirent à nouveau pour délibérer.

Moi aussi, je voudrais les remercier d'avoir rendu justice à Karine, mais ce n'est pas possible.

Loïc regarde son frère condamné et me dit :

« Ils ne payent pas assez cher pour tout ce qu'ils lui ont fait. » Il prend Karine dans ses bras. Nos enfants nous rejoignent et nous serrent dans leurs bras également.

L'avocat général vient nous saluer, nous le remercions vivement. Nous évoquons la peine, nous espérons qu'il n'y aura pas d'appel car nous sommes pleinement en accord avec ce jugement.

Nos avocats, quant à eux, sont surpris par la peine de Blaudy, mais satisfaits pour le couple diabolique.

Nous avons du mal à nous quitter. C'est fini, les assises sont terminées. Il est presque 23 heures. En sortant, nous regardons le spectacle de lumière sur les murs du tribunal et nous remercions nos avocats.

Anne-Claire offre un joli bracelet à Karine. Elle va avoir vingt-et-un ans dans une heure. Un anniversaire qu'elle va pouvoir savourer dignement car son honneur vient de lui être enfin rendu.

Il faut rentrer. Malgré la chaleur de la nuit, je frissonne.

Élisabeth part de bonne heure demain matin, je n'ai pas eu trop le temps de lui dire merci.

Nous nous couchons, la nuit est chaude, je m'endors en paix.

Le jour d'après

Le lendemain, comme d'habitude je me réveille aux aurores. Je commence par boire mon café et je pars m'asseoir dehors, devant la cuisine, il fait bon.

Les odeurs des roses sont apaisantes. Je reste un long moment à regarder les écureuils grimper sur le mur de nos voisins. Notre chat s'amuse avec une musaraigne, les pigeons roucoulent. Je pense entendre des voitures, mais j'ai dû me tromper. Pourtant des portières ont claqué. Loïc me rejoint avec son bol de café.

Dans le silence, nous nous comprenons. Nous avons eu hier un jugement à la hauteur des actes commis. Il regarde sa tablette et découvre des articles de presse qui parlent du verdict.

Je ne suis pas surprise. Je me dirige vers la porte d'entrée pour faire rentrer de l'air frais dans la maison et je découvre de nombreux bouquets de fleurs devant la porte. Ils sont destinés à Karine. Un a été envoyé par Delphine qui lui souhaite un joyeux anniversaire, les autres sont anonymes.

Je lis les mots attachés aux fleurs « Merci de votre courage ! » et « Que la vie qui commence vous soit douce ».

Que c'est gentil, je n'en reviens pas. Les gens ont trouvé notre adresse !

Lorsque Karine se lève elle découvre les fleurs, elle est émue. Mais tout de suite elle me reparle du procès :

« Tu penses qu'il va faire appel ?

– Non mais on ne sait jamais. »

Personne ne fera appel de ce jugement. Nous sommes définitivement libérés de cette procédure Blaudy.

Le meilleur reste à venir

Le 10 juillet, une journaliste de *Ouest-France* présente au procès m'appelle. Un Monsieur de Vern sur Seiche a contacté le journal, il tient à régler les frais scolaires de rentrée pour Karine. Il a été très ému par son histoire. Je suis infiniment touchée, quel beau geste. Encore merci à ce couple.

Le 2 juillet dernier, à la veille du procès, une audience s'était tenue pour la faute lourde contre l'État. Nous attendions le délibéré qui tombe enfin ce 17 septembre.

Le tribunal de Paris n'a malheureusement pas retenu la faute, mais seulement le déni de justice, c'est une première en France.

Grâce au procès d'assises que nous venons de vivre, les fautes des institutions ont été clairement mises en exergue, alors nous décidons avec Maître Thuan de faire appel de ce jugement, plus confiants que jamais.

Je me remets au travail sur cette procédure tout le mois de décembre. J'imprime à nouveau une partie de l'instruction, je pointe les feuilles importantes. En reprenant le dossier, je retrouve des écrits établis en 2012 qui viennent faire sauter la prescription : alléluia !

Les conclusions de l'appel sont faites et envoyées. Croisons les doigts.

Le 22 janvier, nous vivons un nouveau procès, devant le tribunal pour enfants de Rennes. C'est celui des deux jeunes. Une audience de bonne qualité. La juge pour enfants Madame Colleman ainsi que la substitute des mineurs Madame Guillemin ont bien appréhendé les faits. L'audience est exactement ce que nous en attendions.

Ils sont reconnus coupables des faits de viols en réunion. Le jugement est exécutoire, il s'agit principalement d'indemniser la victime. Une semaine plus tard, nous apprenons avec effarement qu'ils font appel. Il faudra revivre une audience dans les prochains mois.

Cela fait déjà deux ans que nous attendons des nouvelles de l'appel pour les agressions sexuelles du père. Nous n'avons pas manqué de motivation pour les relances. Finalement, nous recevons enfin en avril des nouvelles satisfaisantes, nous serons convoqués au plus vite. Sans doute en septembre.

En juin, c'est un autre grand moment de joie que nous vivons. Le rapport du défenseur des droits est rendu public. Il est dévastateur.

Un énorme travail d'investigation a été mené par l'équipe de Madame Avenard. C'est un rapport bien construit, élaboré, bien détaillé qui pointe les nombreux dysfonctionnements. Il vient compléter tout ce que j'ai toujours soulevé. C'est une vraie bouffée d'oxygène qui vient à point nommé. Ce rapport va aider l'appel de la faute lourde qui est toujours en attente.

À ce jour, Il reste quatre procédures toujours ouvertes :

La faute lourde contre l'état, en appel.

Celle pour les agressions sexuelles de René Jambu, en appel devant la chambre d'instruction.

Celle contre Bosser et deux autres employés de l'Aide Sociale à l'Enfance d'Ille-et-Vilaine. Et l'appel en cours de la condamnation des mineurs pour viols.

Tout a commencé en 2009 et nous sommes déjà en octobre 2019.

Avec ces dix années de combat, mes tocs se sont accentués. Les odeurs me gâchent la vie et m'empêchent de partir en vacances si je n'ai pas une machine à laver à disposition. J'ai des angoisses terribles quand je prends les transports en commun et plus particulièrement le métro qui me rappelle une chambre sans fenêtre. Je ne ferme toujours pas complètement mes volets.

Le 10 aout 1997, à l'église de Saint-Hélier nous promettions, Loïc et moi, de faire en sorte que Karine, enfant de Dieu, soit aimée, protégée et devienne une adulte à part entière. Il nous aura fallu vingt-et-un ans pour y arriver.

Dans ce combat, j'ai mis beaucoup de force, une partie de ma santé, mais tellement d'amour, c'est ce qu'il faudra retenir.

Ce combat m'a transformée, nous a transformés.

À tous ceux qui m'ont humiliée, blessée, incomprise, honnie, je vous dis merci. Vous avez permis à la femme que je suis aujourd'hui d'être ce qu'elle est devenue, au service des enfants.

À tous les membres de nos familles qui nous ont tourné le dos, qui nous ont exclus de leur vie, je dis merci, c'était le meilleur service que vous pouviez nous rendre.

À toi, maman, qui ne m'as jamais dit je t'aime, je te dis merci car cela m'a permis de transcender l'amour maternel pour gagner un amour pur, inconditionnel et réciproque.

Au maire de ma commune, Daniel Dein, merci d'avoir refusé de me remettre la médaille de la famille alors que le préfet m'a octroyé le diplôme le 6 juin 2014. Vous avez suscité en moi l'envie de m'investir encore plus auprès des familles en difficulté, ignorées par des élus de votre trempe.

À mon mari et mes enfants, vous qui souvent n'avez pas compris, m'avez souvent demandé d'arrêter, je veux vous dire merci car sans votre amour, je ne serais pas là et sans doute Karine non plus.

À tous ceux qui nous ont aidés, soutenus et ils sont peu nombreux, un grand merci. Une pensée particulière à nos avocats Patrice et Anne-Claire, à mes amies, dont Elisabeth, à Delphine Welter, journaliste humaine et passionnée, et enfin à Bruno Solo pour son engagement en faveur de l'enfance maltraitée !

Dans ce combat, j'ai rencontré des personnes infectes, des fonctionnaires qui salissent la République, des magistrats indignes, des travailleurs sociaux incompétents, mais j'ai aussi découvert les plus beaux côtés de la magistrature. Des fonctionnaires intègres, des magistrats puristes du droit et de la justice.

J'ai rencontré ce qu'il y a de plus laid dans l'humain mais j'ai côtoyé des personnes tellement belles et des inconnus au grand cœur.

Ma foi s'est renouvelée et approfondie, j'ai découvert que l'on pouvait aimer un enfant sans le mettre au monde autant que si on l'avait porté dans son ventre.

Je consacre aujourd'hui ma vie à aider des enfants victimes de maltraitance au sein de l'association Alexis Danan de Bretagne. Nous sommes désormais réunis en collectif, au sein de la France : Le Collectif Alexis Danan, ce sont des bénévoles donnant le meilleur d'eux-mêmes pour faire de la prévention partout où nous le pouvons. La prévention est la meilleure chance que nous pouvons donner aux enfants. Il faut leur apporter les armes qui leur manquent tellement afin de comprendre que leur corps n'appartient qu'à eux ! Ce nouveau combat m'a amenée jusqu'à Montréal où j'ai pu rencontrer de nombreuses personnes investies dans la lutte contre les violences sexuelles.

Au Canada, la Protection de l'Enfance a mis en place un système efficace pour la prise en charge de l'enfant confronté subitement au monde judiciaire. Tous les professionnels en lien avec l'enfant sont formés de la même manière. Ce n'est évidemment pas le cas dans notre pays, comme on a pu le voir avec Karine. Aussi, j'ai le rêve fou d'apporter cette formation en France, elle serait destinée aux pédopsychiatres, mandataires judiciaires, avocats de l'enfant, magistrats, travailleurs sociaux... Elle aurait pour but ultime de libérer la parole de l'enfant en lui donnant confiance en lui et surtout en le faisant déculpabiliser.

Elle permettrait aussi à ces petites victimes de comprendre l'appareil judiciaire et de leur offrir les moyens pour se battre.

Cela fait deux ans que je travaille avec acharnement sur ce projet. C'est ainsi qu'est né le projet du guide Calliope. Les bénévoles qui m'entourent ont fait un travail formidable pour qu'il soit opérationnel.

Malgré la difficulté à faire bouger les choses, je sens que des portes s'entrouvrent à présent. Notre association a notamment été aidée par Florian Bachelier, député en Ille-et-Vilaine. Il nous a écoutés, aiguillés, accompagnés et surtout soutenus. Ce projet va rentrer en phase expérimentale dès que j'aurai trouvé le financement.

Je viens d'être contactée par l'école de la magistrature qui me demande de leur présenter Calliope en fin d'année.

Moi, Laurence Brunet, la pestiférée du TGI de Rennes, celle que l'on appelait *l'autre* avec acrimonie, je vais expliquer à des magistrats comment mieux encadrer les enfants ! Je sais au fond de moi que Calliope va changer beaucoup de choses pour les enfants, j'en suis convaincue.

Je regarde Karine, elle est devenue une femme indépendante, elle est lumineuse, libérée d'un poids. Puis je regarde le tableau des amandiers accroché au mur, si fière. La guerre que je viens de mener a donné un sens à ma vie, je sais à présent que le meilleur reste à venir.

Soyons certains, ensemble, que tout est à portée de main. Aidez-nous, aidez-moi, à donner à l'enfant la vie qu'il mérite.

POSTFACE DE PATRICE REVIRON

Voilà sept ans déjà que Laurence est entrée dans ma vie d'avocat, toute en rondeur, toute en retenue, toute en conviction. Je n'ai pas tardé à m'apercevoir qu'elle avançait comme un bulldozer. Toujours en première ligne, avec constamment un temps d'avance sur les craintes, les doutes ou les réticences des uns et des autres. Elle est devant, elle fonce et ne regarde que rarement en arrière. Elle n'a peur de rien, ce qui n'a pas manqué de hérisser une institution judiciaire qui aime trop la déférence, privilégiant la forme avant de s'intéresser au fond. La Justice ne l'écoute plus, elle la craint tellement qu'elle s'est échinée à la broyer, à l'humilier, à la décrédibiliser. Laurence le sait bien. Mais qu'importe, elle y croit, elle sait que son combat pour Karine est juste.

Il y a Laurence, il y a Loïc aussi. C'est son ancrage. L'homme de sa vie. Laurence et Loïc, cinq enfants, une vie d'amour et de l'amour encore, débordant, illimité, pour les enfants, les leurs et ceux des autres. Pour Laurence, un trajet de vie comme une immense réparation de soi, de blessures enfantines que l'on devine. Loïc est plus discret. Karine est la fille de son frère, il est aussi son parrain. S'il ne doute pas de ce qu'a révélé sa nièce, il est déchiré de devoir rejeter son propre frère. Mais comment pourrait-il faire autrement ? Karine a décrit les viols qu'elle a subis par un ami de ses parents qui, à l'évidence, ont cherché à le protéger plutôt que de croire leur fille.

C'est Delphine qui m'avait parlé de Laurence, de son combat pour Karine, de ses relations houleuses avec la Justice. Je me fie les yeux fermés à son instinct, elle me connaît, elle a tout de suite compris que ce dossier me happerait. Elle ne s'est pas trompée.

« Vous acceptez de nous défendre ? » Sans hésiter, oui.

Mes premiers pas dans ce dossier ont été délicats. Il a fallu d'emblée expliquer à Laurence que l'avocat de Blaudy avait raison de demander l'annulation des actes de sa garde à vue : on ne lui avait pas notifié le droit de se taire pour ne pas s'auto-incriminer. Vu du côté de la partie civile, c'était un coup dur pour la procédure, car Blaudy n'avait pas reconnu les viols devant le magistrat instructeur, à peine des attouchements. Laurence qui, peu à peu, s'est passionnée pour la procédure et le droit, a compris.

Très vite, la nouvelle juge en charge du dossier a donné des signes d'irritation face au comportement de Laurence qu'elle n'a jamais cherché à comprendre. Sans réelle surprise, cette juge a refusé de procéder à l'audition de Laurence et Loïc, alors que Loïc n'avait pas même été entendu par les enquêteurs. Qu'importe, Laurence a écrit une longue déclaration que nous avons officiellement versée entre les mains de la juge, ce qui nous permet d'utiliser abondamment cet écrit essentiel pour comprendre l'enchaînement des événements. Et Loïc fera de même quelque temps plus tard.

Au-delà de la personne de Blaudy, il devenait évident que les parents de Karine n'avaient pas simplement forcé leur fille à faire de fausses déclarations devant la police, ils ne pouvaient ignorer ce que leur « ami » faisait avec Karine sous leur propre toit. L'analyse détaillée du dossier m'en avait convaincu, depuis le début, ils étaient objectivement complices des agressions sexuelles subies par leur fille.

À la demande de Karine, sans qui je n'aurais rien fait, et en accord avec son avocate, nous avons sollicité la mise en examen de ses parents. L'argumentation développée, en replaçant chaque signalement, chaque rapport, chaque témoignage, dans son contexte, nous paraissait devoir aboutir à cette lourde mise en cause. Notre souhait était qu'ils comparaissent aux côtés de Blaudy pour répondre de complicité de viols et non pas seulement de subornation de témoin. Ce devait être à une cour d'assises d'en juger.

Comme depuis le début, l'institution judiciaire ne nous a pas suivis. Ni les juges d'instruction, la juge ayant souhaité ne plus être seule à piloter ce dossier qu'elle considérait ingérable, ni la chambre de l'instruction de Rennes qui a validé ce raisonnement. Si Blaudy était bien renvoyé pour des faits de viols et d'agression sexuelle devant les assises, les parents n'iraient que pour y être jugés d'un délit connexe. Karine ne voulant pas en rester là, un pourvoi en cassation a été formé.

Fait exceptionnel, Karine et Laurence sont allées assister à l'audience au sein de la plus haute juridiction judiciaire de France. Après tout, c'est Laurence qui avait signé le mémoire soutenant les moyens du pourvoi. Pour la première fois depuis bien longtemps, l'accueil qui leur a été réservé, sous les ors de la Chambre criminelle, a été respectueux, solennel. Elles se sont senties parfaitement à leur place et y seront toujours désormais. La cassation qui a suivi cette audience a réactivé un fol espoir de justice. Hélas, la chambre de l'instruction de Bordeaux allait à nouveau rejeter la demande de mise en examen des parents de Karine et, cette fois, la Cour de cassation rejetterait le pourvoi que Karine avait de nouveau souhaité soutenir avec sa tante et son oncle.

Ses parents ne comparaitraient pas pour avoir été les complices de Blaudy qui continuait de nier tout viol.

Six ans ont passé déjà et voilà que l'audience d'assises prenait fin. Une audience riche et forte, d'une dignité rarement atteinte dans les débats. D'emblée Blaudy avait tout avoué, les viols, les agressions sexuelles. Tout ce qu'il cherchait désespérément à occulter, à cacher au fond de lui, tout était vrai, Karine n'avait jamais menti, n'avait jamais exagéré, n'avait jamais inventé : « Je ne vais pas faire souffrir la victime, je reconnais tout en bloc. Je ne conteste plus rien. Je signe pour tout. » Et puis, dans un incroyable moment d'audience, alors que Laurence venait de déposer longuement, alors qu'elle avait posé aux pieds de la cour d'assises toutes ces années de souffrance, toutes ces années de combat, l'avocat général, visiblement ému, avait présenté ses excuses, au nom de l'institution judiciaire, reconnaissant : « la Justice a manqué de clairvoyance » puis, regrettant les errements qui n'auraient pas dû être, il avait ajouté : « en tant que professionnels, nous avons des questions à nous poser ».

Je savais que la nuit serait courte. Plaider aux assises, que l'on défende un accusé ou des parties civiles, demande toujours un effort considérable. Il y avait tellement de choses à dire, tellement à trier, à organiser, pour que la cour et le jury réunis puissent juger en ayant pleinement entendu la parole des parties civiles.

Depuis le début, Laurence et Loïc n'avaient été là que pour Karine. Après avoir demandé la saisine d'un juge des enfants, qui avait choisi de séparer la fillette de parents manifestement indignes, Karine avait fini par être recueillie par Laurence et Loïc. D'une jeune fille présentée comme à la limite de la débilité, Karine avait fait des progrès scolaires et psychologiques non seulement positifs mais littéralement spectaculaires. Elle s'était ouverte au monde et dans ce monde qu'elle s'appropriait désormais, dans lequel elle suivait une scolarité normale, elle réclamait la justice.

Comment ne pas plaider pour elle ? Dans la nuit, m'est venue l'idée de lier son histoire à celle d'un texte qui me suit depuis mon adolescence. Il s'agit d'un court essai de Camus tiré d'un recueil paru sous le titre *L'été* intitulé *Les amandiers*. Chaque année, en février, quand je vois fleurir les amandiers de ma Provence, c'est comme s'ils s'éveillaient sur les instructions de l'écrivain, enterré si près d'eux. Camus, désabusé, le texte est écrit en 1940 « dans l'hiver du monde », y espère que l'esprit, comme le concédait Napoléon à Louis de Fontanes, finira par vaincre le sabre. La fleur de l'amandier, qui fleurit au cœur de l'hiver et qui prépare le fruit, illustre la force de caractère, justement une vertu essentielle de l'esprit.

C'est par cette image que je débutais ma plaidoirie, en citant Camus : « On appelle surhumaines les tâches que les hommes mettent longtemps à accomplir, voilà tout », puis j'évoquai l'amandier qui, « dans une seule nuit froide et pure de février » se couvre de fleurs blanches, cette neige fragile qui résistait « à toutes les pluies et au vent de la mer », « chaque année pourtant elle persistait juste ce qu'il fallait pour préparer le fruit ».

C'est cette force de caractère qui anime Laurence Brunet-Jambu comme personne. Rien n'y résiste, elle finit par tout emporter. Je ne cachais rien, de l'exaspération qu'elle avait pu susciter, de ses maladresses et de ses excès, de sa méconnaissance du droit, de la procédure. Elle n'y connaissait rien mais elle avait appris, animée par un désir absolu de défendre Karine. Il lui a fallu comprendre pourquoi il n'était plus possible de poursuivre les parents de Karine pour non-assistance à personne en danger ou pour omission de porter secours, ces délits étant prescrits. Comprendre pourquoi les auditions de Blaudy méritaient d'être annulées. Pourquoi il fallait s'associer à la défense d'Anne-Marie, la mère de Karine, lorsqu'elle a sollicité une nouvelle expertise psychiatrique initialement refusée par la juge.

Si Laurence Brunet-Jambu a connu les services d'enquête, les juges d'instruction, subi certaines décisions incompréhensibles, contesté ces décisions devant la Cour d'appel, devant la Cour de cassation, elle ne l'a jamais fait pour elle. Elle l'a fait pour tenir une promesse faite à Karine. Cette promesse était aussi celle de Loïc. Pour lui, être le parrain de Karine n'est pas qu'un titre, c'est un engagement. On dit souvent que derrière un grand homme il y a une grande dame. Derrière Laurence, se cache un grand homme. L'un ne va pas sans l'autre. C'est leur force à eux que d'être un bloc de granit, monolithique. Loïc, c'est celui qui semble en retrait, mais qui est toujours là. Il a dû mobiliser toutes ses ressources pour se lever contre son frère, pour sacrifier ce lien fraternel. Derrière eux, il y a leurs enfants qui, eux aussi, font bloc. Cette famille leur ressemble.

Et puis, il y a Karine. Irrésistible parce que fragile. C'était une enfant abîmée, d'une tristesse infinie. Mais il ne faut pas s'y tromper, c'est elle qui a fini par résister à ses parents, pour dire ce qu'elle avait subi, malgré eux. Cette force de caractère qu'il lui a fallu n'a cessé de croître en elle. C'est elle qui a choisi de vivre avec Laurence et Loïc, leurs enfants et leurs chats. C'est elle qui, grandissant, a imposé ses choix, c'est elle qui a repris à bras-le-corps cette procédure et a imposé que ceux qui lui ont fait du mal affrontent leurs juges. Je ne suis pas l'avocat de Karine mais je n'aurais rien fait sans elle et sans son avocate. C'est Karine qui a pris le risque de perdre des mois ou des années de procédure pour que ses parents soient poursuivis pour complicité. C'est elle qui a tenu à se battre jusqu'au bout. À chaque fois, elle a été l'interlocutrice principale, quand il a fallu interjeter appel de l'ordonnance de mise en accusation, quand il a fallu former un pourvoi en cassation. Elle est venue à Bordeaux. Elle a tenu à former un deuxième pourvoi. Le temps perdu lui importait moins que sa soif de justice.

En 2003, il y avait une lettre, certes, anonyme, dont on sait qu'elle avait été rédigée par Laurence Brunet-Jambu, mais il y avait aussi un signalement réalisé par les voisins du couple Jambu – Dalla Porta, les parents de Karine. Il était décrit le comportement hyper-sexualisé d'une enfant de cinq ans et demi.

L'« enquête » avait alors consisté en une audition de l'enfant, non retranscrite. La tante n'avait pas été entendue, alors que le courrier le suggérait. Entre le premier acte d'enquête, l'audition de René Jambu le 17 novembre 2003 et le dernier, une synthèse du 18 novembre 2003, il n'y avait même pas eu deux jours.

Aucune prise en compte du signalement au « 119 » du 3 février 2002, où il était question de Karine, abandonnée autour d'un plan d'eau, qui se masturbait.

Aucune prise en compte du signalement du 2 octobre 2003 par le CDAS : « Les familles signalantes sont très inquiètes pour cette petite fille et redoutent qu'elle ne soit abusée. »

Je ne puis que remercier chaleureusement Monsieur l'avocat général d'avoir, à cette audience, avec une émotion contenue et avec gravité, reconnu les erreurs des professionnels au nom desquels il s'exprimait. Mais tout ne s'est pas arrêté en 2003. Il y a eu 2005. Tous les voyants étaient au rouge depuis longtemps. On va dépenser une grande énergie pour démontrer qu'A. Blaudy n'a pas pu recevoir les confidences de son père qu'elle ne voyait plus, sans voir que les parents ont menti sur la présence de Blaudy à leur domicile. Karine avait dit, c'est repris dans un signalement de janvier 2005, qu'un homme était bien au domicile. Et quand on entend finalement Blaudy en avril 2005, il est déjà en garde à vue pour un autre viol.

Le 13 février 2006, le Procureur va faire rédiger une lettre à Madame Laurence Brunet-Jambu. On ne peut plus la lire comme en 2006. Elle est devenue terrifiante cette lettre. Elle l'a toujours été pour Laurence : « Je, soussignée Laurence Jambu, reconnais avoir fait un signalement anonyme pour des faits de dénonciations sexuelles concernant mon beau-frère M. René Jambu et sa fille Karine. Je demande pardon à ma nièce pour les perturbations occasionnées et je demande pardon à la Justice pour l'enquête. Je ne ferai plus de signalements d'aucune sorte concernant la famille de Karine. Je dois m'abstenir de porter des accusations. »

La complicité des parents de Karine. Pour les juges d'instruction le raisonnement était simple : « L'abstention d'agir pour protéger Karine Jambu, alors que René et Anne-Marie Jambu avaient en leur possession des indices de la dangerosité de Roland Blaudy, correspond aux qualifications d'omission de porter secours et de non-dénonciation de mauvais traitements sur mineurs, mais non à celle de complicité de viol et d'agression sexuelle. Malheureusement, à quelques mois près, ces infractions se sont retrouvées prescrites, rendant leur poursuite infructueuse. »

Omission de porter secours ? Cela suppose que l'on constate une infraction, un délit ou un crime, et que l'on s'est abstenu de l'empêcher alors que l'on en avait la possibilité. On en a donc eu connaissance. C'est identique pour la non-dénonciation, on sait. Il y a un pédophile à la maison, il sort de prison, on l'a vu agresser sexuellement sa fille à la maison, ou on sait qu'il l'agresse, et on continue à lui laisser son enfant. Convoqués par la police en février 2005, il a été demandé par des parents à leur fille de nier qu'un homme vit et a vécu à la maison, ou qu'il l'a même touchée de quelque façon que ce soit. Et on laisse son enfant avec Blaudy après ? On protège cet ami, on lui fournit le clic-clac, l'accès au domicile, on lui fournit l'enfant. Ce ne sont pas des actes positifs, actifs ?

Vous les jugerez uniquement pour la subornation de témoin. Il s'agit d'un délit qui réprime le fait d'avoir réalisé, « usé », de « promesses, offres, présents, pressions, menaces, voies de fait, manœuvres ou artifices » en vue de déterminer à faire ou délivrer une déposition ou une attestation mensongère, soit de s'abstenir de faire ou de délivrer une déposition, une déclaration ou une attestation. Faire mentir ou faire taire. Le but est d'éviter les poursuites, de ne pas répondre de sa responsabilité. Peu importent les effets, l'infraction est constituée même si le témoin ou la victime dit la vérité.

Voici ce qu'a dit la directrice de l'école de Karine : « Elle m'a dit qu'elle avait pris une claque par son père, la veille au soir, quand ils l'ont récupérée. Il lui aurait dit : "maintenant que tu as parlé à la directrice, on va avoir des emmerdes". » Le médecin qui a fait un signalement en avril 2009 écrit : « L'enfant vue seule arrive à la consultation en pleurant, faisant part que papa disait que c'était une menteuse et qu'il ne fallait pas répéter ce qu'elle allait dire parce qu'elle pourrait se faire gronder. » En juin 2006, Karine écrivait à la juge des enfants : « À Rennes, quand je suis sortie de la voiture, mon père m'a dit de dire qu'il m'a rien fait (Roland) et quand j'étais à la maison, il m'a interrogée et il criait. J'avais très très peur et j'ai pleuré » (...) « Ma mère me menace, elle m'a dit que si je parlais, elle va me faire des choses. Elle va me faire quoi ? Mes parents me croient pas, ils me disent que c'est bien fait pour moi, que je suis une salope. » Stéphanie, la cousine de Karine, a déclaré : « Elle me disait que son père la menaçait tous les jours. Elle ne devait pas parler, elle avait intérêt à n'avoir rien dit à propos de la dernière fois qu'elle avait été interrogée, en juin je pense. » Elle parle du sketch où son père joue le rôle du policier : « Depuis qu'elle avait été interrogée, c'était encore plus difficile avec sa mère, elle la traitait de connasse, de salope et qu'elle l'avait bien cherché. » Devant le psychologue, en septembre 2009, elle va dire : « Ma mère, elle savait, parce que quand je suis allée dire à la police de Rennes, avant que je suis allée, elle m'a dit qu'il fallait que je dise rien parce que sinon, il allait m'arriver la même chose que ma soeur. Elle m'a dit qu'il fallait que je fais attention. Et aussi, elle a dit à mon père qu'il fallait, quand je suis allée, il y a quelques mois à la police, qu'en fait, quand je suis allée avant, quand on y est allés, ben il a dit, il a fait comme un sketch, lui il faisait le policier et moi je disais ce que j'avais à dire et c'est tout. » Lors des visites médiatisées, on lit dans le rapport d'enquête sociale de février 2010 que, dès la première visite, l'éducatrice de l'aide sociale à l'enfance devra intervenir fermement pour interdire à Monsieur Jambu de faire pression sur sa fille pour qu'elle revienne sur ses propos accusant M. Blaudy. C'était en novembre 2009.

La mère de Karine va reconnaître les faits devant les enquêteurs : « La première fois, en 2005, on avait dit à Karine de ne pas parler sur le Blaudy. » Il lui est demandé si elle n'a pas dit à Karine de se taire en 2009 : « Si. » Elle a confirmé la scène du faux policier interrogeant Karine : « On lui a dit, surtout, n'en parle pas. »

C'est sa peur de retourner en prison qui l'a déterminée à faire ça.

Une question se pose ici : Anne-Marie Dalla Porta est-elle schizophrène ? Lors du meurtre de son premier enfant, le psychiatre qui l'a examinée en 1986 a exclu toute pathologie psychiatrique. Trois expertises ont été réalisées pour ce dossier. La première conclut à une abolition du discernement après avoir posé un diagnostic de « schizophrénie simple », nous a dit l'expert. Un deuxième expert a parlé d'altération légère tandis qu'un troisième a conclu à une altération.

On note qu'en 2005 elle a été capable de concertation avec son mari sur la nécessité d'empêcher leur fille de parler. En 2009, elle a fait pression sur elle à nouveau et de façon constante jusqu'en 2011. Elle a évoqué avoir été alitée pour une sciatique le jour où Karine la décrit aux côtés de son père qui lui proférait des menaces devant le domicile de sa tante et de son oncle. L'examen de son dossier médical nous a permis de constater qu'elle n'en avait plus souffert depuis 2005.

Il vous faudra décider de son degré de responsabilité, en fonction de son état mental.

La responsabilité du père de Karine ne fait aucun doute. Il savait mais il a cherché à faire taire sa fille qu'il disait aimer. Elle est toujours passée au second plan, bien après sa femme.

Blaudy maintenant. Ce n'est pas facile d'être Roland Blaudy. Ce que vous avez fait à cette audience, quel que soit le but recherché, est difficile. Je le sais pour accompagner souvent des accusés de crimes sexuels. C'est un chemin sans fin que vous prenez et nul ne sait si vous arriverez au bout, mais vous avez le mérite de vous y être engagé. Il reste des indices inquiétants, selon la mère de votre premier enfant, car vous aviez déjà paru cheminer déjà, si l'on croit ce qu'elle nous a dit. J'ai envie de vous croire, mais je ne suis pas certain que vous ayez tout dit.

Les parents. Contrairement à ce que vous n'avez cessé de dire, de croire sans doute, Laurence Brunet-Jambu n'a jamais voulu vous exclure en tant que parents.

Elle n'a eu de cesse de tenter de protéger Karine et votre dangerosité, votre toxicité, votre obstination à maltraiter cette enfant n'a jamais permis de renouer le lien.

En 2010, Laurence parle de Karine à l'enquêtrice sociale, elle avait constaté un certain rapprochement : « Suite à l'hospitalisation de Karine, après sa tentative de suicide, c'était la première fois que Karine a pu dire à sa mère qu'elle l'aimait... »

Mais Karine a voulu changer de parents. Plus que symboliquement, elle est devenue la fille de Laurence et Loïc depuis bien longtemps. Aujourd'hui ils l'ont adoptée, à sa demande.

Je vous parlais des amandiers et de ces fleurs blanches qui défient les rosées glacées de février. Il leur faut de la force pour affronter l'hiver.

Au milieu de quatorze pages d'un rapport d'une psychologue, c'est en page sept, que se trouve la trace de la première fleur blanche de ce dossier. Éclatante de vie.

Loïc et Laurence parlent de Karine : « Avant, elle ne souriait jamais. Elle a eu son premier fou rire ici. »

Curieuse vie que celle qui commence par un si long hiver. Donnez-lui le printemps.

Achevé d'imprimer sur rotative
PAR BUSSIÈRE CPI FRANCE
en SEPTEMBRE 2019

–

Dépot légal : SEPTEMBRE 2019
Numéro d'édition : 001
Imprimé en France

–

ISBN : 979-10-91447-99-7

N° d'impression : 2047470